UN AUTRE MONDE

DU MÊME AUTEUR

États-Unis : de Roosevelt à Obama, avec Daniel Vernet, *Le Monde*, collection « Histoire », 2013.

La Chine contre l'Amérique. Le duel du siècle, avec Daniel Vernet, Éditions Grasset, 2012.

L'Amérique des néo-conservateurs. L'illusion messianique, avec Daniel Vernet, Éditions Perrin, collection « Tempus », 2010.

L'Atlas des religions. Pays par pays, les clés de la géopolitique, hors-série *Le Monde*, 2007.

L'Amérique messianique. Les guerres des néo-conservateurs, avec Daniel Vernet, Éditions du Seuil, 2004.

Alain Frachon

UN AUTRE MONDE

L'ère des dictateurs

PERRIN

92, avenue de France
75013 Paris
Tél. : 01 44 16 08 00

ISBN : 978-2-262-09755-4

Dépôt légal : mai 2022
Mise en pages : FACOMPO

AVANT-PROPOS

Le 24 février 2022, la guerre est revenue en Europe. À l'aube de ce jeudi, Vladimir Poutine lançait son armée à l'assaut de l'Ukraine. On peut longuement disserter des origines de ce conflit – vaste sujet de géopolitique. Mais le déclenchement de cette guerre n'aurait pas dû nous surprendre. Le président russe nous avait prévenus en juillet 2021 : l'Ukraine n'existe pas. Dans un article de 5 000 mots publié sur le site du Kremlin, il expliquait : « Russes et Ukrainiens forment un seul peuple. » Création artificielle plaquée sur une terre russe, à la suite d'une bourde commise du temps de l'URSS, ce pays-là, l'Ukraine donc, doit revenir à la Fédération de Russie.

Le message était clair. Le maître du Kremlin ne supporte pas l'idée même d'une Ukraine indépendante. Dans la tête de Vladimir Poutine, l'affaire n'est pas stratégique, sécuritaire, et la menace n'est pas celle de l'OTAN ou de tout autre danger venu du « bloc occidental », comme on dit à Moscou. C'est l'histoire qu'il faut rectifier, le passé qu'il faut corriger. L'injustice commise à l'encontre de la sainte Russie doit être effacée. Alors, ce jeudi 24 février, ordre a été donné aux chars d'envahir le grand voisin du sud.

Les chroniqueurs de politique étrangère n'auraient pas dû être surpris : en général, un autocrate fait ce qu'il dit. Il faut toujours le prendre au mot, surtout quand il commet de longs articles. Après, dans le brouillard de la guerre, avertissent les militaires, rien n'est écrit à l'avance. Et ceux qui font pour métier de commenter les événements du vaste monde doivent fuir les prophéties de comptoir. Aucun doute, Poutine entend soumettre les Ukrainiens et faire main basse sur le Donbass. Jusqu'où, comment ? Distinguer des tendances dans le chaos de la scène internationale d'aujourd'hui relève souvent du pari.

Imaginer la forme que prendra la confrontation entre la Chine et les États-Unis, les deux superpuissances de ce premier quart de siècle, reste aléatoire. Dessiner, même à gros traits, le sort que nous réserve la numérisation de nos vies, c'est encore de la spéculation. Décrire l'impact que le réchauffement climatique et les flux migratoires auront sur nos économies et sur la démocratie libérale suppose une bonne boule de cristal. Enfin, prédire l'avenir de l'aventurisme poutinien n'est pas moins risqué.

Dressant l'inventaire des prévisions les plus erronées auxquelles se sont livrés certains de ses collègues, un grand diplomate, Alain Dejammet, confiait ceci : « Il en va en diplomatie comme en médecine, le pronostic procède du diagnostic. » « Le diplomate n'a de chance de prévoir le futur que s'il comprend le présent », ajoutait-il, conseillant de « se défier des préjugés, des idées à la mode » et « de ne pas s'aventurer en dehors de son champ de compétence ».

L'exercice de la chronique de politique étrangère est, certes, moins dangereux que la guerre. On travaille, en général, au chaud, le café à droite de l'ordinateur, la bouteille d'eau minérale à gauche et Google à gogo – pour l'ancienne génération, c'était plutôt, en bordure de Remington, le whisky d'un côté, le dictionnaire de l'autre. Pillards et parasites, les chroniqueurs profitent du travail des autres journalistes, ceux qui établissent les faits. Les chroniqueurs sollicitent aussi les commentaires des diplomates, ils s'appuient sur les travaux des universitaires. Ils piratent télégrammes, articles, thèses et livres savants.

Le Larousse qualifie de « chronique » quelque chose – une maladie, par exemple – qui dure, se développe dans le temps, avec des manifestations à récurrence régulière. Dans mon cas, depuis près de dix ans et sous une forme bien précise, l'affaire est hebdomadaire : chaque jeudi, 5 700 signes, espaces comprises, dédiés à l'actualité étrangère. La chronique est transgenre, elle emprunte à l'éditorial, à l'analyse, au reportage, parfois au portrait. Mais le chroniqueur a un privilège considérable par rapport à ses confrères : inspiré ou non, il dispose d'un espace affermé, une zone qui lui est réservée.

Dans cet espace, il met en perspective, il juge, jauge, explique, interroge, s'indigne ou célèbre – bref, il dispose d'une vaste panoplie de regards pour tenter d'éclairer les drames et les bonheurs de l'heure. C'est dire qu'il faut une bonne dose de culot et un peu d'expérience pour se livrer à cet exercice. Le chroniqueur prudent évitera le piège de la « toutologie » – disserter sur tout. Il se consacrera prioritairement aux pays ou régions qu'il connaît ou aux sujets géopolitiques qu'il travaille.

Mes « majors » sont le Moyen-Orient, l'Amérique du Nord, la Grande-Bretagne post- et pré-Brexit – là où j'ai longtemps été « correspondant », d'abord pour l'Agence France-Presse puis pour *Le Monde*. Ce sont les lieux familiers, où l'on a vécu, mûri, où l'on retourne. Où l'on n'est pas vraiment touriste tout en restant étranger. Où le sort des amis vous importe et l'évolution des choses peut vous serrer le cœur. Où la culture acquise, de la politique à la littérature, tempère le risque du jugement péremptoire. L'attachement relève ici d'une forme d'addiction qui réclame sa dose régulière de nouvelles de « là-bas ».

De retour à Paris dans le milieu des années 1990, j'ai découvert un intrus qui cassait la vaisselle du train-train des aventures occidentales et moyen-orientales : la Chine. Et, avec elle, une région multiple, l'Asie, qui, par son poids démographique, son dynamisme économique et donc son importance stratégique, allait tout bouleverser : rapports de force, domination occidentale, relations entre l'Europe et les États-Unis, profil de la mondialisation économique et technologique. Le Sud émergeait, tétanisant le Nord.

À la vitesse – 300 km/h – du métro de l'aéroport de Shanghai, la Chine s'est imposée, masse puissante et dévorante, bousculant nos certitudes, ébranlant notre foi dans l'évidente vocation universelle du modèle libéral-démocrate. Dans l'essai qui précède la sélection de ces chroniques du *Monde*, je tente de réfléchir au surgissement de la deuxième économie de la planète. Des centaines de millions de personnes échappent à une pauvreté obscène, mais cela, ce « grand bond en avant », s'accomplit dans la douleur, le conflit, la bataille idéologique et les défis stratégiques.

Mon travail de ces dernières années – entièrement relu et passé au crible pour cet exercice – obéit à une sorte de balancier. Comme s'il s'agissait d'un mouvement concomitant, chaque chronique relatant l'ascension de la Chine est suivie de plusieurs autres racontant les malheurs de l'Occident. Malmenés par les autocraties chinoise et russe, Américains et Européens soignent leur gueule de bois. Dans l'ivresse de la chute du mur de Berlin, ils ont fantasmé l'après-guerre froide. De leurs désillusions, de leurs erreurs stratégiques et de leur incapacité à contrôler un mode de croissance générateur d'inégalités grandissantes, sont nés de puissants mouvements protestataires, souvent dits « populistes ».

Je n'ai jamais trouvé Poutine « raisonnable » ou « rationnel ». J'ai toujours pris Donald Trump au sérieux et considéré la possibilité du Brexit. Mais j'ai sous-estimé l'attachement profond de 74 millions d'Américains – pas loin de la moitié du corps électoral – à la personne même de Trump. Je me suis trompé sur l'état de la démocratie américaine : elle est plus malade et menacée que je n'ai voulu le voir.

J'ai cru, passé le référendum de mai 2016, que les Britanniques, dans leur propre intérêt, opteraient pour un Brexit mou. Ils ont choisi la rupture la plus brutale. J'ai sous-estimé la détestation tripale, irrationnelle, de l'Union européenne qui anime les chefs du camp du Brexit. J'ai défendu l'Union européenne, mais j'ai mal apprécié le fossé culturel séparant l'Ouest, d'une part, du centre et de l'est de l'Europe, de l'autre. Pour être réversible, la démocratie illibérale qui s'installe en Hongrie comme en Pologne n'en déstabilise pas moins profondément l'Union.

J'ai trop misé sur les « printemps arabes ». Mais j'ai toujours su et écrit que les Frères musulmans, les tenants de l'islam politique, représentaient, hélas, la seule force d'opposition crédible et organisée. Pour une bonne raison : les dictatures arabes se sont consciencieusement attachées à écraser la moindre opposition libérale. J'ai suivi pas à pas le drame de la Syrie, les différentes guerres se déroulant sur cette terre de sang. Mais ai-je suffisamment pris la mesure de la somme de massacres infligés par un régime à sa population ? Un traumatisme de proportion historique. Pour aboutir à quoi ? Une triple occupation étrangère sur un amas de ruines ? Iraniens, Russes et Turcs imposent leur loi au régime de Bachar al-Assad – leur obligé.

« C'est oublier l'expérience de notre siècle que de croire que les hommes sacrifieront leurs passions à leurs intérêts », disait Raymond Aron (1905-1983). La remarque vaut pour ce que nous savons déjà du premier XXIe siècle, ajoutait l'un de ses disciples les plus éblouissants, le regretté Pierre Hassner (1933-2018). La force des passions en politique et l'éternel retour de l'histoire forment, sans que je l'aie voulu ainsi, le tronc commun des chroniques publiées dans ce livre.

« Dis-moi d'où tu parles », exige-t-on à raison, car on ne chronique pas de nulle part. On n'arrive jamais à laisser au vestiaire son petit « bagage » personnel. On travaille lesté et enrichi de l'héritage du pays, de la naissance, de l'éducation et, l'âge venant, des derniers attachements idéologiques, ceux qui restent, ceux qui, chez moi, ont tenu le coup – en dépit d'une aptitude naturelle au doute. Je suis le produit de la bourgeoisie française des Trente Glorieuses dans ce qu'elle avait de meilleur : à profusion, des livres, des journaux et des disques à la maison.

Je n'ai jamais entretenu d'appétit pour les grandes utopies lyrico-révolutionnaires. Je suis un fanatique du compromis social-démocrate ou libéral-démocrate, selon les jours. Névroses assurées : je m'efforce de ne jamais avancer une « idée » sans solliciter son contraire – pour hésiter, éternellement, entre les deux. Quelles que soient ses vicissitudes, je crois dans l'avenir du projet européen et, quelles que soient les circonstances, dans l'universalité des droits de l'homme. C'est angélique, je sais, mais c'est ainsi.

Ouverture
LA GRANDE PEUR DE LA CHINE

Longtemps, j'ai eu la Chine sur le dos. Je portais volontiers des vestes chinoises façon bleu de travail. En ce début des années 1970, où l'Europe commençait à oublier la guerre, j'y voyais une touche d'élégance. Combinée à mes mocassins américains et pantalons gris à pince, elle « gauchisait » mon allure de jeune bourgeois parisien. Je commençais dans le journalisme, mai 1968 était passé par là, mais je ne cédais à aucun délire maoïste. La veste chinoise était affaire de snobisme.

En 1973, j'avais lu, un tantinet sceptique, le livre d'Alain Peyrefitte *Quand la Chine s'éveillera... le monde tremblera*, ouvrage remarquablement prémonitoire. Mais la Chine restait loin, très loin. Masse physique misérable sur la carte, elle formait le plus étranger de nos horizons – géographique et politique. Si le pays de Mao inspirait certains, étudiants ou intellectuels parisiens, dont la générosité sociale valait mieux que la clairvoyance politique, c'est par une attraction où l'exotisme tenait une part prépondérante.

Les affaires du monde étaient déjà compliquées. Depuis la fin des années 1940, la guerre froide opposait l'Union soviétique et ses partenaires aux États-Unis et à leurs alliés. Mais l'un des pôles du camp communiste, et pas l'un des moindres, la Chine, s'apprêtait à l'adultère pour convoler, en 1972, avec les « impérialistes américains ». Les « progressistes » parisiens avaient du mal à s'y retrouver. Plus tard, bien plus tard, l'empereur Xi Jinping se rapprochera du « tsar » Vladimir Poutine – l'homme de la guerre d'agression contre l'Ukraine.

J'allais voir les films de propagande de Joris Ivens et Marceline Loridan, la série *Comment Yukong déplaça les montagnes*. Des armées de travailleurs chinois aux mains nues et portant la même veste que moi montaient des usines, exploitaient des champs de pétrole et piquaient des hectares de rizières, mus par la seule force de leur foi communiste et des préceptes du Grand Timonier. On sortait de la salle de la rue Saint-André-des-Arts moyennement convaincu.

Ma Chine restait une terre de misère à l'autre bout du globe. En ces années 1970 naissantes, l'empire du Milieu n'était au centre de rien, ni de l'économie ni de la géopolitique. Il pesait à peine 1 % de la richesse mondiale. Même s'il était devenu une puissance nucléaire, son armée, une masse de fantassins faméliques, n'inquiétait personne. Quand cette troupe se risque, en 1979, à mener une « expédition punitive » au Vietnam, pour cause de différend régional, c'est le tigre chinois qui repart la queue basse…

Années 1970 encore. Entre Moscou et Washington, les premiers grands accords sur le contrôle des armements nucléaires tempèrent la guerre froide. Rivalité entre grands pays communistes et différend idéologique familial sur le « vrai socialisme » : la Chine de Mao quitte le camp de l'URSS. Également répartis entre Américains et Soviétiques, les arsenaux nucléaires empêchaient la guerre de revenir en Europe – croyait-on. Le monde occidental conservait les monopoles, qui, établis au fil des siècles, assuraient sa domination : puissance militaire, force économique, inventivité technologique, rayonnement culturel. La Chine ne comptait pas ou si peu.

Dans la confrontation idéologique avec l'URSS – miroir, mon beau miroir, dis-moi quel est le meilleur système ? –, les Occidentaux prenaient le dessus. Nous étions convaincus d'avoir la plus performante des martingales : liberté = prospérité = paix, pour reprendre une expression tirée d'un livre de Jean-Marie

Guéhenno[1]. On avait beau porter une veste chinoise à boutons de lin très « vintage », l'Amérique donnait le ton dans presque tous les domaines. En 1975, les Américains sortaient politiquement défaits d'une guerre du Vietnam menée au nom de la lutte contre l'extension du domaine communiste. Ils n'en incarnaient pas moins une forme de modernité qui séduisait le reste du monde – ce n'était pas le cas de l'URSS.

Nous n'avons pas entendu le réveil chinois. Il sonnait depuis le début des années 1980. Nous n'avons pas pris la mesure du tremblement qui s'annonçait. Les États-Unis entretenaient un fantasme : ils avaient gagné la guerre froide. Faux. C'est l'URSS qui a implosé, au début de la décennie 1990, sous le poids de ses échecs plus que sous la pression venue de Washington. Les vingt premières années du siècle suivant vont nous occuper ailleurs. Le dissident saoudien Oussama ben Laden redonne toute sa « centralité » au Moyen-Orient. La lutte contre le terrorisme islamiste occulte la montée en puissance de la Chine.

En deux générations, le pays s'est entièrement transformé. La veste chinoise façon bleu de travail est devenue une relique, une pièce de musée. L'émergence de la Chine, on la voyait venir, mais bien plus lentement. Une superpuissance, d'habitude, prend au moins deux siècles à voir le jour. Pas cinquante ans. En tuant le père, les enfants (et les petits-enfants) de Mao ont accompli un miracle. Aujourd'hui, l'empire du Milieu est au cœur de tout – pandémie, climat, révolution technologique, croissance mondiale, course aux armements.

Les fariboles pékinoises sur l'« émergence pacifique » de la Chine ne doivent pas faire illusion. La concurrence avec le monde occidental est globale. Économie, technologies de pointe, zones d'influence politique, bataille idéologique – autocratie contre modèle libéral-démocrate –, le dernier empire entend s'imposer partout.

Formulons l'hypothèse qui nous semble la plus probable : par le jeu des seuls effets de taille, rien n'empêchera la Chine

1. Jean-Marie Guéhenno, *Le Premier XXIe siècle*, Flammarion, Paris, 2021.

d'être demain le numéro un de l'économie mondiale. Pour la première fois depuis 1945, la plus grande puissance économique du monde ne sera pas une démocratie. L'empire du Milieu juge ces perspectives parfaitement naturelles. La Chine reprend sa place au tout premier rang des nations. Après tout, il en a été ainsi jusqu'au début du XVIIe siècle. D'ici à 2050, la Chine représentera 20 % de la richesse mondiale, l'Inde peut-être 15 %, les États-Unis 12 %, l'Union européenne 9 %. L'économiste Patrick Artus observe : « Au début des années 2000, le produit intérieur brut par habitant, en termes réels et en dollars constants, était six fois plus élevé dans les pays de l'OCDE (en gros, l'ensemble occidental) qu'en Chine. L'écart s'est aujourd'hui réduit à 2,5 fois[2]. »

Mon excellent confrère du *Monde* Jean-Michel Bezat souligne la montée en gamme dans la chaîne de valeur des productions chinoises. Hormis l'aéronautique et l'automobile, « il n'est plus de secteurs d'excellence européens où la Chine n'aligne un rival de taille mondiale[3] ». C'est vrai de l'énergie nucléaire, de la téléphonie mobile de demain, de l'e-commerce, des réseaux électriques, du spatial ou de la construction navale, de l'immobilier. Dans les travaux sur l'intelligence artificielle, les Chinois seraient en pole position.

Surtout ne pas se tromper d'image. La Chine, un atelier d'assemblage de jouets en plastique, un gigantesque fabricant de T-shirts pour Ralph Lauren et autres marques de luxe ? Non, un titan des technologies du futur. Dans nombre de secteurs, la faillite d'un géant chinois présenterait un risque « systémique », pouvant avoir un impact dévastateur au-delà des frontières de la Chine.

Lourdement endetté à domicile, Pékin n'en est pas moins devenu l'un des créanciers du monde. Il prête à tout-va et sa banque centrale a accumulé plus de 1 000 milliards de dollars de dette américaine : à Washington, l'État fédéral vit, en partie, sur une carte de crédit chinoise.

2. *Le Monde*, 2-22/03/21.
3. *Le Monde*, 24-25/02/21.

Ces dix dernières années, la Chine a doublé ses dépenses militaires. Petit rappel historique. Prélude à la guerre de 1914-1918, selon certains, la marine allemande surclassait dès 1910 celle de la Grande-Bretagne, la grande puissance d'alors. Depuis 1945, la flotte de guerre des États-Unis dépasse toutes les autres. Aujourd'hui, l'armada la plus nombreuse est celle de la Chine (autour de 355 bâtiments). Dans le cyberespace comme dans l'espace tout court, les Chinois développent les armes de la guerre du futur.

Avoir tort avec Raymond Aron ?

Au fil de cette fulgurante ascension, la Chine est restée une dictature, avec, dans les années 1980, quelques bouffées de tolérance. L'émergence d'une classe moyenne urbaine de centaines de millions de personnes, habituellement source de bouleversement politique, n'a rien changé. À mesure de l'élévation du niveau de vie des Chinois, le parti communiste a conservé le monopole du pouvoir. Son dernier patron, le président Xi Jinping, arrivé aux commandes en 2012, va même durcir le système : centralisation à outrance, écrasement des rares espaces de débat, société civile sous surveillance. Et, ironie cruelle ou paradoxe des nouvelles technologies, ce tour de vis répressif, et régressif, s'appuie sur le numérique, instrument d'un contrôle quasi totalitaire de la société. Classe moyenne et Internet en véhicules de la démocratie dans l'empire du Milieu ? Calembredaine, jusqu'à présent.

Raymond Aron se serait-il trompé ? Pour une fois, une seule. Philosophe, sociologue, commentateur parmi les plus pointus de l'affrontement américano-soviétique, Aron (1905-1983) a défendu, contre modes, vents et marées, la pertinence économique et l'humanisme du modèle démocrate-libéral. Dans un pays où l'adjectif « libéral » est mal coté, cet immense professeur a expliqué que le libéralisme ne se réduit pas à une recette économique de marchés libres. Outre la liberté économique, il suppose un ensemble d'institutions garantissant les libertés politiques au sens le plus large.

Au cœur de la pensée libérale, telle qu'elle a cheminé depuis le XVIIIe siècle, il y a cette conviction d'un lien quasi mécanique entre liberté politique et progrès matériel, l'une et l'autre dialectiquement entremêlés. Tirant le portrait de quelques-uns des maîtres du libéralisme politique, qu'il admire, le romancier Mario Vargas Llosa parle d'une doctrine « capable de conjuguer ces valeurs contradictoires que sont l'égalité et la liberté, la justice sociale et la prospérité[4] ».

Le plus souvent, Aron pensait juste et voyait clair. « Les niveaux de vie les plus élevés n'ont été atteints que dans les pays de démocratie politique et d'économie relativement libre », écrivait ce social-libéral. Il y décelait un lien de cause à effet. Serait-il aussi catégorique aujourd'hui ? La Chine a prouvé autre chose. Un des régimes politiques les plus oppressifs de l'époque a accouché d'une dynamique société de consommation. C'est un modèle inédit : développement économique foudroyant sous l'égide d'un parti unique à tendance dictatoriale.

Une économie de marché ? Pas vraiment, explique François Godement, l'un des sinologues français les plus pertinents. « On baptise parfois un peu vite l'économie chinoise d'économie mixte (publique-privée) alors que le système des entreprises d'État reste extrêmement fort, bien davantage que les mécanismes de marché que le gouvernement autorise[5] », écrit-il.

On savait depuis la Russie des tsars que le capitalisme s'accommodait fort bien de l'autocratie. Mais en général la croissance économique facilitait la démocratisation : sans qu'il y ait de causalité mécanique, l'une et l'autre finissaient par aller ensemble. Ce fut vrai du Chili post-Augusto Pinochet ou de l'Espagne post-Francisco Franco ; de Taïwan ou de la Corée du Sud. Le cas chinois reste sans vrai précédent. Il vient ébranler les certitudes libérales-démocrates.

4. Mario Vargas Llosa, *L'Appel de la tribu*, Gallimard, 2021.
5. François Godement, revue *Alternatives économiques*, août 2021.

La démocratie libérale en débouché naturel de la réussite économique ? Depuis 1978, la Chine écrit une autre histoire. « Le succès de la Chine ébranle de l'intérieur l'idéologie de l'individu (le libéralisme), en faisant voler en éclats le triplé qui a contribué à son succès, cette promesse que liberté, prospérité et paix vont ensemble », dit Jean-Marie Guéhenno : « l'équation liberté = prospérité = paix ne fonctionne plus, et la Chine en est l'insolente démonstration[6] ».

Missionnaire, Xi vante le contre-modèle chinois aux pays en développement. Célébrant le centième anniversaire de la création du PCC, le 1er juillet 2021, le président-secrétaire général égrène les succès enregistrés au fil des ans – sans dire un mot des tragédies sanglantes qui, de 1949, date de la victoire des communistes dans la guerre civile, à 1978 ont précédé l'ouverture économique.

Lyrique, triomphaliste, repoussant sans cesse les limites de l'autosatisfaction nationaliste dans un discours émaillé d'hommages au marxisme éternel et au parti, Xi en vient, tout simplement, à saluer un tournant dans l'histoire de l'humanité : le PCC a réussi « à créer une nouvelle forme de civilisation humaine », assène le président.

Effet de manche en veste Mao ? Emportement à ne pas prendre au pied des caractères ? Abus rhétorique à des fins de mobilisation de l'opinion ? Moment d'ivresse dans un torrent de langue de bois ? Quarante ans de journalisme m'ont appris une chose. Le plus souvent, hommes forts, autocrates et dictateurs pensent ce qu'ils disent et font ce qu'ils disent. Avec la conviction intime qu'il participe à la création « d'une nouvelle forme de civilisation humaine », Xi mène les affaires de la Chine et s'occupe de celles du monde. L'hypothèse n'est pas forcément rassurante.

---

6. Jean-Marie Guéhenno, *op. cit.*

Malaise en Occident

La montée en puissance chinoise n'intervient pas à n'importe quel moment. Sans en être la cause, elle accompagne ce qui semble être un lent déclin de l'Occident. Affirmation qu'il faut avancer prudemment : les évolutions de la scène internationale ne sont pas un jeu à somme nulle. Ce n'est pas parce que le Sud monte que le Nord descend. Ce qui change, ce sont les rapports de force.

Les coups les plus durs portés à la prépondérance occidentale l'ont été par les Occidentaux. La seule période récente aligne fiascos stratégiques et désastres économiques. La réponse de l'Amérique aux attentats du 11 septembre 2001 – près de 3 000 morts – sera jugée sévèrement par les historiens. De l'Afghanistan (2001) à l'Irak (2003), l'interventionnisme armé, au nom de la « guerre au terrorisme » ou au titre de l'exportation de la démocratie, a moins stabilisé que déstabilisé ce que Washington appelle le « Grand Moyen-Orient ».

Les États-Unis ont provoqué, directement ou par ricochet, une traînée de conflits, avec leurs cortèges de morts et de destructions massives. À quelle fin, pour quel résultat ? Kaboul, été 2021 : le pathétique départ, précipité, chaotique, des forces américaines d'Afghanistan achève un cycle d'engagement moyen-oriental sur une débâcle et un profond sentiment d'échec. Au moins autant que la guerre du Vietnam (1960-1975), les expéditions américaines dans le Grand Moyen-Orient ont dégradé l'image des États-Unis.

Des deux côtés de l'Atlantique, la crise financière de 2008 et ses ravages économiques collatéraux pointent les faiblesses d'un capitalisme irresponsable. Cette fois, c'est l'opinion intérieure qui se rebelle. Faisant peser sur elles le plus lourd de la crise, le « système » trahit les classes moyennes et les classes les plus fragiles. À tort ou à raison, celles-ci incriminent la « mondialisation » – le triptyque libre-échange, révolution technologique et mouvements migratoires. Des deux côtés de l'Atlantique, une poussée protestataire nourrit la montée de partis et de

« leaders » populistes. L'Occident rate son entrée dans le premier XXIe siècle.

Il avait inauguré l'époque sur un mode triomphaliste. Deux épisodes de l'année 2001 portent la marque d'un credo idéologique à l'optimisme débordant. Sous l'insistante pression des États-Unis, la Chine entre à l'Organisation mondiale du commerce (OMC), à Genève. « Le peuple chinois est prêt à recevoir le plus beau produit d'exportation américain : la liberté », commente alors le président George W. Bush.

Réplique aux attentats du 11-Septembre, l'Occident, à l'hiver 2001 toujours, s'installe en Afghanistan avec l'espoir d'y planter les graines d'un début de démocratie. Il y avait là, à Kaboul comme à l'OMC, écrit François Valentin, l'un des animateurs du site Le Grand Continent, « cette conviction générale que le monde entier allait devenir comme nous[7] ». La fin de la guerre froide annonçait l'essor universel du modèle démocrate-libéral : démocratie, économie de marché, libre-échange commercial. On sait ce qu'il en a été.

Les années 2000 voient le recul dudit modèle, trop souvent réduit à sa seule dimension économique. En augmentation depuis 1990, le nombre de régimes démocratiques a régressé cette dernière décade. Le modèle autocrate séduit çà et là, y compris à l'intérieur de l'Union européenne. Avec le XXIe siècle commence l'ère de la Russie de Vladimir Poutine (2000) et de la Chine de Xi Jinping (2012).

« Les espoirs placés dans la mondialisation économique comme précurseuse de la démocratisation », poursuit François Valentin, espoirs symbolisés par l'adhésion de la Chine à l'OMC, ces espoirs-là vont voler en éclats avec la montée en puissance du nouvel empereur rouge[8]. En pleine crise des prêts hypothécaires américains, au printemps 2008, Xi, alors vice-président, organise et supervise les Jeux olympiques de Pékin. Un sans-faute. Ce succès annonce son arrivée au sommet, en 2012-2013, matrice d'une inflexion politique :

7. Revue en ligne *Le Grand Continent*, octobre 2021.
8. *Idem*.

l'empire du Milieu se durcit à l'intérieur et s'affirme, brutalement, à l'extérieur.

À la mi-août 2021, le désastre du retour des talibans à Kaboul, dont ils avaient été chassés en 2001, signe une humiliante défaite occidentale. Élu en novembre 2020, Joe Biden était censé jouer les bons docteurs. Après les mufleries régressives de son prédécesseur républicain, Donald Trump, le démocrate devait redonner confiance à l'ensemble occidental. Mission envolée dans le ronflement des avions gros-porteurs évacuant les Américains de la capitale afghane ?

Bilan d'étape pour ce presque premier quart de siècle : la Chine devrait se hisser au premier rang de l'économie mondiale ; les États-Unis, et leurs alliés européens, sont sur la défensive. Pékin et Moscou se sont à nouveau rapprochés. Sous l'égide de Xi Jinping et de Vladimir Poutine, un front commun autocratique défie le club euro-atlantique des démocraties libérales. L'agression russe contre l'Ukraine en février-mars 2022 ramène la guerre en Europe. Le Vieux Continent sort d'une longue et angélique rêverie de paix éternelle.

Certains annoncent l'aube d'un monde postaméricain. Nous voici entrés, disent-ils, dans l'ère de la « désoccidentalisation ». « Nous sommes au début de l'effondrement du système international qui dominait depuis la renaissance italienne », dit Lanxin Xiang, professeur à l'Institut des hautes études internationales et du développement à Genève. Lanxin dresse le profil de la Chine dans son nouveau statut : elle est la première puissance d'origine non européenne à défier l'ordre – ou le désordre – mondial tel que l'Europe puis sa filiale américaine l'ont dominé depuis cinq siècles.

Que veut la Chine ?

La Chine observe. À Pékin, comme ailleurs, on gamberge sur la lente décadence de l'Occident ; on spécule avec gourmandise sur la sinisation à grands pas du monde globalisé. Le discours officiel célèbre le retour du pays à son rang traditionnel de grande puissance. L'émergence économique répare les humiliations qu'Américains, Européens et Japonais ont infligées aux Chinois de 1850 à 1949. Ce « siècle de malheurs » ne se reproduira pas : la puissance militaire retrouvée est là pour le garantir. C'est parce qu'elle était faible à l'intérieur, politiquement divisée, misérable et mal gouvernée que la Chine a ouvert la voie aux exploiteurs étrangers – ces barbares. Catéchisme historique imposé à des centaines de millions de jeunes Chinois : le PC a sauvé la Chine de la désunion et de l'aliénation.

Grâce à la domination qu'il veut acquérir dans les secteurs clés des hautes technologies, le pays ralliera deux objectifs : devenir une économie de relative opulence ; être indépendant dans la maîtrise de la high-tech, l'instrument de la puissance de demain. Le gigantisme de son marché intérieur et les performances de son tissu industriel lui permettront de continuer à séduire consommateurs et investisseurs étrangers.

Interprétation optimiste de ces ambitions : l'empire du Milieu veut, sur la scène internationale, disposer d'une capacité d'influence à la hauteur de son poids économique. Rien d'extraordinaire. En somme, une grande puissance entend légitimement prendre la place qui lui revient. Mais à quelle fin ? Éliminer tout ce que les Chinois perçoivent comme un obstacle à leur montée en puissance ? Dominer le monde comme les États-Unis d'après 1945 en devenant à leur tour le grand prescripteur de normes ? Aller jusqu'au bout du déplacement de pouvoir en cours pour priver l'Amérique du leadership mondial qu'elle exerce, de bon ou de mauvais gré, depuis soixante-dix ans ?

François Godement esquisse une réponse : « Le débat demeure ouvert sur le fait de savoir si la Chine veut être au premier rang du monde pour diriger celui-ci ou pour laisser les autres se débrouiller, y compris sur bien des aspects de l'ordre international. Il ne me paraît pas évident que la Chine veuille se charger du fardeau de l'empire, pour paraphraser Kipling et son "fardeau de l'homme blanc"[9]. »

9. François Godement, *Alternatives économiques*, août 2021.

L'un des spécialistes de la Chine les plus écoutés aux États-Unis, Rush Doshi, répond différemment. « Nous avons affaire à un pays qui est peut-être moins intéressé par une forme de coexistence avec nous et plus par une forme de domination sur nous[10] », dit-il. En 2021, Doshi publie un livre au titre sans ambiguïté : *La Stratégie de la Chine pour évincer l'ordre américain.* Signe des temps, l'auteur est l'un des conseillers de Joe Biden pour la politique chinoise.

Un « ordre chinois » pour remplacer « l'ordre américain » de l'après-Deuxième Guerre mondiale ? Le scénario ne nous paraît pas le plus plausible. On parierait plutôt sur une coexistence conflictuelle faite de cinq éléments : course aux armements ; compétition technologique ; possible incident armé dans le Pacifique occidental (voire affrontement plus grave au sujet de Taïwan) ; lutte d'influence dans tous les forums de l'ONU ; enfin, possible coopération sur le climat.

Sur le danger chinois, le consensus américain est bipartisan, démocrates et républicains unis dans la même hostilité. De Barack Obama à Joe Biden, en passant par Donald Trump, la ligne de la politique chinoise est droite comme l'obélisque du Washington Monument. L'ordre de bataille est fixé. Sauf à perdre son leadership mondial, l'Amérique ne doit pas être devancée par la Chine – sur trois plans : économique, technologique et militaire. Washington entend préserver le maximum de l'ordre libéral international établi en 1945. Le défi est aussi politique, ajoute Biden. Les États-Unis et leurs alliés doivent prouver la supériorité du mode de gouvernement démocratique sur son concurrent autocratique.

On dira que les États-Unis ont toujours eu besoin d'un ennemi. Incarner le Bien suppose l'existence du Mal – pour l'affronter. On ajoutera que l'appareil d'État américain excelle à « créer » un ennemi puis à le diaboliser. D'autres, et c'est le cas des Chinois, avancent que l'Amérique ne supporte tout simplement pas d'avoir un concurrent global. Vérité historique maintes fois avérée : la puissance établie tolère mal la puis-

10. *Revue Foreign Policy*, octobre 2020.

sance montante. « Les États-Unis sont dépendants, “accros”, à l’hégémonie », juge Gideon Rachman, l’un des commentateurs du *Financial Times*.

La littérature stratégique chinoise d’aujourd’hui décrit une nouvelle configuration du pouvoir. On serait passé d’un monde comprenant « une superpuissance et beaucoup de petites puissances à un monde comprenant deux superpuissances et, toujours, beaucoup de petites puissances ». Les Américains, poursuit-on à Pékin, n’admettent pas de devoir cohabiter avec une entité en passe de devenir leur « égale ».

Le facteur Xi

Cette approche néglige le facteur Xi Jinping. La Chine du dernier président-secrétaire général n’est pas la même que celle que nous avons connue depuis la fin des années 1970. Le nouvel empereur, on l’a dit, est l’homme du durcissement intérieur et de l’expansionnisme extérieur, avec détermination et obstination. La « lutte » est l’une de ses expressions favorites, dit François Godement.

Xi s’installe pour des années au pouvoir, reniant les règles de succession établies. Sur fond de lutte contre la corruption, il muselle ses possibles concurrents. La moindre opposition – avocats, défenseurs des droits, féministes, artistes – est traquée, muselée, matraquée. L’idée même d’État de droit s’efface devant la toute-puissance du parti : « Le gouvernement, l’armée, la société et l’université, l’Est, l’Ouest, le Sud, le Nord et le Centre, le parti dirige tout », assène le président dans son rapport au 19e congrès du PCC. Les 85 millions de membres du parti, dûment sélectionnés, sont mobilisés, remobilisés, surmobilisés. Ils sont l’État.

Les ressources galopantes du numérique sont mises au service d’une surveillance pointilleuse de la population. Les minorités ethniques et religieuses – Tibétains, Ouïgours et autres – sont les premières victimes d’une dictature 2 :0 qui a pour objet de gommer leur singularité : être chinois, leur inculque-t-on, c'est vivre comme les Hans, l'ethnie majoritaire. Le mouvement prodémocratie à Hong Kong a été écrasé. L'île autonome de Taïwan, régulièrement survolée par la chasse et encerclée par la marine du continent, est promise à la réunification. Xi n'imagine pas qu'un morceau de Chine puisse échapper à l'ombrageuse tutelle du parti-État. Le président impose un culte de la personnalité sans pareil depuis Mao. Écoliers, étudiants, fonctionnaires, membres du parti doivent régulièrement ânonner la « pensée Xi Jinping » – odes au marxisme-léninisme et célébration du socialisme aux caractéristiques chinoises, cet étrange avatar d'économie de marché dominé par le secteur public.

On assiste à un lent reformatage de l'économie. Trop puissants, susceptibles de faire de l'ombre ou d'échapper à la tutelle du pouvoir politique, les grands du numérique chinois sont mis au pas – notamment leurs gigantesques filiales financières. Retour au « socialisme » ? L'État privilégie systématiquement le secteur public (qui produit quelque 40 % de la richesse nationale).

Adopté dès 2015, le programme « Made in China 2025 » met le cap sur « l'autonomie stratégique », comme on dirait à Paris. Dans une dizaine de domaines clés pour l'économie de demain – intelligence artificielle, robotique, informatique quantique, nouvelle génération téléphonique, aérospatiale –, le parti entend doter la Chine d'un avantage définitif sur ses concurrents. Subventions, crédits privilégiés, participations publiques : en violation des règles régissant la concurrence internationale, la toute-puissance de l'État-parti est mise au service de cette ambition gigantesque. Comme le Yukong du film de Joris Ivens, Xi veut « déplacer les montagnes ».

À l'extérieur, l'ère Xi est celle d'une Chine expansionniste, sûre d'elle-même et affichant de plus en plus crûment sa volonté de domination. Finançant des infrastructures ici et là – portuaires, aéroportuaires, ferroviaires et routières –, la Chine rapproche le monde de son territoire. En bon « fils du ciel », le dernier empereur replace son pays au « milieu » de l'univers. Même s'il connaît nombre de mésaventures, ce programme dit des « Nouvelles routes de la soie » est l'instrument d'une extension mondiale de l'influence politique de Pékin – de l'Asie centrale à la Méditerranée, de l'Afrique au Moyen-Orient, autour de la Baltique comme en Amérique du Sud.

Le long de ses côtes, en mer de Chine méridionale, notamment, Pékin règle ses différends frontaliers par la force. La Chine occupe, « poldérise » puis militarise une traînée d'îles et d'îlots que revendiquent aussi ses voisins – Vietnam et Philippines, notamment. Elle entend que l'ensemble du Pacifique occidental devienne au plus vite sa zone d'influence exclusive.

Illusions, illusions, illusions...

La puissance économique du pays est mise au service de ses visées politiques. Quiconque est en affaires avec la Chine s'impose une manière d'autocensure sur ce qui s'y passe – sauf à risquer des rétorsions économiques. Pour avoir osé réclamer une enquête internationale sur l'origine du Covid, l'Australie, très dépendante du marché chinois, a été soumise à une impitoyable guerre commerciale de la part de Pékin.

Technologique, militaire, politique, la compétition Chine/États-Unis domine le paysage stratégique. En deux générations, on est passé d'un partenariat amical à une rivalité tous azimuts. La période de l'entente heureuse – des années 1978 jusqu'au début du siècle – est née de la guerre froide. En 1972, le président Richard Nixon veut en finir avec la guerre du Vietnam et forcer l'URSS à la « détente » avec l'Ouest. Pour l'affaiblir, il faut diviser le camp « d'en face », cette alliance, de plus en plus fragile, entre les deux « puissances rouges ». Mao est en mauvais termes avec le Kremlin, il faut en profiter : l'Amérique doit se rapprocher de la Chine – qui, en dépit d'une rhétorique, aussi tonitruante que fleurie, ne demande pas mieux.

La suite, le développement de relations économiques de plus en plus étroites, n'est pas exempte non plus d'arrière-pensées politico-stratégiques. Bénéficiaires d'investissements américains, mais aussi japonais et taïwanais, la Chine muscle son économie – en silence. Les États-Unis ferment les yeux sur les droits de l'homme, y compris sur la répression des manifestants prodémocratie de la place Tiananmen à Pékin en 1989. Démocrates et républicains sont convaincus que leur politique d'« engagement » envers l'empire du Milieu finira par libéraliser le régime chinois.

Aroniens sans le savoir, les présidents George H. W. Bush et Bill Clinton croient dur comme fer à la force « transformatrice » du libre-échange et de l'économie de marché. Aucune autocratie ne résiste à l'émergence d'une classe moyenne éprise de consommation, croient les chefs du « monde libre ». La révolution technologique américaine, disent-ils, va mettre les Chinois en contact avec le vaste monde. Confiants, intéressés, les milieux d'affaires américains délocalisent à tout-va, transfèrent leur savoir-faire industriel et scientifique, tout est bon pour favoriser le développement de la Chine parce que le marché chinois est magnifique, n'est-ce pas, et que ce pays foncièrement pacifique et fasciné par les États-Unis ne peut que devenir un ami.

Les États-Unis ne voient pas émerger la superpuissance chinoise – une superpuissance dont les intérêts ne coïncident pas avec les leurs. Ils ont le sentiment d'avoir été bernés, d'avoir nourri et parrainé des ingrats. Pékin n'a pas joué le jeu, a piraté, détourné, copié, s'indignent-ils (en exagérant souvent). Et c'est ainsi que l'Amérique se retrouve confrontée trente ans après à un rival dont elle a tout fait pour assurer l'ascension !

Convaincu qu'il incarne l'unité de la Chine et qu'il est l'opérateur de son renouveau, le PC n'a aucune intention de renoncer à son monopole sur le pouvoir. Quant à l'idée de jouer les aimables partenaires de Washington dans l'édification d'un nouvel ordre international, il n'en est pas question, juge la direction chinoise dont l'ambition est de devenir une, sinon l'unique, superpuissance.

Cartes sur table : si j'ai été longtemps correspondant à Washington, pour l'Agence France-Presse puis pour *Le Monde*, je n'ai jamais été en poste en Chine – où je ne me suis rendu qu'une demi-douzaine de fois. Je suis un touriste de luxe quand il s'agit de parler de la réalité chinoise. Familier des grands hôtels en ville, habitué des séminaires en salon climatisé. J'ai plus souvent levé mon verre de baijiu, alcool festif, dans des banquets officiels que « baguetté » mon bol de nouilles dans un estaminet de campagne.

Je connais un peu, et j'apprécie beaucoup, la Chine des beaux quartiers. J'aime la côte sud, Xiamen par exemple, où l'on poserait volontiers sa valise, et, plus au nord, Shanghai, mégacité qui a su garder quelque chose du passé. La rue chinoise, même dans des villes de moindre importance à l'intérieur du pays, ne ressemble en rien à ce que fut la rue soviétique. En ce sens, il y a un décalage entre le récit à distance sur la Chine, inquiétant, et le dynamisme, la créativité, la passion pour les néons les plus criards et la joie de consommer de ses habitants – ce qui ne gomme ni les difficultés de la vie quotidienne ni la dureté de la dictature.

Mon bagage chinois étant des plus légers, je veux dire ici ma dette à l'égard de ceux dont je pille le travail : écrivains voyageurs, chercheurs et universitaires, en commençant par le grand Simon Leys (1935-2014) ; les correspondants de presse (*Le Monde, New York Times, Financial Times, Wall Street Journal*) ; les diplomates enfin. Ils m'ont appris, s'agissant de ce pays, à me méfier des jugements définitifs. On « n'attrape » pas facilement la Chine, une vie n'y suffirait pas. Il en va de même du duel sino-américain, bien plus complexe qu'un sempiternel conflit frontal.

Au pic de la guerre froide, les échanges commerciaux entre Américains et Soviétiques ne dépassaient pas 2 milliards de dollars par an. Aujourd'hui, entre la Chine et les États-Unis, les échanges se montent à 2 milliards de dollars par jour. Les batailles tarifaires déclenchées par Donald Trump (2016-2020) n'ont eu aucun effet sur l'excédent chinois avec l'Amérique. Même si un découplage a commencé dans le secteur de la haute technologie, les deux économies restent très imbriquées.

Cette combinaison d'une rivalité stratégico-politique et d'une relative interdépendance économique fait l'originalité d'une relation qui façonne notre avenir. Pékin et Washington doivent résoudre une équation qu'ils posent dans les mêmes termes. Comment gérer cette confrontation (stratégique) dans la collaboration (économique) ? Comment penser une situation d'imbrication économique avec un partenaire qui ne vous veut pas du bien ? Peut-il y avoir un vainqueur, quand aucun des deux protagonistes ne souhaite l'effondrement économique de l'autre ?

Question encore : l'Europe doit-elle choisir son camp ? Washington rêve d'une coalition occidentale face à la Chine de Xi Jinping. L'Union européenne renâcle. Elle veut bien qualifier la Chine, dont elle est le premier partenaire commercial, de « rival systémique ». Personne ne comprend ce que cela veut dire, sinon que le Vieux Continent n'entend pas renoncer à développer ses relations économiques avec l'empire du Milieu. Le Royaume-Uni campe sur une position similaire.

En pratique, ce sont des postures difficiles à tenir. Dans la bataille des normes – technologiques, par exemple –, dans la gestion et la protection des data, la Chine l'emportera si Américains et Européens ne font pas front commun. Dans les règles à établir pour que le cyberespace ne soit plus ce lieu d'agression chinoise qu'il est aujourd'hui, Washington et Bruxelles défendent les mêmes causes. Sur un futur régime du contrôle des armements dans l'espace, les Européens sont condamnés à se ranger du côté des Américains.

Les Européens ont d'autant plus de mal à définir une position que rien n'est encore joué entre Américains et Chinois. Dans la course à l'innovation, dont dépendent le paysage industriel et les équilibres stratégiques de demain, il n'est pas inéluctable que l'empire du Milieu surclasse l'Amérique. Le discours, chez les démocrates comme chez les républicains, tend à gonfler les atouts de l'adversaire. On calligraphie à gros traits une Chine au profil de vainqueur et dont la montée en puissance serait irréversible.

Ce refrain nous est familier, il a un côté « déjà entendu ». À la fin des années 1950, le sénateur démocrate John F. Kennedy l'entonnait volontiers, pointant un prétendu « gap » technologique majeur entre les États-Unis et l'URSS. À demi-mot, celui qui allait remporter l'élection présidentielle de novembre 1960 disait à ses compatriotes : nous allons nous faire bouffer par les « Soviets ». Y croyait-il vraiment ?

Au début des années 1980, correspondant à Washington, j'ai vécu une autre crise de « paranoïa » américaine. Cette fois, le Japon s'apprêtait à reléguer l'Amérique en deuxième division. Puissance économique et commerciale, géant technologique, investisseur conquérant (s'offrant des gratte-ciel à New York et des studios de cinéma à Hollywood), sur fond de stabilité politique intérieure et d'harmonie sociale : l'empire du Soleil-Levant allait prendre l'avantage sur l'Amérique – c'était sûr, écrit d'avance, inévitable, juraient les « experts ». Ni l'URSS ni le Japon n'ont connu le destin qu'on leur prêta un court instant.

Enseignant au Claremont McKenna College, en Californie, le professeur américain Minxin Pei pointe les failles du « système Xi ». En lieu et place de la délibération collective pratiquée avant lui, Xi impose un pouvoir personnel qui doit mal passer au plus haut niveau de la direction chinoise. L'hypercentralisation de la décision politique autour de « l'homme fort » du pays a déjà coûté cher, observe Pei : « Une des raisons les plus plausibles expliquant l'échec de Pékin à agir vite et avec force pour contenir l'épidémie naissante de Covid (à l'automne-hiver 2019) est que des décisions cruciales ne peuvent être prises sans l'approbation directe de Xi[11]. »

La mise sous contrôle de la société et, phénomène nouveau, l'hostilité que le parti manifeste à l'endroit des entrepreneurs, paraissent peu compatibles avec l'économie de l'innovation que le chef suprême entend promouvoir. La Chine va entrer dans une phase de moindre croissance et d'austérité nécessaire à la purge de ses dettes, au moment où elle doit dégager les ressources requises par le vieillissement de sa population. Le correspondant du *Monde* à Pékin, Frédéric Lemaître, citait, au printemps 2021, une estimation publiée par la revue britannique *The Lancet*. La Chine passerait de 1,4 milliard d'habitants

11. Minxin Pei, *The Economist*, 30 août 2021.

aujourd'hui à 732 millions (– 48 %) en 2100. Ce ne sera plus le même pays.

Le « système » aura du mal, dans les années qui viennent, à répondre aux attentes d'une classe moyenne centrale et, notamment, d'une armée de jeunes diplômés en quête d'emploi – pour ne pas parler des quelque 600 millions de Chinois victimes d'une croissance inégalitaire et vivant encore dans une relative pauvreté.

Une bataille idéologique

L'affrontement sur la technologie en masque un autre qui témoigne des peurs et de l'insécurité de la Chine de Xi Jinping : la confrontation idéologique. Les adeptes de la realpolitik, disciples de l'Américain Henry Kissinger, mettent en garde : « décrire la rivalité avec la Chine en termes idéologiques conduit soit à une impasse, soit à une croisade », dit Gérard Araud, l'ancien ambassadeur de France aux États-Unis.

Seulement, cette fois, ce ne sont pas des néoconservateurs d'outre-Atlantique partis exporter la démocratie jeffersonienne qui sont en cause. C'est la Chine nouvelle qui, à domicile comme à l'extérieur, a déclaré la guerre aux « idées occidentales » – démocratie libérale, droits de l'homme, protection des minorités. La direction chinoise mène une « croisade » contre les influences occidentales, jugées dangereuses pour le pays (ou, plus exactement, pour le « système »).

On ferme les centres culturels américains. On censure à tout-va. On impose une histoire officielle. On fait disparaître, puis réapparaître, des célébrités du sport ou du cinéma, comme la joueuse de tennis Peng Shuai ou l'actrice Zhao Wei. On appelle à un recentrage artistique et intellectuel sur la tradition chinoise. On diminue l'importance de l'apprentissage de l'anglais. Comme si le parti voulait « refermer » la Chine sur elle-même ? J'aurais tendance à penser que ce combat est perdu d'avance. Les succès de la Chine sont justement ceux d'une économie ouverte sur le monde, le contraire de l'ambition autarcique qui était celle de l'URSS. Et les « idées » circulent toujours avec le business.

En attendant, la machine de propagande intérieure et extérieure – presse et télévision – dresse le portrait le plus défavorable de « l'Occident ». Pékin fera payer cher à la Norvège la remise à Oslo, en 2010, du prix Nobel de la paix au Chinois Liu Xiaobo, grand lettré, professeur de littérature et dissident légaliste (il ne prônait rien qui ne soit dans la Constitution du pays). Drôle de face-à-face : le PCC, fort de ses 85 millions de militants et du contrôle qu'il exerce sur l'appareil d'État, juge impératif de faire taire un frêle critique littéraire (et, après la mort de son époux en prison, de harceler sa femme, la poétesse Liu Xia). Pourquoi ? Parce que l'idée « occidentale », dans sa composante idéologique, est subversive.

Pékin porte le combat sur la scène internationale, particulièrement à l'ONU. La Chine veut que l'autocratie bénéficie de la même légitimité que la démocratie. La direction chinoise a mis au point son argumentaire. Toutes les composantes de la démocratie libérale, telles que les mentionnent la Déclaration des droits de l'homme et la charte de l'ONU, sont affaire d'interprétation, dit Pékin. Elles n'auraient pas le même sens d'une culture à l'autre ; en les prenant à la lettre, l'Occident, hypocrite, entendrait préserver sa domination sur le monde. Autrement dit, les droits de l'homme « aux caractéristiques chinoises » ne sont pas les mêmes que ceux promis par l'Occident qui défend l'« impérialisme » sous couvert d'un humanisme de commande.

La Chine cherche moins à exporter son modèle politico-économique qu'à assurer la défense et la promotion du mode de gouvernement autoritaire en général. Fin connaisseur des affaires chinoises, le journaliste américain Evan Osnos, du *New Yorker*, explique : « La Chine n'exporte pas une idéologie d'État à la façon de l'Union soviétique. Mais elle entend rendre le monde plus docile à son idéologie. » De quelle façon ? En qualifiant toute critique des violations des droits de l'homme d'atteinte à sa souveraineté. En passant au filtre du relativisme culturel toutes les obligations qui lui incombent au titre des textes qu'elle a signés, à commencer par la charte de l'ONU.

Dans cette bataille contre l'universalisme occidental, Xi s'est trouvé un allié privilégié en la personne de Vladimir Poutine. Les intérêts nationaux de la Chine et de la Russie convergent quand il s'agit de délégitimer la démocratie libérale – un mode de gouvernement dépassé, dit Poutine, et qui sème le chaos, ajoute Xi. Contrairement à ce qu'on entend souvent à Paris, ce ne sont pas les sanctions prises par l'Union européenne contre Moscou, pour violation des frontières de l'Ukraine, qui ont « jeté la Russie dans les bras de la Chine ». La formation d'un front commun idéologique contre « les idées occidentales » a été au cœur du rapprochement entre Poutine et Xi.

Sans mener de « croisade » idéologique, il faut regarder en face cette vérité : la caractéristique commune des régimes autoritaires qui sont aujourd'hui en expansion est bien la détestation de l'Occident. Pour avoir une approche réaliste des rapports de force, et notamment de la confrontation sino-américaine, il ne faut sous-estimer aucun des éléments qui les fondent.

Sur la défensive, l'Occident fantasme volontiers une Chine en une sorte de dragon collectif dopé à la potion magique. Elle serait unanimement portée par un nationalisme de combat, la volonté tendue vers la réalisation du « rêve » chinois d'une prépondérance mondiale retrouvée. Muselée, la presse officielle n'en dit rien, mais la réalité semble bien différente – faite de grèves sauvages, de conflits du travail, de contestations locales, de luttes féroces au sein des appareils de pouvoir, de bourdes et cafouillages, et de succès aussi, dans la gestion d'une économie complexe. Autant sinon plus qu'un autre pays, la Chine est une somme de contradictions. Elle est une nation-empire agitée de pulsions contradictoires, irréductible et rebelle au portrait qu'en dresse la *nomenklatura* du PC.

Un jour de printemps, au début du siècle, invité d'une généreuse fondation suisse, je traînais dans les rues d'une bourgade du Sichuan, dans le sud-ouest du pays, sur une rive du Yang-Tsé. J'expliquais à mon guide, un jeune Chinois francophone, qu'un grand journaliste et écrivain français, Lucien

Bodard, avait vécu ici même. Entre les deux guerres, son père avait été le consul de France dans la région. Devenu reporter, Bodard, verbe puissant, œil de rapace, mémoire d'éléphant, a raconté son enfance chinoise, dans le Sichuan puis le Yunnan voisin, au fil d'une série de romans qui furent l'une de mes « initiations » à la Chine.

« Et que racontait-il, votre écrivain ? » interrogea mon guide.

« Des histoires de mendiants, de prostituées, de seigneurs de la guerre se faisant la guerre, d'agents corrompus du Fils du Ciel et de grands bandits, de commerçants roublards et de cuisiniers aux célestes talents », répondis-je.

Ce à quoi, après un long moment de réflexion, il ajouta, très sérieux : « Mais nous avons encore tout cela, monsieur. »

Ce qui est plutôt rassurant.

CHRONIQUES

- 2014 -

17 janvier

« Capitalisme : retour aux années 1920 »

Candidat à l'investiture républicaine pour le scrutin présidentiel de 2016, l'Américain Marco Rubio[1] répète à l'envi l'édifiant conte de fées de son enfance à Miami. Le sénateur de Floride module un peu selon les publics, mais, pour l'essentiel, c'est l'histoire d'une famille d'immigrés cubains qui, à force de travail et de privations, envoie ses enfants à l'université. Lesquels rejoindront ainsi dans les années 1970 les rangs de la classe moyenne, cœur mythique de l'Amérique.

Ce ne serait plus possible aujourd'hui, observe le sénateur. Avec leur salaire, lui, de barman, elle, de petit cadre dans un hôtel, ses parents ont fini par appartenir à ladite classe moyenne et à payer des études à leurs enfants. Exerçant les mêmes métiers en 2014, ils n'en auraient plus les moyens, ils ne gagneraient pas assez. Le « rêve américain » est devenu « hors de portée », a confié Rubio lors des cérémonies du 50e anniversaire de la « guerre contre la pauvreté », lancée par le président Lyndon Johnson en janvier 1964.

Une raison à ce triste constat : les États-Unis sont devenus une société rongée par les inégalités de revenus. Ceux de l'immense classe moyenne ne progressent plus depuis trente ans. Seuls quelque 10 % de la population encaissent l'essentiel des fruits de la croissance. Le sénateur Rubio ne faisait que

1. Comme la demi-douzaine d'autres candidats républicains, Rubio fut balayé par Donald Trump. Il reste l'une des étoiles montantes du parti.

reprendre un thème que le démocrate Barack Obama a été le premier à mettre en avant en décembre : « Le défi de notre temps, c'est l'inégalité », a déclaré le président.

Quand, au paradis du capitalisme, démocrates et républicains s'entendent pour formuler, quasiment en termes identiques, un même diagnostic, c'est qu'il s'agit d'une pathologie lourde. On entend déjà les thuriféraires du célèbre modèle social européen clamer en chœur : « Pas chez nous ! » Erreur, la plupart des économies occidentales connaissent un accroissement vertigineux des inégalités de revenus.

Le tableau brossé par les économistes est monochrome. Tous avancent les mêmes chiffres pour décrire la même réalité. Les écarts commencent à se creuser aux États-Unis dans les années 1970. Le phénomène gagne l'Europe de l'Ouest dans les années 1980. « À la veille de la crise de 2008, les inégalités atteignaient des sommets aux États-Unis et dans la plupart des pays développés », écrit Laura Tyson, économiste, démocrate, ex-conseillère du président Bill Clinton.

La part des salaires dans le produit intérieur brut n'a cessé de baisser depuis trente ans, période durant laquelle la classe moyenne n'a maintenu son niveau de vie qu'en s'endettant. Il n'y a pas de crise au sommet, mais concentration de la fortune. En 2012, les 10 % des plus riches des Américains se seraient partagé près de la moitié du revenu national, et ceux du fameux 1 % du haut de la pyramide quelque 22 %. Chiffres sans précédent, sauf à remonter à 1928, et qui altèrent profondément le profil social de l'Amérique.

Corrélation n'est pas causalité, pas forcément, mais la croissance des inégalités de revenus a accompagné une autre évolution : le ralentissement de la mobilité sociale. L'un des moteurs du modèle est touché. Même les républicains, qui portent haut et fort le credo américain, en conviennent : « Une des promesses fondamentales de l'Amérique tient à cette possibilité de rejoindre les rangs de la classe moyenne. Mais cette opportunité est aujourd'hui remise en cause », constate Marco Rubio.

Explosion des inégalités

Laura Tyson s'interroge : « Le fait que le creusement continu des écarts de revenus soit un trait commun aux économies développées suggère des causes communes. » Les économistes citent, pêle-mêle, développement technologique, robotisation, défaillance des systèmes d'enseignement, et, surtout, globalisation de l'économie, l'ensemble ayant favorisé un gigantesque mouvement de délocalisations.

Car à mesure que les inégalités progressaient dans les pays occidentaux, elles régressaient au niveau mondial, parce que le taux de pauvreté diminuait dans les pays émergents où montaient les rangs des nouvelles classes moyennes. Quelles leçons pour les États-Unis, pour l'Europe, pour le Japon ? Les Français croient encore en leur singularité : ils n'aiment pas cette question. Ils font valoir que la situation n'est pas la même dans tous les pays développés.

Le coefficient de Gini, indicateur synthétique des inégalités de revenus, est plus élevé aux États-Unis et en Grande-Bretagne, par exemple, qu'en France. Le miracle de l'État-providence à la française assurerait une meilleure protection contre les inégalités ? En partie, mais en partie seulement. Là où l'Europe du Nord, celle qui s'est « adaptée » à la mondialisation, compte un nombre croissant de travailleurs pauvres, la France aligne ses bataillons de chômeurs. Bas salaires ou chômage. Les Français ont choisi, sans poser la question : y a-t-il un moindre mal pour une société ? La réponse n'est pas évidente.

Comme ne sont pas évidentes les questions posées par l'explosion des inégalités dans les économies occidentales. Ces économies ne peuvent remettre en cause la globalisation : pour elles, les marchés émergents sont devenus prioritaires.

Mais les écarts de revenus, la polarisation sociale entre le « 1 % » et le reste, ont sans doute un impact profond – sur la croissance, sur l'équilibre politico-social, sur la démocratie (émergence de forces politiques protestataires). Comme souvent, le débat américain est précurseur.

31 janvier

Islamisme, attraction fatale

Ils viennent du monde arabe, du Caucase et même d'Europe de l'Ouest. Depuis plus de trois ans déjà, la Syrie est le combat de milliers de jeunes musulmans – leur guerre d'Espagne, peut-être. Le tyran à abattre est l'un des plus brutaux de la région, Bachar al-Assad. Les enjeux stratégiques de cette guerre ont été décryptés à satiété, mais on a moins relevé ceci : dans la rébellion, les combattants étrangers rejoignent d'abord les organisations islamistes. Pourquoi ?

Ils auraient pu choisir l'Armée syrienne libre, celle qu'encadrent d'anciens officiers de l'armée du régime, idéologiquement plus diversifiée. Non, les engagés volontaires, les « brigadistes » venus d'ailleurs, vont tous, ou presque, dans les groupes islamistes. Ils se battent au nom de l'islam radical, certains sous licence Al-Qaida.

Plus d'un quart de siècle après la guerre d'Afghanistan contre l'URSS, plus de treize ans après les attentats du 11-Septembre et trois ans après la mort d'Oussama ben Laden, le fanion de l'islamisme militant séduit toujours. Partout où cette idéologie a inspiré un quelconque pouvoir, le résultat a été désastreux au mieux, cauchemardesque le plus souvent. Mais, pour parler en jargon économiste, l'attractivité de l'islamisme ne paraît pas en baisse. Au contraire, les islamistes dominent la rébellion armée.

On connaît les explications d'ordre géostratégique. Tous les pays arabes du Golfe, à commencer par l'Arabie saoudite, appuient, organisent, financent des groupes islamistes en Syrie. C'est la réponse du monde sunnite, la branche majoritaire de l'islam, à un régime qui ne survit que grâce au soutien militaire venu du monde chiite (Iran, Hezbollah libanais et milices irakiennes).

Mais il y a d'autres raisons, peut-être plus profondes, à cette séduction renouvelée de l'islamisme sur une partie de la jeunesse arabo-musulmane. L'écrivain Boualem Sansal les analyse dans un petit livre aussi brillant qu'érudit : *Gouverner au nom d'Allah* (Gallimard, 2013). Romancier algérien et impitoyable contempteur des régimes arabes, Sansal commence avec ce sentiment d'humiliation, justifié ou non, qui, après la faillite du nationalisme arabe tiers-mondiste et socialisant, expliquerait l'attrait islamiste : une réponse à l'échec « laïque ».

Elle entraîne une sorte de régression-refuge dans l'idée que, face à la complexité du monde, il faut retourner à la simplicité du califat des origines (VIIe siècle), par la force s'il le faut. Ici jouent sans doute l'attrait propre à la radicalité, la fascination pour l'extrémisme, les solutions « totales », comme le monde les a expérimentées, pour son malheur, tout au long du XXe siècle. L'islamisme serait un autre totalitarisme, une explication globale à laquelle il suffit de se conformer : l'islam, cette fois, est « la » solution...

Boualem Sansal pointe ensuite la complicité des régimes arabes. « Ils combattent le terrorisme et protègent l'islamisme qui est sa matrice idéologique », écrit-il. Comment ? Réponse : « Ils livrent l'enseignement de l'islam à des charlatans ou des idéologues qui transforment l'islam en islamisme. » Il stigmatise une éducation historique et religieuse totalement dépourvue de réflexion critique, et qui entretient une seule version de l'islam et du Coran, la plus fondamentaliste et la plus intolérante.

La part de responsabilité de l'Occident

Les gouvernants arabes comptent sur cet endoctrinement pour acheter une paix sociale qui garantit leur maintien au pouvoir à perpétuité. Peu nombreux sont ceux qui osent braver cette chape de plomb idéologique imposée au monde arabo-musulman au nom de la religion. Il y en a, et Martine Gozlan, journaliste à *Marianne*, a eu la bonne idée de brosser le portrait de quelques-uns de ces courageux dans son livre *Les Rebelles d'Allah* (L'Archipel), préfacé par Jean-François Kahn.

Mais les Occidentaux ont aussi leur part de responsabilité. Au nom de la lutte contre l'islamisme, « ils ont apporté leur soutien aux pires dictatures arabes », poursuit Boualem Sansal :

« Ce faisant, ils ont renforcé l'islamisme, ils lui ont donné les héros et les martyrs dont il avait besoin pour se construire une image sainte, digne de la geste du Prophète quand il combattait les infidèles. » L'islamisme y a gagné en puissance et en légitimité, conclut-il.

Ainsi sont agencés les ressorts d'une attraction fatale pour un fantasme mortifère, avec son « discours justicier, sa geste révolutionnaire et ses promesses d'éternité » – l'islamisme, construit sur la nostalgie d'un passé mythifié, sacralisé, figé, et son ambition d'un nouveau califat qui rassemblerait le monde arabe. Hélas, cet « envoûtement » opère, dit Sansal.

Les peuples arabes seraient-ils confrontés à cette affligeante alternative : l'islamisme ou la dictature de régimes brutaux, corrompus et incompétents ? L'un n'allant pas sans les autres, comme dans un couple maudit qui voit les Kadhafi, Moubarak et autres Assad nourrir l'islam radical.

Le romancier algérien est pessimiste : « Le fait est là, en quatorze siècles, aucune tentative de révolution des idées semblable à celle des Lumières européennes [au XVIIIe] n'a pu émerger et prendre corps dans l'univers musulman. » Au contraire, à de rares exceptions près, le silence des intellectuels musulmans est une autre forme de complicité avec le fantasme islamiste.

Dans l'hebdomadaire *Politis* (23 janvier), le professeur Jean-Pierre Filiu, qui a souvent raison avant les autres, pointe une petite lueur : aujourd'hui en Syrie, « c'est l'opposition qui a engagé le combat pour chasser Al-Qaida, pas le régime[2] ».

2. Les coups les plus durs portés à Al-Qaida en Syrie l'ont été par l'opposition armée au régime de Bachar al-Assad, de même que ce sont les bombardements des « alliés », notamment américains, britanniques et français, qui ont permis aux Kurdes de Syrie de venir à bout de l'État islamique (Daech). Appuyé massivement par la Russie et l'Iran, le régime de Damas finira par assurer sa survie et défaire les rébellions levées contre lui.

21 mars

Poutine : 1, Merkel et Obama : 0

Échec et mat à l'Occident. Super-Poutine triomphe. Bras levés, sourire satisfait, mardi 18 mars, il annonce à la Douma, le Parlement russe, le rattachement de la Crimée à la Russie. Il tient sa revanche. Sur l'Ukraine, ainsi amputée d'une de ses régions, parce qu'elle a eu le culot de vouloir signer un accord commercial avec l'Union européenne (UE). Sur les Occidentaux, Américains et Européens réunis, parce qu'ils ont le toupet de soutenir les nouvelles autorités ukrainiennes.

Opération rondement menée, sans un coup de feu ou presque : fin février, les forces russes prennent le contrôle de la Crimée ; mi-mars, référendum sur le retour de la région à la Russie ; bouquet final cette semaine à la Douma. Entre-temps, Américains et Européens ont pris des sanctions, qui n'ont en rien intimidé le président russe. La Bourse de Moscou a connu quelques soubresauts, le rouble a chuté, mais l'économie du pays ne s'est pas effondrée.

En Russie même, la popularité de Poutine est au sommet – plus de 70 % d'approbation. Certains de ses vieux opposants le félicitent pour le coup de Crimée. Les Jeux olympiques de Sotchi ont été un succès. Fouettée par une presse aux ordres, l'opinion paraît d'humeur plus nationaliste que jamais. Vladimir Poutine a des raisons de sourire.

Il y a deux grands perdants : Barack Obama et Angela Merkel. Non pas que les intérêts stratégiques ou économiques des États-Unis ou de l'Allemagne soient en quoi que ce soit affectés par les événements de Crimée. Mais les deux dirigeants les plus importants de la famille occidentale se sont lourdement trompés. Ils ont tout fait pour « apaiser » une Russie que l'on disait « humiliée » par la disparition de son empire. Ils ont accédé à nombre de ses demandes. Ils ont caressé l'ours dans le sens du poil. Sans rien obtenir en retour.

À peine arrivé à la Maison Blanche, en janvier 2009, Obama annonce un « nouveau départ » dans la politique russe des États-Unis. Moscou voit alors d'un mauvais œil le projet américain d'installer un bouclier antimissile en Pologne et en République tchèque. Obama l'abandonne aussitôt et le remplace par une version plus réduite, en Roumanie. À aucun moment, le président américain n'a cherché à revenir sur la décision prise par l'OTAN, en 2008, de remettre à plus tard les candidatures de l'Ukraine et de la Géorgie.

Dans sa rhétorique comme dans ses actes, Obama a gommé l'empreinte néoconservatrice qui marquait l'administration de George W. Bush : plus question d'exporter les valeurs de la démocratie jeffersonienne où que ce soit. Concentré sur le retrait des forces américaines d'Irak et d'Afghanistan, il sait l'immense perte de crédibilité morale subie par les États-Unis du fait de ces interventions répétées à l'extérieur. Il a mesuré les limites de ce que peut accomplir la machine militaire américaine ; il a mesuré aussi ce que ces guerres ont coûté au statut de l'Amérique. Il est le président d'un certain désengagement américain en Europe – objectif traditionnel de Moscou. Il s'est gardé d'intervenir militairement dans la guerre syro-syrienne, et s'est rangé à l'initiative du Kremlin sur le démantèlement des armes chimiques de Damas.

Bonnes relations et bon business

La chancelière, elle aussi, a ménagé les intérêts et les susceptibilités de la Russie. Mme Merkel suit la pente traditionnelle de la diplomatie allemande vis-à-vis de Moscou : bonnes relations pour cause de bon business.

La Russie fournit plus de 30 % de son énergie à l'Allemagne. Celle-ci compte plus de 6 000 sociétés commerçant avec le voisin russe. La classe oligarque fait un succès à BMW, Mercedes et Audi. Mme Merkel s'imaginait volontiers en partenaire politique occidental privilégié de M. Poutine. Ils se parlent en russe. Elle pensait être en mesure de l'influencer. Durant la crise ukrainienne, elle a été la première à dire, dès mi-novembre, qu'un accord commercial entre Kiev et Bruxelles ne devait pas altérer les relations entre l'Ukraine et la Russie.

La chancelière et le président sont tombés de haut. S'il dresse le bilan de sa relation avec la Russie, M. Obama ne peut qu'être déçu. Sur des conflits comme ceux de la Corée du Nord, de la Syrie ou de l'Iran, il n'a rencontré que la passivité ou, le plus souvent, l'hostilité du Kremlin.

Mme Merkel est la plus amère. Devant le Bundestag, le 13 mars, elle a tiré les conclusions de ses quatre dernières conversations téléphoniques avec Poutine. Il pratique « la loi de la jungle », a-t-elle dit, qu'il « place au-dessus de l'État de droit », de même qu'il privilégie « des considérations géostratégiques unilatérales sur le compromis et la coopération ». À Barack Obama, elle confie que Poutine lui paraît vivre « dans un autre monde ».

Dans ce monde-là, celui de Vladimir Vladimirovitch Poutine, la Russie se construit, se reconstruit, contre l'Europe – pas avec. C'est une tradition russe, que décrivait déjà le marquis de Custine, en 1839, dans ses *Lettres de Russie* (« Folio classique », remarquable préface de Pierre Nora). Dans ce monde-là, les rapports entre États sont un jeu à somme nulle et l'ambition territoriale compte plus que l'économie. Si un pays de l'aire d'influence russe conclut un accord commercial avec l'UE, cela veut dire que la Russie le « perd » – et doit donc se venger, en en prenant un morceau. Logique. Astolphe-Louis-Léonor de Custine avait mis en garde contre cette Russie « essentiellement conquérante ». Il faut offrir les *Lettres de Russie* à Mme Merkel et à M. Obama.

18 avril

L'ego des Russes, les abdos de Poutine

Aux journalistes qui l'accompagnaient dans les « sommets » d'après-guerre froide, Jacques Chirac confiait volontiers : « Il ne faut pas humilier la Russie. » C'était dans la deuxième moitié des années 1990. Moscou était en train d'écraser la rébellion indépendantiste de Tchétchénie, une des Républiques de la Fédération de Russie.

L'aviation russe avait rasé les deux tiers de la capitale tchétchène, Grozny, les morts se comptaient par dizaines de milliers, les réfugiés par centaines de milliers. Mais « il ne fallait pas humilier les Russes », disait le président Chirac. Moscou avait perdu la guerre froide. L'histoire nous enseignait le devoir de respect à l'adresse des vaincus. Le président, qui avait la main sûre en politique étrangère, trouvait que les Américains manquaient de psychologie.

Aujourd'hui, les Russes que l'on croise alentour de la baie de Saint-Tropez, accompagnés de blondes aux jambes interminables, n'ont pas l'air particulièrement traumatisés. Vladimir Poutine ne semble pas, lui non plus, trop souffrir de l'ego. L'imagerie officielle le campe volontiers en Sylvester Stallone de la toundra : torse nu, exhibant une ceinture abdominale respectable, à cheval, à moto, à la pêche ou à la chasse, dans le vaste espace sibérien.

Cependant, le thème de l'humiliation de la Russie perdure. Il expliquerait le comportement de Moscou dans la crise ukrainienne. La Russie relèverait la tête après trente ans d'humiliations occidentales post-guerre froide. L'alliance militaire qui incarnait sa domination sur l'aire soviétique, le pacte de Varsovie, a été dissoute au début des années 1990. Les États-Unis en ont profité pour étendre la leur, l'OTAN, aux marches de la Russie, nourrissant à Moscou un sentiment d'injustice et d'encerclement. Ce faisant, ils auraient rompu une promesse faite au Kremlin à la fin de la guerre froide : ne pas étendre l'OTAN au-delà de ses frontières de l'époque.

Tel est l'argumentaire russe, pas dépourvu de tout fondement. Le mur de Berlin s'effondre en novembre 1989 et, dans les semaines qui suivent, la question des relations extérieures d'une Allemagne bientôt réunifiée occupe les diplomates. Les Occidentaux doutent que les Soviétiques acceptent facilement que la nouvelle Allemagne soit membre de l'OTAN – comme l'est alors l'Allemagne de l'Ouest. Il faudra des concessions, à tout le moins des étapes. Après des mois de valse-hésitation, le numéro un soviétique, Mikhaïl Gorbatchev, consent, en juillet 1990, que l'Allemagne unifiée fasse le choix de l'OTAN.

Ni Géorgie ni Ukraine

Gorbatchev acquiesce parce qu'il est convaincu qu'il a déjà en poche une concession majeure des Occidentaux. Lors d'un entretien au Kremlin, le 8 février 1990, le secrétaire d'État américain, James Baker, lui a dit : « La juridiction de l'OTAN ne sera pas étendue d'un pouce à l'Est. » Baker jure qu'il ne songeait, à ce moment de la conversation, qu'au territoire de l'Allemagne et qu'il retira sa formule dès le lendemain, lors d'une deuxième conversation avec Gorbatchev. Mais l'ambassadeur américain à Moscou, Jack Matlock, dit, lui, que la phrase ne pouvait avoir qu'un sens : pas d'extension de l'OTAN en général. Malentendu, jésuitisme de Baker, qui croire ?

Il n'y a rien d'officiel, Moscou n'a sollicité aucune garantie écrite. Pour une bonne raison, explique Gilles Andréani, ancien représentant adjoint de la France à l'OTAN, aujourd'hui professeur à la Sorbonne : « À l'époque, personne n'imagine que l'on puisse étendre l'OTAN, cela semblait impensable. » L'URSS vivait toujours, le pacte de Varsovie existait encore – il ne sera dissous que plus tard.

Le sujet revient sur la table en 1992 avec l'effondrement de l'URSS et l'irrépressible désir des Européens qu'elle a trop longtemps asservis – Hongrois, Polonais, Tchécoslovaques – de rejoindre l'autre camp. Simultanément, les Balkans s'enflamment, avec l'explosion de la Yougoslavie. Le nouveau venu à la Maison Blanche, Bill Clinton, est en quête d'une « grande politique » étrangère, dit Andréani. Il cherche une nouvelle raison d'être à l'OTAN, pilier de la présence américaine en Europe : la démarche est idéologique et stratégique.

L'extension de l'OTAN garantit à Budapest, Prague et Varsovie leur ancrage, leur retour, à l'Ouest – leur libération et leur liberté. Elle va aussi, dit Washington, stabiliser le Vieux Continent, empêcher les risques de balkanisation. On promet à la Russie un partenariat avec les Occidentaux, on lui vend un élargissement « léger ». Baratin : en 1999, la République tchèque, la Pologne et la Hongrie sont pleinement intégrées dans le dispositif militaire de l'OTAN.

Dès 1989, François Mitterrand avait pressenti le besoin d'une autre architecture politique pour l'Europe. Il fallait réintégrer le « vaincu » dans un cadre européen, donner aux Russes un sentiment d'appartenance, d'avoir leur mot à dire. D'où le projet du président français de mettre en place une Confédération européenne, associant dans une même structure les Russes, les pays de l'Europe unie, ceux qui veulent entrer dans cette dernière et ceux qui n'y ont pas vocation. Venu trop tôt ou trop tard, peut-être mal présenté, il est rejeté par les Européens de l'Est et par Washington. En 2004, l'OTAN accueille les trois pays baltes, puis la Slovaquie, la Bulgarie et la Roumanie.

La thèse de l'humiliation russe par extension de l'OTAN a sa part de vérité. En 2008, l'OTAN accepte le principe d'une intégration de la Géorgie, mais reporte *sine die* l'ouverture d'une procédure d'adhésion de l'Ukraine. Depuis, Barack Obama n'a jamais émis le moindre désir de revenir sur cette décision. En revanche, Vladimir Poutine agit comme s'il voulait justifier *a posteriori* l'élargissement de l'OTAN. En minant par la force la souveraineté de l'Ukraine, il donne raison, des années plus tard, au choix qu'ont fait les Baltes et les « ex » du pacte de Varsovie...

Comme le dit le grand politologue Pierre Hassner : « Et si on parlait maintenant des pays que la Russie a humiliés. »

23 mai

L'Iran et le martyre de la Syrie

Combien de crimes de guerre par semaine en Syrie ? Chaque fois qu'un hélicoptère du régime de Bachar al-Assad lâche un baril d'explosifs sur une école, un hôpital, un immeuble d'habitation ? Chaque fois qu'un chasseur bombardier tire un missile en pleine ville ? Chaque fois qu'un groupe de rebelles islamistes assassine – quelquefois par crucifixion –, enlève, torture ?

L'attention médiatique oscille au gré de l'actualité. La tragédie syrienne se poursuit au fil des massacres. Sur les 23 millions de Syriens que compte le pays, près de 10 millions sont réfugiés ; en trois ans de guerre, on compte de 150 000 à 160 000 morts. Bachar al-Assad « a réussi le tour de force de dépasser en nombre de tués ceux déplorés lors de toutes les guerres israélo-arabes, tous camps confondus », note le politologue Frédéric Encel.

Entre le régime et ses opposants, ce n'est plus le *statu quo*. L'équilibre des forces commencerait à pencher en faveur de Damas. Le pouvoir central reprend lentement le contrôle de l'ouest du pays. Assad s'apprête à se faire « réélire » à la présidence début juin – imposture endossée par son protecteur russe. Ce tournant en faveur du régime n'aurait pas été possible sans le pays qui tient le rôle clé dans le drame syrien : l'Iran.

La République islamique est le maître d'œuvre de l'évolution en cours. Elle encadre les forces syriennes. C'est elle qui a donné l'ordre aux troupes aguerries du Hezbollah libanais d'entrer dans la bataille. Elle aussi, du fait des liens qu'elle entretient avec le gouvernement de Bagdad, qui a sollicité les milices chiites irakiennes pour qu'elles se joignent aux combats. Elle, enfin, qui appuie financièrement le régime de Damas – à coups de milliards de dollars, alors que l'économie iranienne peine sous le poids des sanctions.

Au même moment, l'Iran joue une autre partie, plus diplomatique, mais qui pourrait ne pas être sans lien avec la Syrie.

Une nouvelle série de conversations vient de s'achever à Vienne dans la négociation sur le programme nucléaire de Téhéran.

Les cinq membres permanents du Conseil de sécurité de l'ONU (Chine, États-Unis, Royaume-Uni, France, Russie) plus l'Allemagne veulent rééquilibrer le projet nucléaire iranien. Objectif : empêcher la République islamique de se doter de l'arme atomique. En contrepartie, l'Iran veut la levée de sanctions prises pour ses violations répétées du traité de non-prolifération nucléaire.

Les nouvelles du front viennois sont mauvaises : peu de progrès, sinon pas du tout. Les deux camps devraient se retrouver mi-juin. Idéalement, ils souhaitent arriver à un accord le 20 juillet. Dans cette affaire, le diable n'est pas seulement dans les détails, il est partout.

La négociation s'articule autour d'une proposition centrale : en échange de la possibilité d'enrichir de l'uranium à des doses (5 %) et dans des quantités limitées, sous strict contrôle international, Téhéran doit abandonner ou sérieusement reconfigurer toutes ses installations – toutes. Cette seule équation, selon les Occidentaux, permet de garantir que l'Iran ne prend pas le chemin de l'arme nucléaire.

Un « régime à deux têtes »

Les Occidentaux sont unis. Chinois et Russes ne se désolidarisent pas de l'approche occidentale. Le délégué iranien, le ministre des Affaires étrangères, Mohammad Javad Zarif, entretient une atmosphère plaisante, dit un familier de la négociation. Mais il ne bouge pas. Il fait du surplace sur chacun des sujets les plus litigieux.

Pour des raisons diamétralement opposées, deux groupes sont hostiles à l'accord. D'un côté, main dans la main, une bonne partie du Congrès américain et l'actuel gouvernement d'Israël : ils ne font pas confiance à l'Iran. De l'autre, les durs de la République islamique, Gardiens de la révolution et nucléocrates, plutôt proches du Guide, l'ayatollah Ali Khamenei : ils ne font pas confiance aux États-Unis.

La question qui se pose à Vienne est de savoir quel Iran est à la table de négociation. L'ADN de la République islamique est compliqué, au moins autant que ses institutions. Il y a la sensibilité nationaliste, pour laquelle le nucléaire est une question de statut : l'Iran veut sortir de son régime de paria, se libérer des sanctions, normaliser ses relations avec les États-Unis, participer à l'économie globale. En caricaturant sûrement, on se risquera à dire que le président Hassan Rohani représente cette famille de la direction iranienne.

Il y a l'autre, celle qui entretient – par conviction ou pour des raisons matérielles – la fibre révolutionnaire originelle : l'Iran est le chef de file de l'islam chiite radical. Ambition messianique assumée, au prix de souffrances économiques, il a vocation à être la puissance prépondérante au Proche-Orient et à s'opposer aux alliés des États-Unis dans la région. Cet Iran-là est plus expansionniste qu'en quête de reconnaissance.

C'est celui qu'incarne Yahya Rahim Safavi, principal conseiller militaire de Khamenei. Cité dans le *Financial Times* (14 mai), Safavi proclame la « victoire » de l'Iran en Syrie, et assure que la « ligne de défense avancée » de la République islamique se trouve au sud du Liban, à la frontière avec Israël ! Par Hezbollah interposé, l'Iran de Safavi prend des points d'appui au Liban et en Syrie. Il n'a que faire des pourparlers de Vienne et encore moins de ce qui arrive au peuple syrien.

Conclusion peu rassurante : la prolongation du martyre de la Syrie dépend largement des jeux de pouvoir à Téhéran.

6 juin

Barack Obama, le liquidateur

À chacune de ses dernières tournées à l'étranger, Barack Obama se livre à un exercice prononcé de câlino-thérapie. En Asie fin avril comme ces jours-ci en Europe, il tient le même discours : l'Amérique reste fidèle à ses engagements stratégiques. Elle ne se replie pas. Elle est aux côtés de ses alliés. Ceux-là auraient-ils besoin d'être rassurés ?

Au Japon et aux Philippines, deux pays liés à Washington par un traité de défense, le président américain a promis qu'il ne baisserait pas la garde dans le Pacifique occidental. Cette semaine à Varsovie, il a juré de renforcer la défense de l'Europe de l'Est. Il l'a fait à sa façon, prudente, mesurée, pondérée. Il y aura modernisation du système de défense, mais pas d'augmentation du nombre des troupes américaines basées en Europe.

Dans un cas, la Chine est visée, pour son comportement jugé « agressif » dans le Pacifique occidental. Dans l'autre, c'est la Russie qui inquiète, au lendemain de l'annexion de la Crimée. Mais, pas plus à Tokyo qu'à Manille ou Varsovie, le président américain ne présente Pékin ou Moscou comme des « ennemis » ou des « adversaires ». Il fuit la rhétorique de guerre froide. Il ménage l'avenir. Sur les plages de Normandie, célébrant le 70e anniversaire du Jour le plus long, il devait parler de l'Ukraine avec Vladimir Poutine.

C'est la manière Obama. Longuement peser le pour et le contre. Analyser à voix haute plutôt que menacer. Discourir sur les affaires du monde plutôt que prétendre les ordonner. Cela lui vaut bien des critiques. Au bord du Potomac, ses contempteurs républicains (et démocrates) l'accusent de brader le leadership des États-Unis. Certains alliés s'interrogent sur la fiabilité des engagements américains. Le procès tourne autour d'une question : que fait Obama face à la montée en puissance de la Chine et de la Russie ? La question est mal posée.

Si l'on veut comprendre le 44e président des États-Unis en politique étrangère, il faut s'attacher à ce qu'il défait, autant qu'à ce qu'il fait. Prenant la tête d'un État militairement surexposé, à la réputation malmenée et aux finances publiques dévastées, Obama a entrepris, en priorité, de solder l'héritage de George W. Bush. Il assure la liquidation.

Il quitte l'Irak en 2011 – où la guerre de « W » laisse des bombes à retardement dont le Proche-Orient paye toujours le prix. Il a annoncé, le 28 mai devant l'académie militaire de West Point, un retrait complet d'Afghanistan d'ici à la fin 2016[3]... au moment précis où il quittera la Maison Blanche.

Dans le *Financial Times*, l'Américain Christopher Caldwell, commentateur parfois proche des néoconservateurs, écrit : « M. Obama n'a pas besoin de s'imposer à qui que ce soit pour assurer son propre héritage. Il a été principalement élu pour changer la politique étrangère américaine après George W. Bush. Et c'est ce qu'il a fait. » Cette politique, il la mène en plein accord avec un électorat d'humeur isolationniste.

À West Point, le président recueille les applaudissements les plus nourris quand il annonce aux futurs officiers qu'ils sont la première promotion qui n'ira se battre ni en Irak ni en Afghanistan. Le secrétaire d'État, John Kerry, ancien des troupes d'élite au Vietnam, s'inquiète : il ne faudrait pas que « la gueule de bois consécutive à l'interventionnisme excessif des dix dernières années se transforme en un excès d'isolationnisme pour les dix prochaines ».

La non-intervention en Syrie

Les mésaventures de la Libye post-Kadhafi ont dû confirmer Obama dans ses préventions sur l'emploi de la force. Au bout de cette logique, il y a sa politique en Syrie. Au début de l'affrontement, personne – ni la CIA ni la secrétaire d'État Hillary Clinton – n'arrive à persuader le président qu'il faut aider les premiers rebelles syriens : leur livrer des armes, assurer leur protection aérienne.

Cette non-intervention va laisser le champ libre aux djihadistes, accuse le politologue Jean-Pierre Filiu dans le *Huffington Post*. Obama paraît avoir tiré une autre leçon de l'Irak et de

3. Le retrait complet des forces américaines d'Afghanistan n'aura pas lieu du temps de Barack Obama ni durant le mandat de son successeur, Donald Trump, mais, brutalement décidé par le président Joe Biden, il interviendra en août 2021. Il permettra le retour des talibans au pouvoir à Kaboul.

l'Afghanistan : c'est l'intervention occidentale qui aimante puis nourrit le djihadisme. Débat ouvert.

Trop timoré, Obama ? Son refus de faire respecter sa ligne rouge en Syrie – sur l'emploi des armes chimiques par Damas – aurait entamé sa crédibilité. Chinois et Russes en profiteraient, les uns en mer de Chine, les autres en Ukraine. Pas sûr.

La crédibilité d'un président américain à l'étranger est un ingrédient difficile à apprécier. Face à l'URSS, celle de Dwight Eisenhower, ex-commandant en chef des forces alliées en Europe, n'est pas diminuée par son attitude en novembre 1956 : il ne bronche pas quand les chars soviétiques écrasent la révolte de Hongrie. Face à l'URSS toujours, la crédibilité de Ronald Reagan n'est en rien atteinte par la peu glorieuse débandade à laquelle il préside à Beyrouth : en 1983, il retire les forces américaines du Liban après un attentat contre des marines.

À West Point, Obama a renvoyé dos à dos et l'isolationnisme et l'interventionnisme mécanique. Cela fait-il une politique étrangère ? Il vit une époque où s'entremêlent comme jamais conflits stratégiques et interdépendance économique. La Chine est à la fois rivale et partenaire, comme l'est la Russie pour les Européens – des amis-ennemis, dit le journaliste Thomas Friedman. La guerre froide était plus simple. Obama inaugure un exercice sans précédent : la diplomatie au temps de la globalisation.

11 juillet

Tony Blair, l'Irak et l'argent

L'un fait de la peinture, l'autre, des affaires. L'un s'est réfugié dans le silence de son atelier de la plaine texane ; l'autre veut rester un personnage public. Des deux dirigeants qui prirent l'initiative de l'invasion de l'Irak en 2003, l'Américain George W. Bush et le Britannique Tony Blair, le premier a choisi la retraite, peut-être effleuré par le remords ? Il vient d'exposer vingt-quatre toiles, des portraits à la brosse.

Rien de tel avec le second. Tony Blair ne manie pas le pinceau, plutôt la calculette. Il n'a pas de regret sur sa décision de 2003 qui, dit-il, n'est pas à l'origine de la décomposition actuelle de l'Irak – implicitement, il rend Barack Obama en partie responsable. Enfin, cocktail douteux, il mélange allègrement affaires et politique. Qui est le plus digne ?

Blair reste un mystère. La guerre d'Irak lui colle à la peau. Elle plombe l'héritage d'un homme trois fois élu à la tête du gouvernement. L'ancien Premier Ministre n'est pas populaire aujourd'hui en Grande-Bretagne. Pour autant, les Britanniques ne gardent pas un mauvais souvenir des années Blair (1997-2007). Certes, la droite dénonce un règne de manipulation médiatique : le gouvernement par les *spin doctors*, les horribles communicants. La gauche, une partie de la gauche, stigmatise la trahison du Parti travailliste : le passage de la social-démocratie au social-libéralisme.

Mais ce furent des années de croissance et de réhabilitation de certains services publics laissés en déshérence par Margaret Thatcher, notamment l'éducation et la santé. De bon ou de mauvais gré, la plupart des socialistes européens vont suivre la voie du New Labour. Mondialisation oblige ? Aujourd'hui, le chef de l'opposition travailliste, Ed Miliband, prône « un capitalisme inclusif ».

En 2007, traînant les pieds, Blair succombe à un mini-coup d'État travailliste et cède la place à son ministre des Finances, Gordon Brown. Il quitte Downing Street, sa flamboyance en berne, perdue dans les sables de l'Irak, où transiteront quelque 40 000 soldats britanniques. Il est trop intelligent pour affirmer que l'invasion de l'Irak en 2003 est sans rapport aucun avec la tragédie de 2014 : la création du « califat » islamiste sur une partie du territoire et la reprise de la guerre entre sunnites et chiites.

Dans le *Financial Times* du 22 juin, Blair commente : l'État islamique en Irak et au Levant, le groupe djihadiste qui s'est autoproclamé « califat », « a vu le jour à cause de la Syrie ».

Comprendre : à cause d'Obama, incapable de peser sur l'évolution d'une guerre intra-syrienne qui a fini par déborder sur l'Irak. Si le dictateur Saddam Hussein n'avait pas été renversé par l'opération américano-britannique, poursuit Blair, il aurait de toute façon entraîné son pays dans la guerre civile.

Chipoteries, finasseries. Comme dans ses *Mémoires*, excellents par ailleurs, Blair se refuse à reconnaître la guerre d'Irak pour ce qu'elle a été : une erreur monumentale, à la fois désastre humanitaire pour les Irakiens et gigantesque bourde stratégique pour Washington. Les responsables de l'occupation américaine ont achevé de démanteler ce qui restait de l'État irakien. Ils ont facilité l'arrivée au pouvoir des partis chiites, relais d'influence de la République islamique d'Iran. Ce faisant, ils ont suscité l'émergence du djihadisme sunnite, la matrice du « califat » aujourd'hui installé sur une partie du pays, qui fait la guerre aux chiites...

Tant pis pour les droits de l'homme

Blair a 54 ans quand il quitte le pouvoir. Sans doute auréolé de son rôle, éminent, dans la paix en Irlande du Nord, il est nommé « envoyé spécial du Quartet » au Proche-Orient. Il est mandaté par l'ONU, les États-Unis, la Russie et l'Europe pour faciliter la paix par le développement des territoires palestiniens. Résultats pour le moins mitigés... Il ne s'est jamais consacré à plein temps à cette mission. Ce chrétien affiché a entrepris de faire un maximum d'argent.

Tony Blair Associates, qui coiffe un labyrinthe de sociétés de conseil et de gestion de fortune, va le transformer en millionnaire. Il conseille aussi bien la banque JPMorgan qu'un grand assureur suisse, le tyran kazakh Nursultan Nazarbayev que le fonds souverain d'Abou Dabi. Blair vend son carnet d'adresses et son expérience de « réformateur ». Il est très présent dans le golfe Arabo-Persique, pas seulement dans l'État des Émirats arabes unis, au Koweït aussi et en Arabie saoudite.

Blair-businessman s'est trouvé une couverture idéologique. « Le défi fondamental de notre époque est celui que nous pose l'extrémisme islamiste et c'est un défi global », dit-il. À ce titre, et pour le compte d'un fonds des émirats arabes du Golfe, il accepte de conseiller le président égyptien Abdel Fattah al-Sissi, dont il a soutenu le coup d'État. Tant pis pour les droits de l'homme. Tant pis pour les centaines de condamnés à mort en Égypte, les quelque 20 000 prisonniers politiques, les journalistes embastillés, égyptiens et étrangers. Tant pis pour cette grosse contradiction : pour combattre le djihadisme, Blair travaille avec les alliés de l'Arabie saoudite, mère nourricière de l'extrémisme sunnite !

L'ancien Premier Ministre jure que les deux tiers de son temps sont consacrés à ses fondations philanthropiques. La presse britannique est plus sévère. Fin juin, le *Guardian* et le *Financial Times* dénonçaient, chez lui, un mélange des genres trop bien organisé : sa casquette d'envoyé spécial du Quartet lui ouvre des portes pour ses affaires et pour ses œuvres.

Passé de l'Église anglicane au catholicisme, en quittant Downing Street, Blair sait trouver des arrangements avec ses convictions.

19 septembre

Le grand chaos mondial

Le sentiment d'impuissance a rarement été aussi fort. Le Proche-Orient explose. Les événements d'Ukraine exhalent un gentil parfum de guerre froide. La Chine menace ses voisins, qui ont très peur et en appellent à la protection des États-Unis. Le terrorisme se porte mieux que jamais et le réchauffement climatique aussi. Mais que fait la « communauté internationale » ?

Bonne question de comptoir de bistro. Réponse : elle affiche son impotence. Elle ne réagit plus. L'ONU est paralysée par les antagonismes renaissants entre quelques-uns des Supergrands de l'époque : États-Unis d'un côté, Chine et Russie de l'autre.

L'ère de l'hyperpuissance américaine post-guerre froide aura duré moins d'une génération : de 1989 à 2003, quand le rêve pour les uns, le cauchemar pour les autres d'un imperium états-unien s'est enfoui quelque part dans les sables de l'Irak.

Aucun des « G » ne marque de points : pas plus le G8 que le G20, censés représenter les puissants d'hier et d'aujourd'hui, n'ont la moindre emprise sur les drames de l'époque. L'hypothèse d'un G2, celle d'un condominium américano-chinois sur les affaires du monde, s'est révélée un leurre.

Le système international n'est régi, semble-t-il, que par une seule loi – celle du chaos. Aucun mécanisme de règlement des conflits, aucun dialogue interétatique institutionnalisé, aucun forum de « gouvernance » mondiale ne paraît en mesure de peser sur les tragédies du moment. Pourquoi ? Pourquoi cette impuissance collective croissante ? C'est à cette question que s'attaque, avec brio, le dernier numéro de la revue *Esprit* (août-septembre 2014), intitulé « Le nouveau désordre mondial ».

Commençons par un rapide bulletin de santé des principaux acteurs. Avec l'Amérique en chef de file incontesté, le bloc occidental est moins en déclin qu'on ne le dit souvent. Mais son hégémonie s'estompe, constate *Esprit*. Les États-Unis observent une phase de relatif « repli » stratégique. En dehors du commerce, l'Europe, elle, a renoncé à être un acteur de la scène internationale. Elle choisit de sortir de l'histoire au moment où son voisinage est plus instable que jamais : tumultes proche-orientaux et renaissance d'une Russie postsoviétique tentée par un nationalisme un brin revanchard.

L'Asie – les Asies – s'affirme, nouveau pôle de puissance économique, scientifique et militaire. Elle est à la fois entraînée et intimidée par une Chine qui, écrit Gérard Araud, le nouvel ambassadeur de France à Washington, « retrouve la diplomatie de sa géographie ». Élégante manière de dire qu'elle entend être le patron dans sa zone Pacifique, aux dépens des États-Unis.

La Chine joue volontiers le rôle de parrain dans la famille des puissances émergentes – Inde, Brésil, Turquie, Indonésie, etc. Celles-ci, fortes de leurs succès économiques et de leur poids démographique, devraient être parmi les nouveaux centres de pouvoir de la planète. Elles ne le sont pas, elles ne le veulent pas. Jusqu'à présent, elles se refusent à prendre la moindre responsabilité dans le règlement des conflits en cours.

Défense des intérêts nationaux

La politologue Nicole Gnesotto, l'une des maîtres d'œuvre de ce numéro d'*Esprit*, les décrit comme « des pays souverainistes », tout particulièrement la Chine, d'abord tournés sur leur propre développement. Ils n'impulsent aucune nouvelle dynamique dans les affaires du monde. Ils ne s'en occupent pas – qu'il s'agisse des désastres du Proche-Orient, de la prolifération nucléaire, des grandes migrations ou du réchauffement climatique.

Esprit avance ainsi une première explication au « désordre mondial » d'aujourd'hui : « La puissance ne passe pas de l'Ouest vers le Reste » – cette dernière expression désignant les puissances émergentes. « Nous ne sommes pas dans un système de vases communicants », où le repli relatif des États-Unis, le retrait absolu de l'Europe et la paralysie de l'ONU seraient compensés par un rôle actif du Sud émergent dans l'établissement d'un nouvel ordre mondial. Les émergents n'offrent aucune alternative à un système hérité de la Seconde Guerre mondiale et qui est en passe de s'effondrer. D'où ce sentiment de vide ou d'entre-deux, propice au chaos.

Mais celui-ci, pointe Nicole Gnesotto, est aussi nourri par la dichotomie existant entre l'ordre politique et l'ordre économique mondial. La globalisation économique a produit un marché mondial, unique, une scène économique effectivement mondialisée. Mais rien de tel, aucune unification correspondante, dans l'ordre politique : « La mondialisation stratégique n'existe pas. » Or, contrairement à ce que pensait le grand Montesquieu, le commerce n'adoucit pas forcément les mœurs.

La mondialisation économique ne supprime aucun des grands conflits régionaux – pas plus qu'elle n'atténue l'appétit de puissance, de domination ou la volonté de revanche sur l'histoire. Elle n'empêche pas une sorte de nouvelle guerre froide, très bien décrite par Pierre Hassner. Les comportements de Pékin en mer de Chine, de l'Arabie saoudite ou de l'Iran au Proche-Orient, de la Russie en Ukraine montrent une seule chose : les États sont toujours prêts à sacrifier quelques points de croissance – voire la paix – au nom de la défense de ce qu'ils perçoivent comme leurs intérêts nationaux.

Le marché global ne garantit pas la paix globale. Il vit très bien dans le chaos politique. C'est même la marque de l'époque.

10 octobre

L'Occident a de beaux restes

Ah ! on les voit déjà s'approchant du malade. Et demandant tout bas, comme chantait si bien Brel dans son *Tango funèbre* : « Est-ce que la mort s'en vient/ Est-ce que la mort s'en va/ Est-ce qu'il est encore chaud/ Est-ce qu'il est déjà froid ? » À intervalles réguliers, l'Occident s'interroge : la fin serait-elle proche ? Il s'auto-ausculte et, dans un mélange de narcissisme et de masochisme, l'Occident prédit sa déchéance prochaine. C'est très exagéré.

Le thème du déclin « est aussi américain que l'*apple pie* [la tarte aux pommes] », dit l'essayiste Josef Joffe. L'Europe n'est pas en reste, qui cultive aussi le « déclinisme » avec délectation. L'arrivée de puissances nouvelles a relancé le débat. La montée de la Chine, de l'Inde, du Brésil et de quelques autres a mis fin à la prépondérance absolue de l'Occident – militaire, économique, culturelle. Mais l'émergence de nouveaux Grands signifie-t-elle, comme dans un jeu à somme nulle, l'effondrement des autres ?

Fresque historique

Le grand mérite de l'historien britannique Niall Ferguson est de reprendre la question sous un autre angle. Dans son dernier livre, *Civilisations. L'Occident et le reste du monde* (Perrin, « Tempus »), Ferguson s'interroge sur les secrets de la réussite occidentale. D'où vient que ce petit bout d'Europe habité de peuplades querelleuses et ravagé par les guerres a fini par donner naissance à cette entité-là : l'Occident, l'« Ouest », qui allait, un temps, dominer le « Reste ».

Ferguson est un merveilleux conteur. Il a le sens de la fresque historique. Il brasse les faits et embrasse les polémiques. Il n'ignore rien du passé esclavagiste, colonialiste et impérialiste de l'Occident, mais rien non plus de ce qu'il a construit et qui le définit aussi – de la révolution scientifique à l'État de droit, en passant par la démocratie représentative. La repentance ne doit pas empêcher la gratitude. Ferguson cède à la démagogie techno-jeune de l'époque et parle de « six applis fatales » (*killer apps*) pour désigner six des principaux moteurs du succès occidental : la concurrence qui nourrit l'innovation ; la science, associée à la puissance militaire ; le droit de propriété individuelle ; la médecine ; la société de consommation, carburant de l'industrialisation ; l'éthique du travail.

Quelques-unes de ces « applis » assurent aujourd'hui la réussite de certains membres du Reste (du monde). Tant mieux pour eux, dit Ferguson. Il s'en féliciterait plus encore si l'Occident n'était pas aujourd'hui, selon lui, victime d'une crise de confiance qui le mine de l'intérieur. Brève dépression ou pathologie plus lourde ? L'Écossais s'interroge sur la capacité de l'Occident à maintenir ses performances. Il est pessimiste. Trop.

Sur le sujet, l'un des essais les plus pertinents a été publié par Régis Debray dans la revue *Medium* (n° 34, janvier-mars 2013, voir aussi *Le Monde* du 18 juillet). Il le reprend dans un livre d'entretiens croisés avec Renaud Girard, notre confrère du

Figaro – Que reste-t-il de l'Occident ? (Grasset). Debray donne une « géographie concrète à ce concept géopolitique ».

Elle commence, bien sûr, avec le groupe euratlantique (les États-Unis, le Canada et l'Europe) et se poursuit dans la zone Pacifique, avec le Japon, Taïwan, la Corée du Sud, l'Australie et la Nouvelle-Zélande. C'est un ensemble militaire en expansion, pas sur le déclin. C'est même « le seul bloc politico-militaire existant », écrit Debray : ni la Chine ni la Russie, dont les budgets de défense sont à la hausse, n'ont l'équivalent du système d'alliances occidentales – une machine « capable d'actions de force rapides et coordonnées » d'un point à l'autre du globe.

Elle partage le même corps de doctrine politique – démocratie et économie de marché – et aucun de ses membres ne conteste le leadership des États-Unis. À côté, les fameux BRICS (Brésil, Russie, Inde, Chine, Afrique du Sud) avancent en ordre dispersé : ils forment un bloc multipolaire, sans cohérence stratégique ni idéologique.

Le politologue américain Robert Dujarric dresse le même constat dans la revue *The Diplomat* (juin 2014). Avec l'extension de l'OTAN aux pays de l'ex-pacte de Varsovie, avec le rapprochement militaire entre l'Inde et les États-Unis, par exemple, l'Occident, sur ce plan-là, s'est plus musclé qu'il n'a régressé ces vingt dernières années.

Aptitude inégalée à l'innovation

De toute la littérature économique consacrée à la comparaison entre l'Ouest et le Reste – un monstre –, retenons les chiffres cités par Dujarric : en 1988, l'Occident représente 80 % du produit mondial brut ; aujourd'hui, 61 %. La part des États-Unis (18 %) a baissé, celle de l'Europe encore plus, principalement du fait de l'explosion de la croissance chinoise. Mais là encore, l'affaire n'est pas un jeu à somme nulle. Le PIB par habitant des États-Unis et des pays européens n'a cessé de grimper au fil de l'accroissement de la richesse mondiale.

Debray et Dujarric se rejoignent encore sur la force renouvelée du *soft power* de l'Occident – de la domination de ses universités à une aptitude inégalée à l'innovation.

Mais Debray pointe aussi, à raison, les faiblesses du modèle : tendance à l'hubris, surtout depuis la chute de l'URSS, méconnaissance de l'Autre, complexe de supériorité, errances d'un capitalisme financier incontrôlé, enfin infidélité à ses propres principes démocratiques. Il n'est pas sûr que l'Occident séduise autant qu'il a pu le faire durant un siècle ou un siècle et demi. Il a perdu de sa prépondérance. Il est concurrencé. Mais décline-t-il pour autant ?

12 décembre

Le nouveau front idéologique

À la chute du mur de Berlin, on ne jurait que par elle. On lui promettait le plus bel avenir. La démocratie libérale faisait figure d'horizon politique indépassable – le régime qui allait s'imposer à l'ensemble de la planète, un jour ou l'autre, mais plutôt demain que dans un siècle. Elle avait triomphé de tous ses rivaux idéologiques, du nazisme au communisme.

Elle était conquérante, il fallait lui rendre hommage. Même les gouvernants qui la méprisaient en secret et n'entendaient aucunement y céder – de Pékin à Yaoundé, du Caire à Hanoï – faisaient mine de l'adopter à leur manière. On n'osait pas s'y opposer frontalement, contester ses valeurs. Il fallait la saluer, payer son écot, au moins en mots. Tout le monde récitait le triptyque magique : droits de l'homme, élections libres, gouvernement sous le contrôle des élus.

C'est fini. La démocratie libérale est sur la défensive. Non seulement les pays qui la revendiquent ont trop souvent été infidèles à ses principes, comme les États-Unis post-11-Septembre, pour ne pas être taxés d'hypocrisie. Mais les démocraties libérales sont aujourd'hui attaquées sur le front des idées. C'est une bataille qu'on croyait gagnée depuis 1989. Elle renaît, menée conjointement par Moscou et Pékin, unis dans la défense de l'autoritarisme politique et dans la dénonciation des « valeurs occidentales » – dont ils contestent l'universalité.

Coup double

Dans le duo démocratie libérale-économie de marché, qui caractérise le monde occidental, ce qui a triomphé depuis la fin de la guerre froide, c'est la partie économique, pas le libéralisme politique : l'une peut très bien aller sans l'autre. La Chine et la Russie ne sont pas unies dans un front stratégique ou économique contre l'Occident, mais leurs dirigeants se rejoignent dans la dénonciation des « idées occidentales ».

Vladimir Poutine et Xi Jinping font coup double : ils se protègent (de ces idées) et légitiment leur politique. Sous la bannière de la défense des valeurs nationales, ils assurent la promotion de leur régime, chantres à la fois de la nation et de l'État fort. Les critiques de celui-ci, l'État, surtout si elles viennent de l'intérieur, sont accusées de vouloir empêcher la résurgence de l'autre, la nation… Et ne peuvent être inspirées que par l'Occident, dans son désir de maintenir sa prépondérance.

Dans les sociétés occidentales, les nationalistes chinois et russes stigmatisent un mélange d'individualisme exacerbé, de décadence culturelle et d'anarchie sociale. Ils remoulinent les vieilles critiques adressées aux démocraties libérales. Réquisitoire bien connu et que rappelle opportunément le politologue américain Abram Shulsky, dans la revue *Commentaire* (hiver 2014-2015) : « polarisées sur l'individuel », les démocraties libérales, au nom de droits universels, « ignorent les différences entre races et ethnies », « laissent les individus trop libres de poursuivre des intérêts privés au détriment de l'intérêt général », nient « la spécificité des nations », etc.

Éloge du régime fort

Poutine invoque les « valeurs russes » pour justifier une forme d'« expansionnisme ethnique » – mainmise sur la Crimée et ambition d'inclure dans une Novorossia (« Nouvelle Russie ») ces communautés russes installées hors de Russie. La rhétorique du Kremlin et des médias à son service réhabilite le nationalisme et dénonce la main de l'Occident derrière toute revendication démocratique – en Russie même ou dans son « étranger proche ». Le « complot occidental » contre la Russie, contre sa renaissance en tant que superpuissance mondiale, justifie le harcèlement des militants des droits de l'homme.

Très naturellement, éloge du régime fort, de la sujétion de l'individu à la nation et des vraies valeurs de la chrétienté, le discours poutinien séduit toute l'extrême droite européenne. Le président russe est le héros des partis protestataires d'Europe de l'Ouest, à commencer par le Front national. Il fait des émules même au-delà : le Premier ministre hongrois ne cache pas son admiration. Viktor Orban dit vouloir créer un État « illibéral » et rend hommage à l'efficacité d'un Xi Jinping...

Le président chinois a récemment vanté les mérites d'un blogueur local, Zhou Xiaoping, spécialisé dans la critique au vitriol de tout ce qui est américain. Edward Wong, l'un des correspondants du *New York Times* à Pékin, écrivait, en novembre : « Au plus haut niveau du Parti communiste, on entretient un sentiment anti-occidental croissant, frisant la xénophobie. » Le discours nationaliste est le même qu'à Moscou, développé, là aussi, pour faire pression sur les défenseurs des droits de l'homme, au nom de la défiance contre le complot ourdi par l'Occident.

The Christian Science Monitor, autre publication américaine, a compté le nombre d'articles dans lequel l'organe du parti, *Le Quotidien du peuple,* met les difficultés de la Chine sur le dos des Occidentaux – quarante-deux cette année, trois fois plus qu'en 2013. Même regard à Pékin sur les événements de Hong Kong que celui porté à Moscou sur ceux d'Ukraine :

la faute aux Occidentaux, soupçonnés de vouloir contrer la résurgence chinoise.

Moscou et Pékin entendent défier les Occidentaux sur le front médiatique. Chevau-légers de la bataille idéologique, leurs télévisions d'État – Russia Today et CCTV – investissent massivement dans leurs services en anglais, en espagnol, en français. Objectif : contrer la BBC, CNN et quelques autres. Comme au beau temps de la guerre froide, mais, cette fois, dans un style résolument « occidental » – hommage formel rendu à l'ennemi idéologique.

- 2015 -

16 janvier

Islam : la bataille des réformateurs

Des policiers le sortent d'un fourgon. Le jeune homme, chemise blanche, pantalon noir, a les mains et les chevilles enchaînées. Il est traîné au beau milieu d'une place ensoleillée, attenante à une mosquée. Des dizaines de badauds accourent au spectacle, la caméra enregistre des commentaires approbateurs. La scène se déroule vendredi 9 janvier, à Djedda, en Arabie saoudite. Raef Badaoui va recevoir cinquante coups de fouet. Il en sera ainsi chaque vendredi, durant vingt semaines.

Deux jours plus tôt, le gouvernement saoudien a « condamné » l'attentat contre *Charlie Hebdo*. Le numéro deux de la diplomatie saoudienne, Nizar al-Madani, s'est rendu samedi à Paris pour dire la solidarité du royaume avec la France. À Djedda, Raef Badaoui a été reconduit dans sa cellule. Il purge une peine de dix ans de prison et de mille coups de fouet. Sur son site Internet, Free Saudi Liberals, il a osé appeler à une libéralisation de l'islam. Badaoui, 31 ans, prône, sans aucune outrance, de façon modérée et respectueuse, un regard critique sur certaines des pratiques de l'islam – l'application de la charia, notamment.

Il le paye au prix fort : la torture et la prison. La juxtaposition des deux scènes, celle de Djedda et la visite du ministre saoudien à Paris, dit toute l'hypocrisie du régime de Riyad. L'Arabie saoudite est menacée et attaquée par des groupes djihadistes. Il y a dix ans, elle est venue à bout d'une terrible campagne d'attentats menée par Al-Qaida sur son territoire.

Aujourd'hui, elle participe à la coalition en guerre contre l'État islamique (EI) en Irak. Mais elle est idéologiquement complice de l'islam radical – celui dont se réclament et se nourrissent les djihadistes, ceux de Paris et d'ailleurs.

Le prosélytisme saoudien

Le djihadisme sera défait sur le terrain culturel, religieux. C'est l'affaire des musulmans, d'abord. L'islam est en guerre intérieure, comme la chrétienté a pu l'être dans l'Europe du XVIe siècle. La vraie bataille, la plus efficace, est celle que mènent les réformateurs de l'islam. L'Arabie saoudite bombarde l'EI mais martyrise les réformateurs comme Badaoui. Or, pour vaincre le djihadisme, Badaoui compte plus qu'un chasseur bombardier.

Gardienne des lieux les plus saints de l'islam, La Mecque et Médine, l'Arabie saoudite est la grande alliée des Occidentaux dans le monde arabe. Mais elle écrase impitoyablement la moindre dissidence libérale. Elle essaime, ou laisse diffuser par des fondations privées, sa version de l'islam – la plus rétrograde, voisine de celle dont les djihadistes se revendiquent. L'Afrique sahélienne, entre autres, paye cher, elle aussi, un prosélytisme saoudien venu imposer, à coups de millions de dollars, une brutalisation de l'islam africain. Comme l'université Al-Azhar au Caire, en Égypte, autre grande autorité de l'islam sunnite, Riyad empêche le renouveau islamique – celui par lequel l'islamisme sera vaincu.

Faut-il chercher des alliés du côté des régimes arabes dits « laïques », même si tous font de l'islam la religion nationale ? Dangereuse illusion : ceux-là ont été des complices non pas idéologiques, mais politiques de l'islamisme militant. Ils l'ont exploité – pour étouffer toute opposition (modèle de la famille Al-Assad en Syrie) ou en lui cédant des pans entiers du Code civil (modèle égyptien d'Hosni Moubarak).

Un pacte diabolique

Quand éclate l'« affaire des caricatures », à l'automne 2005, ce ne sont pas les Frères musulmans qui sonnent la charge. Ce sont les régimes dits « laïques ». C'est le gouvernement d'Hosni Moubarak le premier qui évoque le sujet à la réunion de la Conférence islamique du 8 décembre 2005, à La Mecque, comme le rappelait *Le Monde* du 9 janvier 2006. À Damas, le régime de Bachar al-Assad orchestre de gigantesques manifestations contre les ambassades européennes. Vieille technique de gouvernement : l'un et l'autre confortent leur pouvoir en détournant l'attention de l'opinion.

Ils sont intrinsèquement liés à l'islam radical : sa violence est le reflet de la leur. Pacte diabolique. Pour faire partir les Américains d'Irak, après l'invasion de 2003, la Syrie de Bachar al-Assad organise ou appuie les filières djihadistes – celle des frères Kouachi, dans le 19e arrondissement de Paris – qui vont nourrir les rangs de l'Al-Qaida irakienne, matrice de l'EI d'aujourd'hui... Aux premiers jours de la rébellion qui le menace, en 2011, le même régime, jouant les apprentis sorciers, libère les djihadistes les plus radicaux : il faut donner à l'affrontement en cours le profil d'une lutte contre l'extrémisme ! Recruter Bachar al-Assad dans la lutte contre le djihadisme, c'est ouvrir aux pyromanes les rangs de la brigade des pompiers.

Ponctuellement, l'apaisement de la crise syrienne peut passer par des négociations avec le régime de Damas. Fondamentalement, la victoire contre le djihadisme se joue sur un autre terrain, celui des idées. Si la réforme est interdite, écrasée sous le fouet, au cœur même de l'islam sunnite, en Arabie saoudite, peut-être viendra-t-elle de l'islam européen, suggère Hubert Védrine dans ces colonnes (*Le Monde* du 13 janvier). Il faut le souhaiter, car « c'est ainsi qu'Allah est grand », comme Alexandre Vialatte (1901-1971), notre immense confrère de *La Montagne*, concluait, en son temps, chacune de ses chroniques.

20 février

Qui est Vladimir Poutine ?

Vladimir Poutine intrigue, inquiète, séduit (certains), fait peur. Qu'y a-t-il derrière ce visage pâle, l'œil bleu délavé, le large front, cette manière un peu gauche, balançant entre arrogance et timidité, brutalité et politesse forcée ? Mieux vaudrait savoir. Poutine est avec nous pour longtemps. Il est au pouvoir depuis quinze ans déjà. Il entend y rester près de quinze ans encore.

Une belle âme blessée ? Un expansionniste acharné à recréer une aire de domination russe ou, au contraire, un isolationniste occupé à protéger l'identité du pays ?

Les poutinologues sont divisés, comme l'étaient les kremlinologues du temps de l'URSS. Les uns, ceux qui sont en empathie avec lui, mettent tout sur le dos des Occidentaux. Poutine le belliqueux est le produit d'un pays « humilié » par les Américains et les Européens depuis la fin de la guerre froide. Incapables de prendre la mesure d'un sentiment national meurtri, ceux-là n'ont pas saisi l'ampleur du traumatisme éprouvé à la disparition de l'URSS.

Autant qu'un réaliste, Poutine serait un grand sentimental : « Celui qui ne regrette pas l'URSS n'a pas de cœur, celui qui souhaite sa restauration n'a pas de tête », a dit le président russe. Membre de la tribu des « empathiques », l'académicienne Hélène Carrère d'Encausse a une thèse : Poutine est en mal d'affection. L'homme du Kremlin est en manque de considération. « Pour lui, le salut de la Russie passe par la reconnaissance de sa place en Europe », écrit-elle dans *Le Point* du 12 février. Cette place est celle d'une grande puissance respectée et reconnue : le président russe serait, d'abord, en quête de statut.

Certes, mais de là à démembrer un pays parce qu'une majorité de ses ressortissants, à trois reprises, a voté en faveur d'une ouverture vers l'Europe, il y a un pas que n'explique pas la fameuse

« humiliation ». Bien sûr, et Mme Carrère d'Encausse a raison de le rappeler, l'histoire, la culture, la religion, les mariages ont tissé une relation unique entre l'Ukraine et la Russie. Il n'empêche. Au nom de la vieille doctrine de la souveraineté limitée pour son « étranger proche », la Russie viole les frontières de ce voisin par la force. L'Ukraine n'aurait pas la liberté de conclure un pacte commercial avec Bruxelles – qui n'est, dans l'esprit de l'Allemagne et de la France notamment, ni le prélude à son adhésion à l'Union européenne (UE) (c'est la spécificité même du « partenariat ») ni, encore moins, à l'OTAN.

« Il construit un récit national »

Certains des griefs qu'entretiennent les Russes sur le comportement des Occidentaux dans l'après-guerre froide sont justifiés. Il reste que la politique ukrainienne du Kremlin confirme la thèse d'un Poutine obsédé par la reconstitution d'une aire sous tutelle russe. Comme si le statut de grande puissance ne se gagnait pas dans la sphère économique et sociale, mais par la domination et la conquête territoriales – celles qu'autorise une Russie en meilleur état que dans l'immédiat après-guerre froide.

Mais, même parmi les poutinologues les plus critiques, cette dernière thèse ne fait pas l'unanimité. Poutine n'est pas animé par un tropisme impérial classique, dit une troisième catégorie d'analystes : le Français Michel Eltchaninoff – auteur de *Dans la tête de Vladimir Poutine* (Solin/Actes Sud) – ou les Américains Ivan Krastev et Stephen Holmes dans la revue *The American Interest* (janvier-février). Il chercherait moins l'expansion territoriale que la protection idéologique.

Il ne redoute pas tant les chars de l'OTAN (de jour en jour plus affaiblie avec l'effondrement des budgets militaires européens) que les valeurs de l'UE : l'État de droit, cette chose saugrenue qu'est le partage de la souveraineté nationale, le développement continu des libertés individuelles, l'obsession consumériste, la libéralisation des mœurs… Bref, tout ce que véhicule peu ou prou la mondialisation à l'occidentale. D'où la séduction que le président russe exerce, à l'Ouest, sur l'extrême droite et l'extrême gauche protestataires antieuropéennes.

L'ennemi, ce n'est pas l'UE, en tant que « puissance » militaro-politique – ça n'existe pas. Ce sont les idées de l'UE, susceptibles de contaminer une classe moyenne descendue dans la rue pour s'opposer à Poutine en 2011-2012. Les idées « occidentales » ont, selon lui, manqué tuer la Russie post-guerre froide. Il « s'inscrit dans le long terme », il « construit un récit national » propre, il s'agit de réinventer un « modèle russe », dit Michel Eltchaninoff. Poutine assume l'héritage slavophile ; « la Russie ne doit pas se définir par rapport à l'Europe occidentale », elle doit, au contraire, contrer un *soft power* européo-occidental qui l'affaiblirait. L'Ukraine doit servir de zone tampon, protéger le nouveau modèle russe de la séduction du modèle européen.

Ce discours explique peut-être en partie la popularité du président russe. Les Occidentaux, surtout les Américains, ont toujours du mal à imaginer qu'on ne veuille pas leur ressembler. Mais brassées dans un grand samovar, l'ensemble des analyses des poutinologues n'en forment pas moins un cocktail peu rassurant.

13 mars

Les trompe-l'œil de l'immigration

Comment parler de l'immigration ? Lardé de TNT, le sujet est une grenade que des partis protestataires sans scrupule n'hésitent pas à lancer dans les rangs d'un électorat désemparé. Aux États-Unis comme en Europe. Pourtant, il faut en parler. En Méditerranée, les « bateaux fantômes » sont de retour, avec, dans leurs soutes, leur cargaison de clandestins. Nombre de ces malheureux périront avant d'aborder les côtes italiennes – déjà plus de 400 morts pour l'année 2015, noyés, étouffés en cale, déshydratés sur le pont.

Avec le printemps puis l'été, la grande saison de ce sinistre cabotage approche. Espace de droit et de richesse voisinant avec un Proche-Orient en faillite, l'Union européenne (UE) est en première ligne. Elle est sollicitée comme jamais. En 2014, l'immigration illégale aux portes de l'UE a atteint un record : 240 000 personnes (85 000 en 2008), sans compter l'explosion des demandes d'asile politique (plus de 40 % par rapport à 2013). Le nombre de morts en mer est aussi sans précédent : plus de 3 200 en 2014[1].

De l'île italienne la plus méridionale au détroit de Gibraltar, en passant par la Grèce et les possessions espagnoles au Maroc, on connaît les points d'entrée de l'immigration illégale. On connaît les images : embarcations de fortune surchargées d'hommes, de femmes et d'enfants ; cargos abandonnés par les trafiquants, barre bloquée sur Lampedusa, soute saturée de clandestins.

Les filières s'adaptent à une « demande » en hausse. Elles deviennent mixtes, mêlant le trafic de drogue à celui des migrants. Parfois, elles font la jonction avec des réseaux islamistes. La hausse brutale de l'immigration illégale à destination de l'UE a une cause : les tragédies du monde arabe. On ne fuit plus seulement la misère. On fuit la guerre, les massacres, les persécutions religieuses – d'Irak, de Syrie, de Libye. On fuit en famille.

Tout cela a été très bien dit lors d'une conférence internationale sur les migrations, le 5 mars, à l'Unesco, organisée par Daniel Rondeau, écrivain, ex-diplomate, représentant de l'université de l'ONU auprès de cette organisation. Rondeau sait de quoi il parle. Ancien ambassadeur à Malte (2008-2011), il a été l'un des premiers à sonner l'alarme sur les *boat people*

1. Passée la grande vague de 2015 – ces centaines de milliers de Syriens qui vont trouver refuge en Allemagne –, l'immigration s'est poursuivie en Méditerranée, avec son cortège de drames : 999 morts en 2020 ; 1 340 en 2021, selon l'Organisation internationale des migrations.

de Méditerranée. Cette mer de civilisation est devenue « la plus dangereuse des frontières dans le monde », a-t-il dit à Paris.

Impossible, pour autant, de limiter l'immigration aux drames de nos rivages. L'angle européen est trompeur. Les grandes migrations d'aujourd'hui sont Sud-Sud, pas Sud-Nord. On migre massivement à l'intérieur de l'Afrique, en direction des côtes ; même mouvement à l'intérieur de la Chine. Plus de 90 % de ceux qui fuient le chaos proche-oriental restent dans la région. Le Liban, la Jordanie, la Turquie subissent le choc de la vague migratoire, pas l'Europe.

Rondeau pointe cette réalité historique : « Les peuples ont toujours cherché les éternelles promesses de la vie. » L'autre face de l'immigration est là, tout aussi importante. Elle est une ambition, souvent accomplie. Être plus heureux là-bas qu'ici. En baie de New York, certaines nuits, l'écho des cris de joie de générations de migrants résonne autour d'Ellis Island.

Les migrations nourrissent l'urbanisation, synonyme tout à la fois de développement économique et de chaos social. « On n'abolira pas cette réalité de notre monde », prévient Bertrand Badie, professeur à Sciences Po. « Portée par la technologie et la globalisation, l'immigration est un phénomène durable », dit-il. Mieux vaut en prendre acte et, contre toutes nos habitudes, « penser un monde qui repose sur les migrations et la mobilité », ajoute Badie.

Vérités fortes, sans doute. Mais asséné à des électorats européen et américain inquiets, malmenés par la mondialisation, ce discours relève en partie de l'angélisme. Il peut être contreproductif, a jugé Hubert Védrine. Il braque un peu plus une fraction montante de l'opinion européenne. On ne la convaincra pas avec un propos élito-technocratique, assure l'ancien ministre des Affaires étrangères. On ne la rassurera pas en rappelant qu'il n'y a pas, au niveau planétaire, de forte poussée migratoire : depuis un demi-siècle, les immigrés représentent toujours 2 % à 3 % de la population mondiale.

« Cargos de la mort »

Dans le climat d'angoisse diffuse que produisent les chambardements de l'époque, les perceptions comptent autant que la réalité. L'immigration n'a pas d'effet négatif sur l'emploi, peut-être moins d'impact qu'on ne l'imagine sur les comptes sociaux des États-providence du Vieux Continent, nous apprend la London School of Economics. Mais ces doctes vérités statistiques, elles, n'impressionnent pas les millions de maltraités européens de la mondialisation. Ceux-là voient le chômage et la précarité s'étendre, leur environnement changer. Réflexe défensif : ils votent pour les partis protestataires.

Védrine résume bien la question politique de l'époque en Europe : comment parler à cet électorat, lui parler de l'UE et de l'immigration, sujets liés ? Il s'agit de prendre la mesure du phénomène migratoire en Europe et de le canaliser, qu'il soit légal ou illégal. Il propose un processus lent et prudent de dialogue euro-méditerranéen et euro-africain pour organiser l'immigration par métiers. Les sociaux-démocrates allemands suggèrent quelque chose de semblable.

Bruxelles vient enfin de poser l'immigration comme l'une de ses priorités. Pour contrôler l'immigration illégale, les policiers réclament plus d'Europe, pas moins. Ce n'est pas seulement affaire de long terme. Il y a l'urgence qu'impose la flottille des « cargos de la mort » au large de la Sicile.

3 avril

Pourquoi est-on avec les sunnites ?

Récemment, à la conférence de rédaction, un chef de service a posé cette question : mais pourquoi sommes-nous avec les sunnites ? Pourquoi, dans la grande bataille stratégico-religieuse qui divise l'islam et ravage le Moyen-Orient, les Occidentaux sont-ils dans le camp des Arabes sunnites contre l'Iran chiite ? Cette question est au cœur des pourparlers en cours sur le nucléaire iranien – ceux qui se poursuivent à Lausanne.

On rassure le chef de service : le choix de nos alliances ne correspond à aucun parti pris théologique. Dans cette querelle compliquée, les Occidentaux sont neutres. Sagement, ni les Américains ni les Européens ne se prononcent sur le différend qui traverse l'islam : l'affaire de la succession du prophète Mahomet. Leur choix n'obéit pas non plus au seul réalisme – après tout, 90 % des musulmans, et notamment des Arabes, sont sunnites. Avant la révolution iranienne de 1979, celle qui installe la République islamique, les États-Unis et l'Europe aimaient tout le monde. Ils entretenaient les meilleures relations avec Téhéran comme avec les grandes capitales du monde arabe sunnite.

Œcuménisme énergétique : on cultivait l'amitié des uns et des autres parce que la plupart de ces pays baignent dans les hydrocarbures. Le grand chambardement vient en 1979. La révolution iranienne instaure une théocratie autoritaire. Elle marche à un cocktail puissant et déstabilisant : nationalisme, anti-impérialisme et prosélytisme subversif d'un chiisme militant. Le tout habille le vieil expansionnisme perse et sa prétention à exercer une forme de prépondérance sur la région.

La révolution se fait contre l'Occident, suppôt de l'ancien régime. Elle cherche à déstabiliser ses voisins arabes, qui prennent peur. À peine née, elle est attaquée par l'Irak de Saddam Hussein, qu'appuient les États-Unis, l'URSS, l'Europe et une bonne partie du monde arabe. Ils font fausse route. La révolution va se consolider et se radicaliser dans la guerre (1980-1988). Elle a pris des diplomates américains en otage à Téhéran et, par milices interposées, fait kidnapper des Français et des Américains au Liban. Elle développe des réseaux terroristes, dont la France sera l'une des victimes. Elle appelle à la disparition d'Israël. Elle piétine les libertés publiques à l'intérieur. Pas un très joli tableau d'ensemble.

Subissant les attaques chimiques de l'Irak, l'Iran a relancé un programme nucléaire au milieu des années 1980. En 2003, le régime se sent renforcé : George W. Bush vient de le délivrer de Saddam Hussein, son ennemi intime. Téhéran s'appuie sur les chiites du monde arabe, dont il transforme les milices en véritables armées, au Liban comme en Irak. L'Iran tient à bout de bras son vieil allié de Syrie, le clan alaouite. L'Iran peut compter sur le désir de vengeance des Arabes chiites, longtemps martyrisés par les sunnites. Le Moyen-Orient d'aujourd'hui vit à l'heure de la revanche chiite.

À très gros traits, voilà pourquoi l'Iran est notre « ennemi ». Voilà pourquoi les Occidentaux, et surtout les États-Unis, ont resserré leurs alliances traditionnelles dans le monde arabe, notamment avec l'Arabie saoudite, l'un des chefs de file du monde sunnite. Voilà pourquoi certains régimes arabes, d'abord ceux du Golfe, ont voulu contrer la montée en puissance de l'Iran en exploitant l'une des maladies de l'islamisme sunnite radical : le djihadisme, qui menace aujourd'hui de se retourner contre eux. Et, d'une tragédie locale à l'autre, exploitées par les deux théocraties rivales, la sunnite (Riyad) et la chiite (Téhéran), voilà pourquoi la région a sombré dans le chaos sanglant d'aujourd'hui. Comment en sortir ?

Pour Barack Obama, cela passe par une normalisation des relations entre les États-Unis et l'Iran. Pourquoi ? Parce que l'Iran n'est pas réductible à son régime et parce que celui-ci est moins monolithique qu'une dictature classique. Il ménage des espaces de liberté politique. Il comprend un groupe réformateur, partisan d'un resserrement des liens avec l'Ouest. Celui-ci est en phase avec une bonne partie de l'opinion du pays, résolument pro-occidentale[2].

2. Au fil des ans, les réformateurs ont perdu en influence à Téhéran, marginalisés par les « durs » qui occupent aujourd'hui toutes les positions de pouvoir au sein du régime, transformant la République islamique en dictature de plus en plus répressive.

Renouer avec l'Iran

La comparaison entre les deux théocraties, aussi peu respectueuses l'une que l'autre des libertés publiques, n'est pas à l'avantage de la sunnite. En Iran, les églises sont ouvertes, les femmes travaillent, occupent des sièges au gouvernement et au Parlement. Les universités forment des diplômés de qualité – notamment des ingénieurs, dont rien, ni sanctions ni bombardements, n'éradiquera le savoir nucléaire. À Téhéran, on a des architectes, des gens de culture, des cinéastes de renommée mondiale. L'Iran est une société civile diversifiée, informée, fière.

Le 20 mars, à l'occasion du Nouvel An perse, Obama, dans une adresse télévisée aux Iraniens, leur a dit ceci : un accord sur le nucléaire serait une occasion historique pour renouer des relations étroites entre les deux pays. Il fait le pari raisonnable d'une modération du régime iranien sous le choc de l'ouverture économique et diplomatique. Naïveté, lui répond une étrange coalition – Saoudiens, Égyptiens, Israéliens et républicains américains.

Avec un accord sur le nucléaire, Obama table sur l'enclenchement d'une dynamique d'apaisement, qui devrait rassurer les pays arabes et atténuer l'affrontement sunnites-chiites. Il lutte contre le djihadisme sunnite et veut renouer avec l'Iran chiite. La coalition de ses opposants pense, au contraire, qu'un tel accord libérera l'Iran des sanctions qui pèsent sur lui et renforcera ses velléités expansionnistes. Elle ne propose rien, sinon une longue et incertaine bataille. Obama, lui, a le mérite d'avoir une politique.

8 mai

Fallait-il intervenir en Libye ?

Benghazi, 15 septembre 2011. Foule chaleureuse, drapeaux libyens, britanniques et français déployés à plein vent, *God Save the Queen* et *Marseillaise* attaquées avec originalité par un orchestre local. Descendus d'hélicoptère, David Cameron et Nicolas Sarkozy, acclamés en libérateurs, saluent la révolution victorieuse et la Libye nouvelle. Sans l'intervention aérienne de l'OTAN – essentiellement des États-Unis, de la France et de la Grande-Bretagne –, l'insurrection libyenne ne l'aurait pas emporté en onze mois.

Mouammar Kadhafi est tué le 20 octobre 2011. Une balle en plein front met fin à une dictature de quarante-deux ans – dont le côté baroque fait oublier qu'elle fut atroce. Un pays de 7 millions d'habitants, grand comme trois fois la France, se libère. À Londres et à Paris, la classe politique et, le plus souvent, la presse, dont *Le Monde* et notamment cette chronique, se félicitent d'un « printemps arabe » aux promesses infinies. Naïfs ?

Moins de quatre ans plus tard, les images de l'automne 2011 à Benghazi – la scène est sur YouTube – semblent illustrer une mauvaise farce. La Libye est à feu et à sang, en proie à une guerre civile à l'arme lourde, dotée de deux gouvernements, une partie du pays aux mains de milices djihadistes et de filières criminelles qui organisent la vague d'immigration clandestine vers l'Europe. Les Libyens vivent un calvaire. La fin de la dictature a accouché du chaos et celui-ci d'une question plus que légitime : fallait-il intervenir en Libye ?

Les non-interventionnistes, qui ne manquent pas de munitions, tirent à vue. Au moins, Kadhafi « tenait » le pays, disent-ils : avec lui, pas de bandes armées islamistes à quelques encablures des côtes italiennes ; pas de gangs criminels parrainant le trafic de migrants, d'armes et de drogue ; pas d'affrontements à la roquette dans les villes du pays ; pas de subversion djihadiste dans l'Afrique sahélienne.

Aujourd'hui, le chef travailliste, Ed Miliband, reproche à David Cameron « une intervention mal pensée » et François Hollande, visant Nicolas Sarkozy, dénonce l'absence de suivi postintervention. Pas forcément « fair-play », ni l'un ni l'autre. La décision en politique étrangère ne se prend pas toujours dans un climat de sérénité académico-journalistique. Elle est le produit de circonstances pressantes, intérieures et extérieures. François Hollande ne dispose pas d'une semaine pour décider de faire bombarder la colonne djihadiste qui, en janvier 2013, s'apprête à prendre Bamako, la capitale malienne.

Passé pesant

Quand la soldatesque de Kadhafi menace, en mars 2011, de perpétrer un massacre à Benghazi, il y a tout lieu de la prendre au sérieux – et donc urgence. Le passé pèse : les dirigeants européens appartiennent à la génération Rwanda/Srebrenica. L'Union africaine et la Ligue arabe demandent une intervention. Le Conseil de sécurité de l'ONU donne son aval. Et l'aviation française va barrer la route de Benghazi aux colonnes kadhafistes.

La question qui paraît la plus justifiée est la suivante : fallait-il continuer après Benghazi ? Le message adressé était clair : la population civile ne devait pas être prise pour cible. Mais fallait-il ensuite apporter un appui aérien à une insurrection dont l'objet était la chute de Kadhafi ? Non, jurent Chinois et Russes, qui argumentent, avec quelques biscuits, que la résolution du Conseil n'avait pas pour objet de légitimer un « changement de régime ».

Pas de « suivi » après Kadhafi

Les interventionnistes, qui défendent la poursuite de la campagne aérienne occidentale, expliquent le désastre libyen actuel par l'absence de « suivi » au lendemain de la chute de Kadhafi. Mais ils ne définissent jamais ce qu'ils entendent par « suivi ». Les Libyens ne réclamaient ni un « administrateur » européen, ni une aide financière, ni une mise sous tutelle de l'ONU, ni une force de gendarmerie internationale. Les tenants du « suivi » doivent répondre à la question préalable : quelle différence entre *nation building* et néocolonialisme ?

Les non-interventionnistes soulèvent un vrai débat. Mais leur position est ébranlée par leur vision angélique de ce qu'était la Libye de Kadhafi. Avec le Guide, c'était déjà le chaos, particulièrement en mars 2011. Kadhafi n'a cessé de déstabiliser l'Afrique sahélienne, d'y provoquer guerres et conflits ethniques ; il a toujours laissé sa bordure saharienne libre aux trafiquants en tous genres. Il avait du talent en matière de subversion, pas seulement en Afrique et dans le monde arabe, mais aussi en Irlande du Nord et au Pays basque espagnol. Chez lui, il régnait par la terreur, les milices, la manipulation tribale. Il n'a jamais construit d'État, au contraire, il n'a laissé aucune institution. L'État libyen ne s'est pas effondré sous le choc de l'insurrection et de l'intervention occidentale : il n'y en avait pas. L'absence totale de structure étatique solide fait partie de l'héritage du Guide, elle signe son testament, elle ne résulte pas de sa disparition.

Plus grave, l'imputation de la vague actuelle d'immigrants clandestins à la chute du régime Kadhafi est un leurre. Ceux qui fuient la guerre et la misère ou rêvent d'une Europe totalement fantasmée et qui sont prêts à courir tous les risques, y compris la mort, ne vont pas s'arrêter de sitôt. La voie libyenne est effectivement facilitée par le chaos local. Si elle se ferme, ils passeront ailleurs. Laisser croire que la stabilisation de la Libye enrayera le flot d'une immigration provoquée par l'effondrement d'une partie du monde arabe et du Sahel africain est une supercherie.

Fallait-il intervenir ? Question légitime, réponses compliquées.

5 juin

Les canons du pouvoir chinois

Tout le monde est à la peine, semble-t-il. Les États-Unis cherchent une croissance solide, les Européens courent après la croissance tout court, le Moyen-Orient se déchire, l'Afrique se lève dans le chaos et la douleur, etc. Mais la Chine, elle, majestueux mastodonte, avance, indifférente à ces péripéties locales, comme si rien ne pouvait troubler une irrémédiable ascension. Il y a quelque chose d'exaspérant dans la situation – et sans doute d'un peu trompeur.

Ces derniers jours, sur le boulier de l'actualité internationale, Pékin a accumulé les points gagnants. L'institution multilatérale que la Chine vient de créer, contre la volonté de Washington, la Banque asiatique d'investissement pour les infrastructures, à laquelle les alliés européens des États-Unis se sont empressés d'adhérer, a tenu sa première réunion. Cela venait quelques semaines après que le président Xi Jinping eut réactualisé, à grand renfort de promesses d'investissements, le vieux projet chinois de Route de la soie. La Chine, plus dépendante que jamais du commerce mondial, tisse les liens, terrestres et maritimes, qui vont la relier, demain, à l'Asie centrale, à l'Europe et au Moyen-Orient. L'empire du Milieu vient chez nous, à pied, en train et en bateau.

La Chine a rarement projeté l'image d'une puissance aussi sûre d'elle-même. Dans le Pacifique occidental, Pékin défie Washington – ouvertement. En mer de Chine du Sud, les Chinois « poldérisent » et transforment des récifs et atolls contestés en véritables îles. Au grand dam des autres pays riverains – le Vietnam, les Philippines, Taïwan, la Malaisie –, qui revendiquent, eux aussi, la souveraineté sur ces lieux, Pékin y déploie des infrastructures durables : ports en eau profonde, piste d'atterrissage pour avions de chasse, stations radar… Les Chinois estiment être chez eux, leurs voisins dénoncent un coup de force rampant.

Provocations dans le Pacifique

Pour la première fois, les Américains ont annoncé, le 28 mai, avoir observé deux pièces d'artillerie mobile sur l'un des îlots artificiels construits par les Chinois. Provocation ? Les riverains, les autres, réclament la protection des États-Unis. Ces derniers, 7e flotte à l'appui, se veulent les garants de la libre circulation maritime dans le Pacifique occidental et répondent à la Chine en maintenant patrouilles navales et aériennes là où Pékin revendique la souveraineté. À la mi-mai, on a frôlé l'incident aérien.

Éditorial du *Financial Times* du 1er juin : dans le Pacifique, « lentement mais sûrement, la Chine et les États-Unis sont sur le chemin de l'affrontement ». Expert de la Chine, François Godement, de l'European Council on Foreign Relations, estime que Pékin « provoque les États-Unis » et les attire, malgré eux, « en première ligne ». Les Chinois tablent sur « la politique de retenue stratégique » de l'administration Obama pour éviter une vraie réplique américaine. Ils veulent montrer aux autres pays de la région que la garantie de sécurité des États-Unis dans le Pacifique est révolue.

Le 26 mai, le Fonds monétaire international (FMI) a décerné un brevet de respectabilité au yuan, la devise chinoise. Si elle est loin d'être une monnaie entièrement convertible, elle n'est plus sous-évaluée, dit le FMI. Passé le plus fort de la crise de 2008-2009, Pékin a laissé le yuan s'apprécier, par rapport au dollar notamment. Cela va dans le sens de la transformation du modèle de croissance chinois – le passage à une économie au moins autant tirée par la consommation que par l'investissement et l'exportation.

Cela ne va pas sans mal, semble-t-il. Le taux de croissance 2015 ne devrait pas être de 7 %, comme prévu, mais plutôt de 6,4 % ou 6,5 %. Les autorités s'inquiètent de cette baisse de l'activité. Signes de temps plus difficiles qu'il n'y paraît : la banque centrale chinoise oblige les banques à continuer de prêter même à des entreprises non performantes ; le pays connaît un mouvement continu de sortie de capitaux.

Depuis deux ans qu'il est au pouvoir, Xi Jinping affiche à l'intérieur un profil aussi dominant qu'à l'extérieur. Dans cette Chine mondialisée, il a éprouvé la faible légitimité du PCC. Il a haussé d'un ton une rhétorique officielle déjà ultranationaliste. Au nom de la lutte contre la corruption, il élimine tous ses rivaux, réels ou potentiels. Peur de contradictions trop fortes dans une économie en voie de réforme et qui crée autant de richesses que d'inégalités ? Crainte de l'émancipation d'une « société civile » ouverte à tous les vents de l'extérieur ? Xi Jinping étouffe toute dissidence et réhabilite un vieux discours de défense du « socialisme aux caractéristiques chinoises ».

Depuis la fin de l'ère maoïste, le pays n'a pas connu pareille reprise en main sécuritaire et idéologique. Tout juste publié et dernier élément d'un nouvel ensemble répressif, le projet de « loi sur la sécurité nationale » inclut dans la défense de cette dernière la lutte contre « les valeurs occidentales » et « les influences étrangères ». La hantise de Xi, c'est l'effondrement de l'URSS, le cauchemar Gorbatchev. Il veut à la fois « moderniser et approfondir l'État-parti », dit François Godement, ou plus exactement « réassurer la primauté du parti sur l'État » : « C'est le modèle Iouri Andropov », l'autocrate réformateur qui gouverna brièvement l'URSS (1982-1984).

« Oui à l'individualisme, oui à la société de consommation, oui à une certaine libéralisation de l'économie, poursuit François Godement, tant que cela ne remet pas en cause l'État-parti » : voilà le programme Xi. Le « socialisme aux caractéristiques chinoises » s'accommodera sûrement des quelques contradictions que peut recéler pareille affiche.

3 juillet
Obama et les Noirs américains

Chaque chef d'État ou de gouvernement a ses temps forts, pas seulement médiatiques. Ces moments où, dans un mélange de sincérité et d'émotion, un dirigeant politique dit exactement ce qu'il faut dire. Au diable le cynisme : même les docteurs en communication ne peuvent créer de toutes pièces ces moments-là. Pour le premier président noir des États-Unis, ce fut samedi 27 juin, à Charleston, en Caroline du Sud, au bord de l'Atlantique. À quelques kilomètres de là, bouclant l'entrée de la baie de Charleston, se dresse Fort Sumter, où, le 12 avril 1861 à l'aube, furent tirés les premiers coups de feu d'une guerre civile qui s'achèverait quatre ans et 620 000 morts plus tard.

Barack Obama prononçait l'éloge funèbre du pasteur afro-américain Clementa Pinckney, assassiné, mercredi 17 juin, avec huit autres Noirs, par un jeune suprémaciste blanc, Dylann Roof. Le président s'adressait à quelque 6 000 personnes réunies dans une salle omnisports de l'université de la ville. Il parlait devant les familles des victimes, dont Jennifer, la veuve du pasteur, et ses deux filles, Eliana (11 ans) et Malana (6 ans). Il s'adressait à tous les membres de leur congrégation – l'Emanuel African Methodist Episcopal Church –, Église qui fut en première ligne dans la lutte contre la ségrégation raciale. Il prenait la parole au cœur de ce Sud historique dont une dizaine d'États firent sécession puis, constitués en Confédération, entrèrent en guerre contre l'Union américaine, notamment pour continuer à pratiquer l'esclavage. Difficile d'imaginer un lieu aussi lourd de symboles pour honorer la mémoire de femmes et d'hommes tués pour une seule raison : la couleur de leur peau.

Obama ne s'est jamais présenté comme le président des Noirs américains. Il a fait campagne pour être le président des États-Unis, pas le représentant d'une communauté. À la Maison Blanche, même pour évoquer un incident raciste, il a évité tout discours à tonalité communautaire. Pour autant, il n'a jamais prétendu incarner une Amérique postraciale. Il prend l'Amérique comme elle est – un pays qui a, deux fois de suite, élu à la présidence le fils d'un Noir du Kenya et d'une Blanche du Kansas, mais un pays qui reste marqué par le racisme.

À Charleston, le président a parlé en afro-américain. Il a scandé ses quarante minutes d'intervention dans la grande tradition des Églises noires – silences, répétitions, envolées. Inattendue dans le discours d'un politique, une interrogation charpente son propos : qu'est-ce que la « grâce » ? Il cite le mot trente-cinq fois. « Cette semaine, j'ai beaucoup réfléchi à cette idée de la grâce », confie-t-il. Il mentionne la grâce divine, bien sûr, mais aussi une manière d'élégance dans l'adversité, dans le combat politique, qui, a-t-il dit, était celle de ces neuf adultes réunis à 8 heures du soir pour étudier la Bible après une journée de travail : « une grâce étonnante » (« *an amazing grace* »). On sait la suite, visionnée des millions de fois sur le Net. Obama répète l'expression – « une grâce étonnante » – avant d'entamer *a capella*, en solo puis suivi par l'assistance, un chant chrétien très populaire de la fin du XVIIIe siècle et portant le même nom, « une grâce étonnante » – le récit de la conversion d'un esclavagiste repenti. Violence et repentance, couple clé de l'histoire des États-Unis.

Prison, emploi, logement, école : le président passe en revue les lignes de fracture qui séparent encore la communauté noire américaine de la moyenne du pays. À l'adresse de cette communauté, son bilan est sérieux. Parce qu'ils comptent souvent parmi les pauvres, les Afro-Américains ont les premiers bénéficié de nombreuses mesures décidées par l'administration démocrate : augmentation du Smic horaire et de la période couverte par les allocations de chômage, notamment.

« Un triomphe politique »

Plus encore, alors que le président parlait à Charleston, la Cour suprême confirmait la constitutionnalité de son plan d'assurance santé. Les républicains perdaient l'ultime bataille menée contre la grande ambition d'Obama sur le plan intérieur. Après des débuts laborieux, le programme entre dans sa deuxième année, couronné de succès : 15 des 40 millions d'Américains sans assurance médicale en ont maintenant une – parmi eux, une énorme proportion de Noirs.

Qualifié de monstre crypto-communiste par les républicains, la bête devait, selon eux, engendrer les pires catastrophes. Elles ne se sont pas produites. Le pays contrôle mieux ses dépenses de santé, son déficit budgétaire a diminué et l'économie n'a cessé de créer des emplois : « Plus de 240 000 en moyenne mensuelle depuis que l'*Obama Care Act* a été mis en œuvre, la plus forte progression depuis les années 1990 », écrit Paul Krugman dans le *New York Times*. Le prix Nobel d'économie ajoute : « Mettez tout cela bout à bout, et vous avez ce qu'on appelle un triomphe politique. » Avec l'assurance santé, Obama a réussi là où tous ses prédécesseurs démocrates s'étaient cassé les dents.

Au moins sur le plan intérieur, le bilan d'Obama sera sans doute plus important qu'on ne le dit souvent. À Charleston, il était venu pour un éloge funèbre. Il a prononcé le discours le plus émouvant de sa présidence sur l'état des relations entre Blancs et Noirs dans l'Amérique d'aujourd'hui. « Aucun d'entre nous ne doit attendre une transformation des relations raciales d'un coup de baguette », a-t-il observé. « Il n'y a pas de raccourci », c'est un long chemin. Le 44e président des États-Unis en aura fait une bonne partie. Et personne ne lui contestera de l'avoir accomplie avec « une grâce étonnante ».

23 octobre

Le temps du grand chaos

Chaque initiative internationale de Vladimir Poutine suscite, en général, une double réaction à l'Ouest. Admiratifs, on s'ébaubit devant le maître stratège du Kremlin – un génie sur la scène internationale. Mine atterrée, un brin condescendant, on s'interroge sur la passivité de Barack Obama – ce timoré dans un monde de brutes. En Crimée en 2014, cette année en Syrie, à chaque fois le judoka prendrait l'avantage sur le basketteur. Comme le président chinois, Xi Jinping, tient lui aussi la dragée haute à Washington, on en conclut à l'inexorable chute de l'Empire américain en ce début de XXIe siècle. Pas si simple.

Les plaques tectoniques de la puissance stratégique bougent, assurément. Le monde ressemble chaque jour un peu moins à celui de l'immédiat après-guerre froide. Jamais cette vérité n'a paru aussi évidente que ces derniers temps. En politique étrangère, la Chine et la Russie ont un objectif central : contester la prépondérance du leadership américain sur les affaires du monde. La bataille est idéologique et stratégique. Moscou et Pékin marquent des points sur le terrain, physiquement, et politiquement, unis dans une même volonté : remettre en question la légitimité que s'attribue l'Amérique à être « le shérif mondial », même malgré elle.

Pouvoir quasi prométhéen

Sa machine militaire rénovée à grands frais – le budget de la défense représenterait plus de 4 % du PIB –, la Russie de Poutine fait une démonstration de force en Syrie. Pour la première fois depuis la fin de l'URSS et ses déboires en Afghanistan, Moscou déploie son armée loin de ses bases et retrouve son rang au Moyen-Orient, jusque-là chasse gardée américaine.

La Chine, elle, se dote d'une marine de guerre et de missiles susceptibles de chasser la 7e flotte américaine du Pacifique. Comme la Russie en Ukraine, en Géorgie ou en Syrie, la Chine compte sur la force et pratique le fait accompli sur le terrain. Désireuse d'étendre sa souveraineté à l'ensemble de la mer de Chine méridionale, elle s'empare d'îlots, à la propriété contestée, et les transforme en minibases militaires. Dans son environnement immédiat, Pékin entend montrer qu'elle est la puissance suzeraine – pas, ou plus, les États-Unis.

Les critiques d'Obama lui imputent volontiers une séquence désastreuse pour la crédibilité des États-Unis. C'est parce qu'Obama n'a tenu aucun de ses engagements en Syrie, notamment à l'été 2013, disent-ils, que Poutine se serait senti libre d'annexer la Crimée en 2014, cependant que le camarade Xi, en 2015, militarisait en douceur la mer de Chine méridionale. Les contempteurs d'Obama paraphraseraient volontiers le grand Michel Audiard : « Un intellectuel assis va moins loin que deux brutes qui marchent. »

L'intellectuel de la Maison Blanche est le premier président américain à tenir compte d'une réalité difficile à admettre à Washington et chez les alliés des États-Unis : la phase de l'immédiat après-guerre froide est finie. Ce fut le bref moment de l'« hyperpuissance », quand la domination américaine était totale : militaro-stratégique, idéologique, culturelle, économique, technologique. De cette prépondérance momentanée, un trop grand nombre d'Américains et d'Européens ont tiré l'impression d'une Amérique dotée pour l'éternité d'un pouvoir quasi prométhéen. D'où la perception, la déception pour certains, d'un Obama relativement passif.

Mais le moment de l'« hyperpuissance » ne pouvait pas durer. Il n'a été qu'une parenthèse – 1989-2001, par exemple – inévitablement destinée à se refermer le jour où Pékin serait suffisamment sûr de sa force économique pour émerger comme puissance politico-stratégique et où la Russie se reconstruirait en puissance militaire, sa spécialité. On y est, sans compter l'arrivée d'autres pôles de puissance moyenne – de la Turquie à l'Iran, du Brésil à l'Indonésie.

Dans ce monde-là, durable chaos multipolaire, « personne ne doit s'étonner que la prépondérance américaine soit contestée », écrit cette semaine *The Economist*. Elle n'est plus ce qu'elle était. Conscient du désastre qu'ont été les interventions en Afghanistan et en Irak, instruit en conséquence des limites des capacités de l'outil militaire en terres étrangères complexes, Obama, écrit Roger Cohen dans le *New York Times*, a ressenti « la nécessité de redéfinir la politique étrangère américaine » en son cadre actuel : « un monde interconnecté » où opèrent de nouvelles puissances. L'ex-ministre des Affaires étrangères Hubert Védrine ajoute : « Obama a une vision adaptée à une Amérique qui n'est plus une hyperpuissance » tout en restant la plus puissante des grandes puissances.

Le président en a tiré une « doctrine de la retenue », poursuit Cohen. Peut-être sa politique syrienne a-t-elle été une catastrophe. Sans doute est-il « trop préoccupé des coûts de l'action et pas assez de ceux de l'inaction », observe Dennis Ross, l'un des sages de la diplomatie américaine. Richard Haass, qui en est un autre, poursuit : « Je pense qu'Obama exagère les limites et sous-estime les possibilités du pouvoir américain même dans un environnement où il est de plus en plus difficile de traduire la puissance en influence. »

Mais cet environnement-là, ce monde du XXIe siècle, cette pagaille multipolaire, il reste qu'Obama ne l'a pas inventé. Son successeur, démocrate ou républicain, aura les mêmes contraintes et observera sans doute la même prudence. Elle ou il devra gérer une relation avec Moscou et Pékin de plus en plus difficile. Où oscilleront possibilités d'affrontement, direct ou indirect, et nécessités de coopération. Amis ou ennemis ? Les deux, selon les sujets.

6 novembre

La passion selon Hassner

Fin octobre, le secrétaire général des Nations unies a interpellé les membres du Conseil de sécurité en des termes peu amènes. « Vous ne faites vraiment pas grand-chose », a-t-il lancé aux chefs de délégation. Ban Ki-moon n'a pas pour habitude de tancer les puissants de ce monde. Mais, là, rapporte le correspondant du *New York Times* à l'ONU, on fêtait le 70e anniversaire de la création du Conseil, et le Sud-Coréen, habituellement placide et courtois, « s'est lâché ».

C'était lors d'un dîner privé, on pouvait se dire les choses. « Vous devez changer votre façon de travailler », a poursuivi l'aimable M. Ban à l'adresse du Conseil – en principe, chargé du maintien de la paix. Mais, justement, c'est plutôt la guerre qui se maintient, en Afghanistan, en Irak, en Syrie, hier encore en Ukraine. Plus que jamais, le Conseil est une sorte de concert des puissances rendu impuissant par leurs propres antagonismes. Même s'ils ont des intérêts communs, Américains, Chinois, Russes et Européens sont incapables d'action collective face à la guerre, au djihadisme conquérant, au flux des réfugiés – l'ensemble sur fond d'un vent mauvais, celui du nationalisme identitaire, qui souffle à nouveau sur l'Europe et l'Asie.

On ignore comment a tourné la conversation de New York. On imagine ce que M. Ban avait à l'esprit : ce XXIe siècle, ponctué de tragédies et de drames incessants, semble plutôt mal parti. Et s'il finissait par ressembler au précédent ? La question hante le dernier ouvrage de Pierre Hassner, l'un des plus grands spécialistes des relations internationales, *La Revanche des passions : métamorphoses de la violence et crises du politique* (Fayard). Cet homme du doute, qui fut l'un des disciples préférés de Raymond Aron, n'aime pas les réponses définitives. Il préfère les questions fluctuantes. Celle qui court tout au long de ce recueil d'articles, et lui donne son unité, se résume en une phrase : n'aurions-nous rien appris du XXe siècle ?

Immense naïveté occidentale

Celui-là commence en 1914, pour s'achever en 1989 avec la chute du mur de Berlin. Après deux grandes tyrannies totalitaires, nazisme et communisme, ce devait être le triomphe du libéralisme politique. La victoire de la raison, dit Hassner. Couplé à l'économie de marché, au règne du droit et à l'interdépendance économique, l'ensemble s'annonçait comme l'horizon indépassable du siècle commençant. L'ONU croyait dans sa renaissance, et le projet européen en son avenir.

Ce bref moment d'euphorie va crever comme un ballon d'illusions occidentales dans le ciel de Manhattan le 11 septembre 2001. Depuis, on sait ce qu'il en a été et qui donne ce sentiment d'un désordre international croissant. Nous n'aurions tiré aucune leçon du passé ? interroge Hassner. Il y aurait comme une fatalité : « L'âge du terrorisme apocalyptique et du fanatisme religieux, de l'hubris impériale et du nettoyage ethnique » – le XXIe – succéderait ainsi « à l'âge des totalitarismes, du fanatisme idéologique, du goulag et de la Shoah » – le XXe siècle.

Qu'est-ce qui n'a pas marché ? Beaucoup de choses, bien sûr, mais Hassner décrypte l'immense naïveté occidentale qui a consisté, au début des années 1990, à penser un monde globalisé où chacun n'obéirait qu'à une double quête, celle de la liberté et de la prospérité – individuelle et collective. On a juste oublié « les passions », cette affaire vieille comme le monde, que les Grecs appelaient le *thumos* ou la « partie colérique de l'âme ». On a parié sur une sorte d'*homo œconomicus* globalisé. On a ignoré les comportements humains qui ne relèvent pas de l'économie, mais « qui sont héroïques ou, plus exactement, créateurs d'identité » – l'attachement à la nation, à la religion, le patriotisme de puissance, le désir de violence.

Il cite Raymond Aron : « Ceux qui croient que les peuples suivront leurs intérêts plutôt que leurs passions n'ont rien compris au XXe siècle. » « Nous ajouterions : ni au XXIe siècle », complète Hassner. Il cite encore le politologue américain Stanley Hoffmann, qui vient de mourir : « Il faudrait pouvoir inscrire les passions sur la carte, comme les bases militaires ou les gisements de pétrole. » Hassner propose une « géopolitique des passions ». Il s'agit d'étudier « leur interaction qui mène à l'escalade et à l'affrontement », comme le fit l'historien François Furet, auquel le livre consacre un chapitre lumineux, dans son portrait de la guerre de 1914-1918 en matrice des deux grands totalitarismes du XXe siècle.

Aujourd'hui, le « fanatisme religieux » a pris le relais : « La lutte du Parti des purs, d'un totalitarisme religieux et guerrier succède aux totalitarismes idéologiques. » À un moment de leur histoire, « toutes les religions recherchent le salut en tuant les infidèles ». C'est au tour de l'islam de souffrir de cette pathologie. Mais la réaction de l'Amérique au 11-Septembre fut aussi passionnelle. Ignorant « la complexité du monde » et relevant d'une hubris impériale proprement folle, elle a nourri « les passions fanatiques et terroristes » qui ravagent le Proche-Orient – au détriment des intérêts des États-Unis. Où sont les intérêts de la Russie dans l'exaltation nationaliste, cette nostalgie de ne plus être l'un des deux Grands qui conduit Vladimir Poutine à annexer la Crimée, mais à perdre le reste de l'Ukraine ?

Hassner scrute le grand désordre du XXIe siècle au filtre d'une immense culture, philosophique et littéraire. C'est sa marque, unique. Mais cet homme à l'humour invincible porte sur les dangers du présent un regard d'une acuité particulière. Peut-être parce que d'origine juive roumaine, né en 1933 et fuyant après la guerre les débuts du communisme fou de la famille Ceausescu, il a frôlé de près les deux grands totalitarismes du XXe siècle.

20 novembre

13 novembre : pourquoi Paris ?

Au beau milieu de la boucherie du 13-Novembre, au Bataclan, à Paris, un des djihadistes, entre deux rafales de kalachnikov, aurait dénoncé la politique syrienne de la France. « C'est à cause de ce que votre président fait en Syrie », aurait-il dit. Cet énorme bobard a pris, véhiculé à loisir dans les médias comme dans la classe politique et sur les réseaux sociaux. Rapportée par des rescapés, la « justification » ainsi avancée par le tueur n'est pas seulement fausse, elle empêche aussi de comprendre le phénomène djihadiste. Elle occulte la vraie nature du groupe État islamique (EI), qui a revendiqué les massacres de ce vendredi noir.

Commençons par la logistique. Une opération de cette nature se prépare des mois à l'avance. Elle ne se décide pas en quelques semaines. Elle est le fait d'un réseau sophistiqué. L'intervention française en Syrie – sept raids de bombardements aériens à ce jour – date de la fin septembre. Elle n'est pas la cause d'une attaque terroriste vraisemblablement concoctée depuis belle lurette : les djihadistes n'ont pas riposté à la politique extérieure française, comme le tueur du Bataclan l'a laissé entendre.

Les djihadistes n'ont d'ailleurs pas attendu le mois de septembre pour frapper la France. Depuis 2010, des jeunes Français passés par la Syrie ont été enrôlés au sein de l'EI, ou ce qui allait devenir l'EI, et formés pour retourner en Europe et y perpétrer des attentats – ils l'ont fait à Bruxelles et à Paris. Pourquoi l'attaque collective du 13-Novembre ? On peut avancer des raisons qui tiennent à la situation actuelle de l'EI sur le terrain. En Irak comme en Syrie, les djihadistes prennent des coups. Leur organisation para-étatique structurée autour de deux villes, Mossoul et Rakka, dans le vaste territoire qu'ils contrôlent à cheval entre l'Irak et la Syrie, est mise à mal. Elle est sur le recul[3].

---

3. Au fil des années, l'État islamique va perdre ses deux bastions, Mossoul en Irak, reprise à l'été 2017, puis Rakka en Syrie à l'automne de cette même année, et ses derniers combattants, quelques centaines d'hommes et leur famille, se terrent, depuis, dans quelques villages désolés de la vallée de l'Euphrate.

Martyrologie nihiliste

En choisissant des cibles à l'étranger, l'EI veut faire diversion. Pour continuer à susciter des vocations, à séduire des milliers de jeunes gens, dans le monde arabe et en Europe, l'organisation d'Abou Bakr al-Baghdadi, le « calife », doit prouver qu'elle remporte toujours des « victoires » – au minimum, sur les « infidèles ». La France est une cible de choix, comme le rapportait Benjamin Barthe, notre correspondant à Beyrouth dans *Le Monde* du 16 novembre. Elle est à la fois le pays de la laïcité et celui qui abrite la plus grande communauté musulmane d'Europe.

Autant de raisons sérieuses, mais elles n'expliquent pas, ou que partiellement, le déchaînement de violence djihado-terroriste. Il faut fouiller au cœur de l'ADN djihadiste pour essayer de comprendre. Il faut entrer dans l'identité profonde du djihado-terrorisme, aller sous la cagoule noire des tueurs en série de l'EI. Ils ont le cerveau lessivé à une vulgate terroriste qui tourne en boucle sur leurs sites et prône une haine particulière de l'Occident en soi – quelle que soit la diplomatie des pays occidentaux (ce qui ne les empêche pas, par ailleurs, de tuer prioritairement des musulmans).

Les « penseurs » d'Al-Qaida, l'organisation d'où est né l'EI, l'écrivent en toutes lettres. L'Occident doit être attaqué parce qu'il est responsable de la décadence morale de l'islam. Paris, ville des plaisirs, n'est-ce pas, Paris doit payer. Le communiqué dans lequel l'EI revendique les massacres du 13-Novembre parle de cibles « choisies minutieusement » – des lieux de débauche, « le Stade de France lors du match de deux pays croisés », « le Bataclan où étaient rassemblées des centaines d'idolâtres dans une fête de perversité ».

Ainsi se justifie le combat armé, le djihad, contre l'« infidèle ». De tous les régimes, la démocratie est le pire, une obscénité idolâtre. « Il s'agit d'une nouvelle religion qui repose sur la déification du peuple », commente Ayman al-Zawahiri, l'un des chefs d'Al-Qaida. Al-Zawahiri exhorte à « déplacer le combat chez l'ennemi » : « Nous devons nous préparer à un combat qui ne se limite pas à une région [le Moyen-Orient], mais implique l'ennemi intérieur apostat [les « mauvais » musulmans] comme l'ennemi extérieur judéo-croisé. »

Il en résulte un cahier des charges qu'Al-Zawahiri expose de la manière la plus explicite : « Prendre soin de provoquer le plus de dégâts chez l'ennemi, tuer le plus de gens, car c'est le seul langage que comprenne l'Occident. » Il préconise « les opérations martyres qui sont les plus aptes à infliger des pertes à l'ennemi et qui sont les moins coûteuses en moudjahidine ». Cette martyrologie nihiliste est l'un des marqueurs du djihadisme. « Nous aimons la mort, vous aimez la vie », proclamait Ben Laden à l'adresse des Occidentaux. C'est le « Vive la mort ! » des fascistes espagnols et des Waffen-SS.

Au lendemain du 13 novembre, l'éditorial du *Financial Times* observait : « Comme toujours dans ce type d'attaques – à New York et Washington en 2001, à Madrid en 2004, à Londres en 2005, à Bombay en 2008 et à Paris cette année –, les terroristes veulent tuer des idéaux autant que des individus. Ils visent les valeurs des sociétés ouvertes, celles de la liberté individuelle et des droits collectifs. »

Mais pour quelles raisons des jeunes musulmans belges, britanniques, français, sans forcément sombrer dans la violence, sont-ils séduits par cette détestation de l'Occident qui est au cœur du charabia totalitaire djihadiste ? Dans le *New York Times*, l'éditorialiste Roger Cohen esquisse une piste originale. Les sociétés occidentales sont dans une quête permanente et déstabilisante de nouvelles libertés, affranchissant les citoyens des liens de la religion et de la tradition, libérant mariage, divorce, sexe, et même le choix de mourir. Peut-être y a-t-il dans la séduction de l'islam radical une volonté inconsciente « de se libérer du fardeau de la liberté » ?

11 décembre

De Lincoln à Donald Trump

En 1860, Abraham Lincoln incarne le Parti républicain américain. En 2015, le rôle est tenu par Donald Trump. Comment dit-on « déchéance » outre-Atlantique ? À un moment, la transmission génético-idéologique a été perturbée.

Premier président républicain dans l'histoire du pays, Lincoln, vainqueur de la guerre de Sécession, abolit l'esclavage et tend la main aux États du Sud : il voulait l'unité de la République américaine. Roi de la téléréalité et de la promotion immobilière de luxe, Trump, candidat à l'investiture républicaine pour le scrutin présidentiel de novembre 2016, est un homme d'exclusion : il rejette une partie de l'Amérique.

Ces deux personnages racontent une histoire, celle de la dégénérescence d'une grande formation politique. Nous avons Marine Le Pen, ils ont Trump. « Le Donald », comme l'appelle la presse américaine, est le dernier chaînon d'une mutation en forme de décadence. Depuis des semaines, les experts annoncent que Trump va chuter et, d'ici aux premières primaires républicaines, début février, céder la place à l'un ou l'autre des impétrants les plus respectables à l'investiture du parti – les Ted Cruz, Marco Rubio ou Jeb Bush.

On attend toujours. « Le Donald » est comme la poêle Tefal : rien n'accroche, tout glisse, tout passe. Chacune de ses saillies racistes, de ses énormités politiques l'accroche un peu plus haut dans les sondages. On fait valoir que 80 % des électeurs républicains n'ont pas encore choisi. Mais ceux qui s'expriment étaient, fin novembre, 36 % à se prononcer pour Trump, loin devant le numéro deux, le jeune Cruz, ultraréactionnaire sénateur du Texas, coté à 16 %. Trump paraît aussi indéboulonnable que ses tours dans le ciel de la côte Est.

Il exploite la révolte d'une partie de l'électorat blanc, cette fraction de la classe moyenne laminée par la mondialisation. Celle-ci installe un climat d'insécurité économique. Réalité que masquent les bons chiffres de l'emploi et la reprise de la croissance : le revenu médian par foyer américain reste plus bas qu'il n'était avant la crise de 2008.

Boucs émissaires

Cette Amérique malmenée par la globalisation, l'État-providence l'aide moins que les plus pauvres – qui appartiennent souvent aux minorités ethniques. Alors, elle cherche des boucs émissaires – les immigrés. Elle est d'autant plus enragée qu'elle a le sentiment que le pays lui échappe : d'ici à 2050, l'addition des minorités ethniques composera la majorité démographique. L'immigration modifie le paysage, urbain et suburbain. Elle est ressentie comme d'autant plus déstabilisante qu'on n'a pas « voté » sur ce changement majeur – pas plus qu'on n'a « voté » sur la mondialisation. Le plus durement touché, c'est l'homme blanc. Moins il est éduqué, plus il a de chances de voter Trump. Sa colère se nourrit d'une inconsolable nostalgie d'une Amérique mythique, celle des années 1950. Tant pis si elle n'a existé que dans les séries télévisées de l'époque.

Les élites sont prises pour cible. Ce mélange d'arrogance et d'incompétence économique, responsable des ravages de la crise de 2008, n'a toujours pas été pardonné. On incrimine « leur » presse (comprendre les médias traditionnels) et on lui substitue les réseaux sociaux, porteurs de toutes les théories du complot : c'est l'imparable « je l'ai lu sur Internet ».

Le virus Trump est si fort qu'il a contaminé l'ensemble des postulants à l'investiture du parti. Tous sont alignés sur des positions extrémistes qu'auraient reniées la plupart des présidents républicains depuis la guerre – de Dwight Eisenhower à Ronald Reagan compris. Le credo moyen du parti de l'éléphant 2015-2016 compose un programme indigne de la première puissance économique et scientifique du monde. Exemples :

– L'immigration. Trump veut renvoyer chez eux les quelque 11 millions d'immigrés illégaux, pour l'essentiel des Latinos, qu'il a qualifiés de « violeurs » et d'« assassins ». Il veut construire un mur le long des 3 200 kilomètres de la frontière mexicaine et le faire payer par Mexico. Peu ou prou, les autres candidats sont d'accord sur le mur et tous, sans exception, ont renoncé à étudier un statut pour les 11 millions d'illégaux. Sujet connexe, monté en pointe après les attentats de Paris et de San Bernardino : l'islam. Personne ne va aussi loin que Trump dans la dénonciation des musulmans, pour lesquels il a, successivement, proposé l'interdiction pure et simple du territoire des États-Unis ou une carte d'identité spéciale. Mais tous suggèrent que le pays n'accueille que des réfugiés syriens chrétiens.

– Le climat. Aucun des candidats républicains ne pense que le réchauffement soit causé par les activités de l'homme. Aucun ne veut entendre parler d'une réduction des émissions de gaz à effet de serre. Tous promettent de s'efforcer de défaire les résultats de la conférence de Paris. Ils vont, bizarrement, à rebours des deux tiers des Américains, convaincus de la nécessité de lutter contre le réchauffement climatique.

À cela s'ajoute l'habituelle bouillie des « marqueurs » du parti : contre l'avortement ; pour les ventes d'armes individuelles ; pour des baisses d'impôts toujours plus fortes que les précédentes ; pour une politique étrangère magique qui rétablisse la grandeur de l'Amérique – ensemble de mesures souvent présentées comme étant d'inspiration divine.

Les républicains restent un grand parti, majoritaire au Congrès, dans les deux Chambres, et en nombre de gouverneurs (32 sur 50). Ils bénéficient d'un découpage électoral local qui leur est favorable. Mais leur « trumpisation » les éloigne de la Maison Blanche s'ils ne mordent pas un peu sur l'électorat latino, noir ou asiatique. Il y a quelque chose de suicidaire dans la fascination qu'exerce l'extrémiste Trump sur une partie de l'électorat[4].

---

4. Ce qui n'empêchera pas « le Donald » de l'emporter le 8 novembre 2016 et de devenir le 45e président des États-Unis…

- 2016 -

1er janvier

Patriotisme et immigration

Durant tout le match, nous les avons sifflés et hués à perdre haleine. Nous les avons même insultés, de la façon la plus ignoble. Rien n'y a fait. Dans les dernières minutes, les Pistons de Detroit ont encore marqué. Ils ont battu d'un point (93 à 92) le Heat de Miami. Ceux-ci jouaient pourtant sur leur parquet, dans l'immensité caverneuse de l'Arena, le grand stade couvert de la ville.

C'était le 23 décembre. Ici, le basket est un peu comme la bourrée en Auvergne : une affaire importante – culturelle. Le Heat de Miami est l'une des équipes vedettes de la National Basketball Association (NBA). Comme nous étions dans le public, nous avons sagement pris leur parti et accompagné la sono chaque fois qu'il fallait conspuer ces minables de Detroit. Les matchs de la NBA ne sont pas seulement du sport, du basket de très haut niveau. Ils tiennent aussi de la fête et de la kermesse familiale. C'est du spectacle multimédia où d'immenses écrans de télévision « flashent » en multicolore le score et l'action, le tout en direct et en musique. Une expérience sensorielle éprouvante, mais réjouissante.

Mais l'essentiel n'était pas sur le parquet de l'Arena. Il était dans ce public multiethnique de Floride : Latinos, Noirs, Blancs, Asiatiques, blazers et marcels confondus. Le petit Français de passage ne peut pas ne pas gamberger : qu'ont-ils en commun, ces « Américains » ? Quel roman national, quel socle de mémoire partagée ? Cette fois la réponse était sur le terrain, avant le match. Quand une lycéenne de 16 ans, à la voix trop haut placée, s'avance sur la piste, micro en main, et attaque les premières notes du *Star-Spangled Banner*, l'hymne national des États-Unis, un seul mouvement agite le public : tout le monde debout. Quand un des joueurs vedettes du Heat, un Afro-Américain, présente ensuite un jeune militaire, blanc, en uniforme, floridien tout juste honoré pour sa bravoure au feu sur un terrain extérieur, même mouvement spontané : tout le monde debout.

Trop d'immigrants, selon Trump

Ce patriotisme américain, sans cesse renouvelé, est-il la condition d'une société multiculturelle vivable – celle-ci fût-elle entachée, de manière tout aussi renouvelée, par le racisme de policiers blancs à la gâchette trop facile ? Le questionnement sur l'identité nationale pourrait être au cœur de la campagne pour l'élection présidentielle de novembre 2016. Il domine cette période de préprimaires chez les républicains. Roi de la téléréalité et de l'immobilier de luxe, Donald Trump a donné le ton : un trop-plein d'immigrants menace l'Amérique, dit-il.

Trump propose de renvoyer de l'autre côté du Rio Grande quelque 11 millions d'immigrants illégaux. Il suggère de fermer le pays aux musulmans. Le bâtisseur des casinos de la côte Est a déporté sur la droite les autres prétendants à l'investiture républicaine. Derrière le thème de l'immigration, il a canalisé la colère et les peurs d'une classe moyenne blanche, masculine, plutôt âgée, malmenée par la mondialisation.

Dans le *Miami Herald*, le politologue E. J. Dionne, prodémocrate, écrit : « Lequel des deux partis aime vraiment l'Amérique ? Pas les États-Unis qui existaient autrefois, mais cette nation d'aujourd'hui, de chair et de sang, celle dans laquelle nous vivons ? » Réponse de Dionne : les trois candidats à l'investiture démocrate – Hillary Clinton, Martin O'Malley et Bernie Sanders – « défendent les droits d'une Amérique plus jeune, le pays d'aujourd'hui, qui est moins blanche, plus latino et plus asiatique et, oui, plus musulmane aussi qu'elle ne l'était hier ».

Le Parti républicain est devenu celui de la protestation. Il exploite le thème du « déclin » (réel ou non). Il dénonce la perte de vigueur d'un imperium américain que menace l'émergence d'autres puissances. Il refuse la complexité d'un monde globalisé. Il s'oppose, plus qu'il ne propose. C'est un bouleversement sur l'échiquier politique national. Depuis les années 1980, les républicains portaient haut et fort l'optimisme américain et la confiance dans l'avenir. Les démocrates cultivaient souvent une attitude plus sceptique, voire un pessimisme raisonné. En 1980, le républicain Ronald Reagan sort le pays d'une crise de déprime, incarnée, à tort ou à raison, par le démocrate Jimmy Carter.

Les rôles sont aujourd'hui inversés. Les républicains, chagrins, tapent sur l'immigration. Les démocrates, confiants, prennent les États-Unis tels qu'ils sont et, massivement, récoltent les votes des minorités ethniques – en général, attachées aux valeurs de la famille, de la religion et du travail. Le 15 décembre, Barack Obama recevait à Washington vingt-sept immigrés qui venaient tout juste de prêter serment pour devenir américains. Scène inimaginable en France : dans le bâtiment des Archives nationales, qui abrite les textes fondateurs de la démocratie américaine, le président démocrate délivre un cours sur les devoirs des nouveaux arrivants.

« Vous appartenez maintenant à l'histoire de ce pays [...] il vous reste un chemin difficile à accomplir, il vous faut devenir des citoyens actifs », avertit Obama, qui, dans un discours puissant, prévient encore : « C'est dur d'être un Américain, c'est dur de vivre en démocratie ; être citoyen est d'abord un défi », celui d'être fidèle à ce qui fait que ce pays « n'est pas un simple morceau de terre mais aussi une idée ». Cette idée, poursuit Obama en substance, il leur faudra la défendre, parce que la démocratie n'est jamais garantie et qu'elle ne cesse de trébucher, y compris en Amérique. En somme, la diversité américaine requiert une forme de patriotisme… CQFD ?

Le 25 décembre, l'honneur est sauvé : le Heat de Miami bat les Pelicans de La Nouvelle-Orléans 94 à 88. Ouf !

5 février

Elle s'appelait Ruqia

« Là, j'ai reçu des menaces de mort. Daech [acronyme arabe de l'organisation État islamique] va sans doute m'arrêter […] et me décapiter. Mais je garderai ma dignité. Mieux vaut mourir que de vivre avec ces types dans l'humiliation. »

Elle s'appelait Ruqia Hassan Mohammed. La photo placée sur sa page Facebook montre une jeune femme élégamment maquillée. Elle porte un foulard noir sur un serre-tête doré, bracelets et bagues aux deux mains, tunique longue cintrée à la taille. Le visage plein, pommettes hautes, sourire timide. Elle était syrienne et habitait Rakka, la « capitale » de l'État islamique (EI). Sur Facebook, elle racontait sa vie de Rakkaouie sous la botte des djihadistes. Ils n'ont pas apprécié. Début janvier, ils ont annoncé qu'elle avait été « exécutée ». Ruqia avait 30 ans.

Cette information a été rapportée en janvier en Europe. Quelques lignes, parfois un article, pour une mort de plus en Syrie. Pourquoi chercher à en savoir davantage sur Ruqia ? Pour mettre une vie derrière cette photo, tenter de sortir de l'anonymat statistique ? Peut-être. Un peu plus aussi. En fouillant la presse de ces deux dernières années – *Le Monde*, *L'Obs* en ligne, *Le Figaro*, *Libération*, les quotidiens britanniques *The Guardian* et *The Independant* –, on trouve quelques bribes de la vie de Ruqia. Et, mises bout à bout (merci confrères), elles racontent une partie de la tragédie syrienne. Ruqia a lutté contre deux puissantes machines de mort : le régime de Bachar al-Assad et l'État islamique. C'est une histoire exemplaire.

Tout au long de 2015, sous le pseudonyme « Nissan Ibrahim », la jeune femme a livré sur Facebook une sorte de journal de bord : la vie au temps de l'EI et des bombardements aériens.

« Chaque jour, interdit, interdit, interdit. Ils [les djihadistes] ne font qu'interdire. J'attends le jour où ils permettront quelque chose. » « Aujourd'hui, la police [les hommes de l'EI] a lancé une vague d'arrestations arbitraires. Mon Dieu, je t'en supplie, délivre-nous de ce cauchemar et élimine ces gens. » « Aujourd'hui, une Tunisienne [une djihadiste de l'EI] m'a interpellée à cause de ma tenue. Je l'ai ignorée, j'ai continué à marcher. J'aurais aimé avoir un pistolet et la tuer. Je voudrais en finir avec ces humiliations, avec ces types qui nous imposent leur pouvoir. Je n'en peux plus d'être une citoyenne de seconde classe. Dieu, aide-nous ! »

« On ne veut pas de Daech »

Jour de bombardement. « Au marché, les gens s'écrasent les uns sur les autres, pas parce qu'ils sont trop nombreux, mais parce que leur regard s'est soudain porté vers le ciel et, inconsciemment, ils se sont mis à courir, courir. Drone dans le ciel maintenant, explosion plus tard. Que Dieu protège les civils et… nous débarrasse des autres. »

Jour de désespoir. « OK, on ne veut pas de Daech et on ne veut pas des bombardements de la coalition anti-Daech… Alors, qu'est-ce que nous voulons exactement ? »

Ruqia est née à Rakka en 1985 dans une famille aisée de la communauté kurde de la ville. Milieu conservateur : le père va à la mosquée tous les jours. Mais les deux filles de sa première femme font des études supérieures. Ruqia étudie la philosophie à l'université d'Alep, sa sœur est médecin. De la deuxième femme de son père, Ruqia aura cinq demi-frères.

En tête des manifestations

À quoi ressemble Rakka, cette petite ville de 250 000 habitants, sur la rive nord de l'Euphrate, perdue dans le Nord-Est syrien et qui va avoir cet étrange destin : devenir la « capitale » du mini-califat d'Abou Bakr al-Baghdadi, le chef de l'EI ? « À une bourgade un peu plouc, où sont venues se sédentariser des tribus de la vallée de l'Euphrate », explique Hala Kodmani. Journaliste franco-syrienne, elle s'est rendue à Rakka en septembre 2013 et en a ramené une série de reportages pour *Libération*.

Mars 2011, début de la révolte contre le régime de Bachar al-Assad. Ruqia est en tête des manifestations à Rakka. En 2013, la révolte s'est transformée en affrontements armés. Occupée ailleurs, l'armée abandonne Rakka qui connaît un bref moment « soixante-huitard », dit Hala Kodmani : création d'une quarantaine de publications, débats multiples entre Rakkaouis, où les femmes sont les plus actives. Ruqia participe au mouvement Haquna – « notre droit » – qui ne veut ni de la tyrannie du clan Assad ni des groupes islamistes armés présents dans la ville.

Au fil des jours, l'un de ces groupes, l'EI, chasse les autres et impose son ordre totalitaire : voiles et niqabs noirs pour les femmes, crucifixions, décapitations, flagellations en public. Ruqia connaît certains des admirables citoyens-journalistes associés sous l'appellation RBSS – *Rakka is Being Silently Slaughtered* (« Rakka est massacrée dans le silence »). Au péril de leur vie, ciblés par l'EI, ils transmettent tout ce qu'ils peuvent de la vie à Rakka.

Les amis de Ruqia lui disent qu'elle prend trop de risques avec ses posts. Elle est arrêtée à l'été 2015, en juillet ou en août. À partir du 25 juillet, elle ne « poste » plus rien sur Facebook, mais sa page reste ouverte – peut-être pour piéger ses correspondants. Elle est détenue à Rakka, semble-t-il. L'EI l'accuserait d'« espionnage ». Sa famille se rend à la prison tous les jours, mais ne sera jamais autorisée à voir Ruqia.

Les mois passent. Début janvier, un de ses frères prend à nouveau contact avec les hommes de l'EI. On lui répond que sa sœur a été exécutée avec cinq autres femmes. Quand ? Pas de précision. Comment ? Pas de précision. Mais l'EI s'est refusé à rendre le corps à la famille.

Peut-être y aura-t-il un jour une plaque, quelque part dans Rakka libérée, à la mémoire d'une jeune femme qui a défié les petites frappes de l'EI et qui portera ce nom : Ruqia Hassan Mohammed.

18 mars

Barack Obama et la Syrie

Ce vendredi 30 août 2013 en fin d'après-midi, Barack Obama et son chef de cabinet se promènent dans les jardins de la Maison Blanche. Denis McDonough est un ami et l'un des plus vieux collaborateurs du président. Les promenades comptent en diplomatie – il faudra un jour faire l'histoire des grandes décisions acquises entre gazon et bosquet de roses. Obama parle de la Syrie. Il est sur le point d'intervenir, mais il est taraudé par le doute. Il veut tester son jugement.

Dix jours plus tôt, les forces de Bachar al-Assad ont utilisé des armes chimiques contre une banlieue de Damas tenue par la rébellion. Saisis dans leur sommeil, 1 429 civils syriens sont décimés au gaz sarin. Washington n'a aucun doute sur l'origine de l'attaque.

À l'été 2012, Obama avait fixé une « ligne rouge » : l'usage d'armes chimiques changerait « l'équation » syrienne pour les États-Unis. Ils ne pourraient pas rester dans la posture de non-intervention militaire directe décidée par la Maison Blanche. Mais ce 30 août, après quarante-cinq minutes de promenade dans le parc, Obama fait marche arrière – soudainement. Tant pis pour la « ligne rouge », il n'y aura pas d'intervention. Cette décision va marquer sa présidence, pour l'histoire. Elle restera comme le symbole, la « signature » de sa politique étrangère.

Ce 30 août, Obama a été jugé pour la postérité, écrit Jeffrey Goldberg dans le mensuel *The Atlantic* d'avril. Pour les uns, le 44e président, inepte, a sonné la fin de l'Amérique en tant que superpuissance indispensable. Pour les autres, Obama, inspiré, a regardé en face l'enfer proche-oriental et il a sagement refusé de sauter dans les flammes. Le président a confié ses raisons au journaliste.

Il s'est expliqué au cours de nombreuses heures d'entretien dont Goldberg a tiré un article de 70 pages. C'est un plaidoyer *pro domo* de la part d'Obama, mais aussi un document fascinant sur sa vision du monde et de l'Amérique dans le monde. Tout au long, il y a le traumatisme des aventures guerrières des États-Unis en Afghanistan et en Irak, sans fin ni victoire. La plaie a été ravivée par l'intervention américano-britannico-française en Libye qui, déclenchée pour protéger la population de Benghazi, s'est transformée en exercice de changement de régime par la force à Tripoli. Elle a créé un abyssal vide de pouvoir et se solde par un véritable « merdier » – le mot du président –, qu'exploitent les djihadistes.

Pour Obama, tout engagement militaire en Syrie présente le risque d'un engrenage similaire. Il n'en veut pas. Dans la matinée de ce fameux 30 août, le secrétaire d'État, John Kerry, répétait que la crédibilité du président était engagée, celle des États-Unis aussi. Les alliés de Washington dans le monde arabe, notamment à Riyad, en Europe et ailleurs n'en doutaient pas. Au bord du Potomac, l'ensemble de l'« establishment » en politique étrangère, républicain ou démocrate, affirmait : Obama ne peut pas ne pas réagir.

Cet unanimisme relève de ce qu'Obama appelle le « manuel » de politique étrangère à Washington, une sorte de bible que tout président devrait suivre pour entretenir le leadership de l'Amérique. Il n'y croit pas. Il veut se libérer de ces règles fétichisées. Cette affaire de « crédibilité » ne le convainc aucunement : « Larguer des bombes sur quelqu'un pour prouver que vous êtes capable de larguer des bombes, c'est la pire des raisons pour user de la force. » Nombre de ses prédécesseurs ont toléré l'usage des armes chimiques au Moyen-Orient.

La crédibilité auprès des « alliés ». Quels alliés ? Obama stigmatise ces régimes sunnites qui veulent embarquer les États-Unis dans leurs « guerres tribales ». Il tonne contre ces monarchies qui, comme l'Arabie saoudite, ont « wahhabisé » l'islam, semant dans toute la région, en Afrique et en Asie, la peste du djihadisme. Est-il « dans l'intérêt des États-Unis » d'être sur tous les sujets « automatiquement » aux côtés de ces alliés-là ?

« J'ai dit : pause »

Il réfute l'argument d'une prétendue faiblesse affichée, la sienne, qui aurait incité Vladimir Poutine à s'emparer de la Crimée : c'est sous le mandat de George W. Bush, pourtant très porté sur l'emploi de la force, que Poutine a envahi une partie de la Géorgie… Cette perception que « la crédibilité de l'Amérique est [toujours] en question », elle est le produit d'une pensée dominante stratégique dont il a voulu se « libérer ». « J'ai dit : pause. On réfléchit. J'ai voulu m'extraire des pressions […], ce fut une décision difficile à prendre », ce 30 août, « elle m'a coûté politiquement, mais c'était la bonne décision ».

Sur proposition russe et parrainage de l'ONU, le stock d'armes chimiques syrien a été, plus ou moins, neutralisé. Mais Bachar ? L'administration démocrate, qui avait annoncé en 2011 sa chute rapide, s'est trompée. Obama avait tancé le dictateur : il doit partir. Qu'a-t-il fait pour le forcer au départ ? Réponse : si nous formulons une condamnation morale contre un régime, cela ne nous oblige pas ensuite à intervenir dans ce pays, pour en changer le gouvernement, ce serait « loufoque ».

Il a attendu le printemps 2014 pour prendre l'État islamique au sérieux. Il se décrit comme un internationaliste réaliste. Cynique ? Il a observé avec un relatif fatalisme l'immense tragédie syrienne. Goldberg résume : Obama a fait le pari que l'Amérique avait plus à perdre qu'à gagner en intervenant dans ce drame. Il est pessimiste sur un Moyen-Orient incapable de sortir d'interminables guerres « tribales ». Il pense que le leadership de l'Amérique se joue davantage en Asie et en Afrique, là où les hommes sont occupés à bâtir leur avenir plus qu'à s'entre-tuer. Il n'en démord pas : le 30 août, dans le jardin de la Maison Blanche, il a arrêté « la bonne décision ».

25 mars

Bruxelles : le fléau moyen-oriental

Les guerres libanaises ont duré quinze ans, presque sans interruption. En moyenne, une guerre civile dure sept ans, dit Monica Duffy Toft, professeure à Oxford. Personne n'imagine que la Syrie et l'Irak redeviendront des États viables avant plusieurs années. En Europe, le terrorisme islamiste, même s'il a des causes propres, se nourrit des drames du Moyen-Orient. Il s'inscrit dans un temps long parce qu'il est lié à la décomposition de cette région.

Pour les démocraties européennes, le plus dur à admettre est là : une épreuve qui dure. On s'installe dans une crise sans solution immédiate sous la double pression des terroristes et des partis protestataires – ceux qui, comme le Front national français ou l'Américain Donald Trump, vendent des solutions miracles, de l'huile de serpent pour soigner un cancer. Entre ces deux-là, les terroristes et les protestataires, une course de vitesse a commencé. Il n'est pas sûr que toutes les démocraties y résistent avec une égale vertu.

On ne sait pas s'il y a un centre opérationnel de l'organisation État islamique (EI), basé quelque part entre Mossoul et Rakka, qui commanditerait en direct la violence en Europe. C'est peu probable. Mais il y a bien un lien entre les attentats de Bruxelles et les guerres du Moyen-Orient. Il relève de la physique la plus élémentaire ou de la simple géographie. Cet Orient proche est notre voisinage, impossible d'échapper à ses tourments – guerres, flux migratoires et terrorisme.

Dans la revue en ligne *Orient XXI*, Peter Harling, l'un des conseillers de l'International Crisis Group, s'étonnait : « L'Europe a voulu traiter les conflits irakiens et syriens comme s'ils se situaient à l'autre bout de la planète. » Ils sont à côté de nous, chez nous, quand nous n'en sommes pas l'un des acteurs (en participant à des opérations de bombardement ou plus directement encore, comme ce fut le cas en Libye).

La gangrène de l'EI

Avant de gangrener la Syrie, l'EI a prospéré sur l'implosion de l'Irak provoquée par l'intervention américaine de 2003. Le djihadisme est l'enfant de ce traumatisme. Il est le produit d'une société en miettes où les clivages religieux au sein de l'islam ont pris le pas sur la notion de citoyenneté. Du temps de Saddam Hussein, les Arabes sunnites, minoritaires, avaient le pouvoir. Aujourd'hui, ce sont les chiites, majoritaires, qui l'exercent, de façon aussi sectaire que le faisaient leurs prédécesseurs à l'époque du parti Baas. En gros.

Formé d'anciens baasistes et de transfuges d'Al-Qaida – charmant mélange –, l'EI s'est emparé de la deuxième ville irakienne, Mossoul, à l'été 2014, et multiplie aujourd'hui les attentats à Bagdad. La situation est différente en Syrie, mais, là aussi, l'État est plus ou moins ramené à une secte, la notion de citoyenneté singulièrement ébranlée, et la fracture entre les minorités et la majorité sunnite est l'un des éléments de la tragédie. Dans le chaos de la guerre civile, l'EI a notamment conquis la ville de Rakka, qui, avec Mossoul, constitue l'un de ses deux fiefs.

L'opinion européenne s'interroge : pourquoi ne pas écraser sous les bombes ces deux villes et détruire ainsi ce qui constitue la structure para-étatique de l'EI ? Réponse : parce que l'EI se reconstituerait ailleurs. La question n'est pas tant de reprendre ces villes, majoritairement sunnites, que de les administrer par une autorité acceptée – qui, en l'espèce, ne peut être que sunnite. Tant que les sunnites d'Irak et de Syrie n'auront pas le sentiment d'avoir la part de pouvoir qui leur revient à Bagdad et à Damas, le djihadisme aura de l'avenir : il continuera à se faire passer pour le protecteur des sunnites.

Ce n'est que l'un des facteurs du chaos irako-syrien. Mais il exprime bien la difficulté de la situation. Il s'agit de reconstruire des États fondés sur des régimes disposant d'un minimum de légitimité. Cela prendra du temps. La tâche est d'autant plus difficile que les clivages sont aussi régionaux : les monarchies sunnites, Arabie saoudite en tête, et la Turquie de Recep Tayyip Erdogan appuient l'extrémisme sunnite ; l'Iran, chiite, défend le gouvernement chiite de Bagdad, assure la survie du régime de Damas et mobilise ses alliés chiites dans le monde arabe. Les uns et les autres entretiennent la violence.

Les métastases de ce séisme régional ne peuvent pas ne pas gagner la proche Europe. Le délire nihiliste et totalitaire de l'EI séduit certaines marges musulmanes européennes. Comme à Molenbeek, tout se mélange : romantisme révolutionnaire, grande criminalité et folie meurtrière inspirée des jeux vidéo. L'Europe est immédiatement concernée. Quelque 5 000 à 6 000 Européens sont dans les rangs de l'EI. Certains pays, la France et le Royaume-Uni, ont, d'une manière ou d'une autre, parfois joué un rôle, même mineur, dans les drames moyen-orientaux en cours.

Début février, le politologue Jean-Pierre Filiu confiait sa consternation à la Fondation Schuman : « L'Union européenne a été incapable de penser une situation aussi révolutionnaire que celle que traverse le monde arabe depuis 2011 [...]. Nous assistons à un effondrement stratégique d'une importance aussi vitale pour la sécurité de l'Europe et son devenir que la chute du mur de Berlin en 1989. Quelle est la vision d'avenir ? Quelle est la démarche collective ? Où sont les moyens mobilisés ? »

Le terrorisme en Europe est l'un des produits dérivés de cet « effondrement » moyen-oriental. Mais avec les monarchies sunnites, l'Europe commerce et, aujourd'hui, elle s'apprête à faire de même avec l'Iran. Il ne lui vient pas à l'idée d'user de son poids économique pour inciter les parrains de la tourmente irako-syrienne au dialogue régional. Ce serait pourtant l'un des moyens d'enrayer en partie la spirale terroriste.

8 avril

Démocratie, nostalgie

À la Bourse des modèles politiques, la démocratie libérale est en baisse. Le monde est moins démocratique qu'il ne l'était il y a dix ou vingt ans. Dans les démocraties elles-mêmes, la marée reflue aussi : certains pays deviennent moins libres. Vent mauvais, un vieux tropisme autoritaire rôde, de-ci de-là, au Sud et au Nord. En un petit quart de siècle, le baromètre de l'histoire semble avoir changé de cap.

Il y a vingt-cinq ans, on célébrait la chute du mur de Berlin. Nelson Mandela sortait de prison. Le Chilien Augusto Pinochet commençait à passer la main. À Moscou, Mikhaïl Gorbatchev levait le couvercle : les satellites de l'URSS prenaient leur liberté. À Washington, vieux combattant de la guerre froide, le président George H. W. Bush saluait « des changements de proportions bibliques ». Un jeune homme de 43 ans, baby-boomer jouisseur, Bill Clinton, allait lui succéder.

Horizon politique indépassable

« On avait l'impression que c'était la fin d'une époque de répression et d'autocratie », confie, nostalgique, un des plus prometteurs jeunes historiens britanniques, Peter Frankopan, chercheur à l'université d'Oxford. « Partout dans le monde, des dictatures étaient balayées », écrit-il dans le *Financial Times*. Tout était lié, le modèle démocratique comme horizon politique indépassable et la croissance économique en bonus. L'ensemble était porté par la révolution technologique et l'ouverture des frontières. Les conseillers économiques de Clinton pensaient même avoir trouvé la martingale pour abolir les cycles en économie : il n'y aurait plus que des « hauts ».

Dans la presse, on y croyait, on gobait volontiers : faites sauter les bouchons ! On traversa nombre de guerres et d'aventures guerrières – des Balkans aux attentats de 2001 en passant par l'Afghanistan et l'Irak – sans pour autant douter, comme l'écrit Frankopan, que « la démocratie libérale allait triompher, s'imposer comme le système politique idéal par excellence ». L'histoire était à sens unique, risquait le professeur américain Francis Fukuyama.

Il faut déchanter. Élections libres, séparation des pouvoirs, indépendance de la presse et de la justice, libertés publiques, ce qui compose la mécanique compliquée d'une démocratie libérale, tout cela est à la baisse. L'attractivité du modèle est contestée, rapporte Freedom House. Cette ONG surveille les évolutions de la pratique démocratique dans 195 pays. « 2015 a marqué la chute de la liberté en général pour la dixième année d'affilée », note-t-elle dans son dernier rapport, fin janvier. Seuls 43 pays ont avancé ; dans 105 autres, les libertés reculent. C'est vrai dans les économies émergentes, où le modèle autocratique domine et progresse. C'est vrai aussi dans le monde occidental, où le modèle libéral régresse.

La « tentation autoritaire », que pointait récemment Jean-Claude Guillebaud dans *L'Obs*, reprenant une formule du politologue Yves Sintomer, n'épargne ni les États-Unis ni l'Europe. Elle sort sa vilaine tête de gorgone sous les traits d'un Donald Trump outre-Atlantique. Elle affleure chez les démagogues ultranationalistes antieuropéens, au pouvoir ou aspirant à y accéder. Les uns et les autres sont les exploitants en chef de ce qu'un freudien appellerait volontiers aujourd'hui : « malaise dans la mondialisation ».

Le Donald vante les mérites de la torture, stigmatise les minorités, méprise les corps intermédiaires et promet l'organisation d'une rafle policière monstrueuse pour chasser du pays

11 millions de travailleurs illégaux. En Europe, les Viktor Orban à Budapest, Jaroslaw Kaczynski – le chef de la formation au pouvoir, le parti Droit et justice – à Varsovie, instaurent une forme de « démocratie illibérale » à la mécanique assez simple. Il y a bien des élections et elles sont libres, assurément. Mais le scrutin passé, le gagnant prend tout : mainmise sur la justice, fonction publique à la botte, radio et télévision publiques aux ordres.

Ce qui est rejeté, c'est l'horlogerie compliquée des pouvoirs et contre-pouvoirs, cette manière de faire coexister plusieurs vérités pour accoucher de ce miracle éminemment démocratique : le compromis. La Turquie de Recep Tayyip Erdogan est en bonne voie sur ce chemin. Mais le produit le plus accompli, le mieux fini, reste la version moscovite. Tout naturellement, Vladimir Poutine est l'idole des partis protestataires de l'ultra-droite européenne, notamment du Front national, et Trump révère le président russe.

Précieuse conquête

Limitons la question : pourquoi cette délégitimation du modèle libéral dans le monde occidental ? Elle prend la forme d'une contestation générale des élites. Commentateurs et essayistes anglo-saxons privilégient une piste : l'économie. Associé, confondu à la mondialisation économique, le modèle n'a pas tenu ses promesses. Flux migratoires incontrôlés, croissance anémique, destructions d'emplois et de statut, crise de 2008, échelle sociale bloquée, etc. Le modèle politique démocratique libéral suppose des classes moyennes dynamiques – pas traumatisées par la globalisation.

Peut-être quelque chose de plus profond est-il à l'œuvre. Tel qu'il est incarné par le centre gauche – la social-démocratie –, le modèle est l'aboutissement d'un approfondissement constant des libertés individuelles. Il est le stade le plus avancé d'un mouvement d'affranchissement libertaire, qui explose dans la contestation des années 1960, de Berkeley à Londres, en passant par Paris et Berlin, et arriverait en bout de cycle, faute d'ambition collective. Peut-être. Il n'en serait pas moins irresponsable de céder à l'illusion autocratique ou de rester sans réaction face à cette érosion continue du modèle démocratique libéral. Cette vieille, lente et précieuse conquête est moins garantie que jamais.

15 avril

Obama et le désastre israélo-palestinien

Passivité, fatalisme, défaitisme ? Entre Israéliens et Palestiniens, l'Amérique n'exerce plus aucune médiation. Elle ne cherche pas même à faire semblant. Dans ce conflit, les États-Unis disaient assurer, depuis vingt-six ans, le rôle d'« honnête intermédiaire ». C'en est fini de cette ambition. La présidence de Barack Obama aura entériné un mouvement amorcé depuis les années 1990 : Washington abandonne, *de facto*.

Pour tenir le rôle avec une chance de succès, il faut tordre le bras des uns et des autres. La Maison Blanche ne veut plus le faire. La position de départ de l'Amérique a changé. Elle se refuse *a priori* à la moindre contrainte sur Israël. L'air attristé, « Barack le fataliste » adopte une posture d'impuissance et dit à ses alliés israéliens : vous allez dans le mur, mais je laisse faire.

Depuis trop longtemps, Washington tolère la politique de la droite israélienne – l'accroissement continu des colonies en Cisjordanie. Ce n'est pas une approbation, plutôt un acquiescement résigné à l'annexion rampante de ce territoire palestinien.

Fin mars, devant la conférence annuelle du lobby israélien américain – l'American Israel Political Affairs Committee (Aipac) –, la plupart des candidats au scrutin présidentiel de novembre ont renchéri sur cette nouvelle ligne. Il ne faut plus rien « imposer » à Israël. L'Aipac se veut un groupe de pression bipartisan, mais il a glissé vers la droite. Il s'est aligné sur la rhétorique de la majorité ultranationaliste de Benyamin Nétanyahou. Dans ses composantes les plus radicales, elle récuse la création d'un État palestinien aux côtés d'Israël. Sa priorité est au contraire de mener une politique active de colonies en Cisjordanie.

Outre-Atlantique, le Parti républicain y adhère d'autant plus volontiers qu'il est, depuis vingt-cinq ans, sous l'influence de chrétiens fondamentalistes. Ceux-là puisent dans la lecture de la Genèse l'une de leurs convictions : le Messie reviendra sur Terre lorsque les Juifs auront repeuplé la Judée et la Samarie (appellation biblique de la Cisjordanie, territoire palestinien qu'Israël occupe depuis 1967). Conclusion : vive les colonies ! La droite chrétienne républicaine américaine est devenue l'une des composantes du mouvement des colons israéliens.

« La pire chose arrivée à Israël »

Devant la conférence annuelle de l'Aipac, fin mars à Washington, les candidats républicains ont collé à la ligne de la majorité au pouvoir à Jérusalem. Ils ont été au-delà de la réaffirmation de l'alliance stratégique et affective entre Israël et les États-Unis. Ni Ted Cruz ni Donald Trump n'ont dénoncé la poursuite de la colonisation. Ils ont stigmatisé la « rhétorique de haine » entendue chez les Palestiniens.

Plus pro-Nétanyahou que « Bibi », ils ont juré qu'ils auraient pour priorité, une fois à la Maison Blanche, de démanteler l'accord sur le nucléaire iranien conclu par l'administration démocrate. La salle a ovationné Donald Trump quand il a lancé que Barack Obama « a été la pire chose qui soit jamais arrivée à Israël ». Le lendemain, la présidente de l'Aipac, Lillian Pinkus, a présenté ses excuses à la Maison Blanche. Mais sur la question palestinienne, la démocrate Hillary Clinton ne s'est guère distinguée de ses concurrents républicains. La paix n'est pas une priorité. À peine signale-t-elle que ladite paix suppose que « chacun fasse un bout de chemin en évitant des actions dommageables, y compris en ce qui concerne les implantations ».

L'unique note de discorde est venue de Bernie Sanders, le seul des candidats à être juif. Il dénonce la corruption de la politique américaine par les groupes de pression qui financent les campagnes électorales. Il n'est pas allé à la conférence de l'Aipac. Il a dit que sa profonde amitié pour Israël lui imposait de condamner radicalement la politique de Nétanyahou en Cisjordanie. Son geste confirme une prise de distance d'une partie de la communauté juive à l'égard de l'Aipac. Représentant 1,5 % des électeurs environ, les Juifs américains votent démocrate – et, deux fois de suite, ils ont majoritairement donné leurs voix à Barack Obama.

Première secrétaire d'État du président, Hillary Clinton n'a rien fait sur le Proche-Orient. Son successeur, John Kerry, lui, s'est battu. En vain. Barack Obama quittera la Maison Blanche sans avoir fait progresser la paix. Il a musclé la coopération sécuritaire entre Israël et les États-Unis, mais baissé les bras devant la poursuite des implantations. Dans le *New York Times* du 10 avril, l'historienne Lara Friedman pointe cette réalité comptable : les États-Unis condamnent de moins en moins la colonisation de la Cisjordanie. À regret, l'Amérique prend son parti d'une politique qu'elle juge tragique, mais qu'elle estime ne pas pouvoir contrer – comme osèrent le faire, en leur temps, Ronald Reagan et George Bush senior.

Devant l'Aipac, le vice-président, Joe Biden, a été très franc. En Cisjordanie, « l'extension continue et systématique des colonies, la saisie des terres », a-t-il dit, tout cela « mine la perspective de la solution dite des deux États » que prône Washington. « Tel est mon point de vue, a-t-il ajouté. Je sais que ce n'est pas celui de "Bibi". » Complicité *de facto* ou impuissance assumée ?

22 avril

Libre-échange : la leçon américaine

Voilà une sorte de grand *mea culpa*. La campagne électorale aux États-Unis résonne, chez les économistes les plus en vue, comme un acte de contrition. Oui, nous nous sommes trompés sur les mérites du libre-échange international. Non, le « doux commerce », cher à Montesquieu, n'est pas forcément gagnant-gagnant.

Il y a des ratés, d'énormes dommages collatéraux. Même les vestales de la *doxa* libérale que sont le *Wall Street Journal* ou les britanniques *The Financial Times* et *The Economist*, parmi d'autres, en conviennent aujourd'hui. C'est nouveau. On ne pensera plus le libre-échange – la mondialisation commerciale – de la même façon après cette campagne. Donald Trump, chez les républicains, Bernie Sanders, pour les démocrates, ont porté une critique qui a trouvé un écho profond dans la population.

Cette critique dépasse l'économie. Elle fait confusément partie d'un mouvement de défiance rampant face à la mondialisation et à la porosité accrue des frontières – flux migratoires, concurrence commerciale et mouvements de capitaux incontrôlés. Stigmatiser un « populisme » régressif ne sert à rien. Mieux vaut s'interroger sur les causes profondes d'un coup de gueule populaire qui se fait entendre des deux côtés de l'Atlantique. De quoi parle-t-on ? Sans doute d'un sentiment de vulnérabilité croissant lié à l'impact du couple révolution technologique/mondialisation des échanges. On en connaît certains effets : hausse des inégalités et stagnation des revenus moyens.

Hommage rétroactif aux marginaux qui osèrent émettre des réserves sur les mérites absolus de la poussée libre-échangiste du dernier quart de siècle : prémonitoires, leurs avertissements font aujourd'hui partie de la « pensée dominante ». Ancien secrétaire au Trésor du temps de Bill Clinton, professeur d'économie à Harvard, Larry Summers parle, dans le *Financial Times*, d'une remise en cause de l'orthodoxie des vingt-cinq dernières années. Éditorial du *New York Times* du 4 avril : aux États-Unis, « nous avons permis aux gagnants de la mondialisation d'en empocher tous les bénéfices, ne laissant que des miettes aux perdants [...] comme M. Sanders le dit avec raison ».

« Le libre-échange commercial a toujours créé des perdants, le problème aujourd'hui est qu'ils sont plus nombreux que les gagnants », écrit Philip Stephens dans le *Financial Times*. Il ajoute : « Il n'y a vraiment rien de populiste à relever que la globalisation a vu le 1 % [des plus riches] s'emparer d'une part toujours plus grande de la richesse créée. » Temple de la pensée libre-échangiste, *The Economist* convient que les économistes sont partagés sur les bienfaits universels d'une libéralisation commerciale toujours plus avancée. « Alors, le temps du protectionnisme serait-il revenu ? » interroge, dans le *New York Times*, Paul Krugman, prix Nobel d'économie en 2008.

Sa réponse est un « non » catégorique. S'il y a un consensus chez nos auteurs anglo-saxons – le spectre va des libéraux aux sociaux-démocrates –, il tient en quelques conclusions. La première est que la mondialisation progressive de l'économie depuis 1945, notamment sous la forme du désarmement douanier, a été un prodigieux facteur d'enrichissement – pour tout le monde. Entre le Nord et le Sud, l'égalité a progressé. La deuxième est qu'il ne servirait à rien d'ériger à nouveau des barrières tarifaires, comme le propose Trump, pour sauver l'emploi industriel aux États-Unis. Les grands produits manufacturés les plus courants sortent de chaînes de production transnationales. On ne reviendra pas là-dessus : il n'y aura pas de relocalisations industrielles massives au profit du Nord. Enfin, la troisième conclusion est que la mondialisation est là pour durer. Portée par la technologie, elle est le moteur de l'expansion du Sud, dont le Nord a besoin des marchés et n'y a accès que parce qu'il ouvre les siens.

Un nouvel État-providence

Mais s'il est là pour durer, le libre-échange est, au Nord, en quête d'une nouvelle légitimité. Les succès du grand mouvement protestataire qui se lève en Europe comme aux États-Unis – sous des formes diverses – conduisent les tenants de la pensée économique dominante à confronter cette réalité : au Nord, l'ensemble mondialisation/nouvelles technologies/émergence de la Chine a provoqué des ravages – inégalités, chômage, tassement des revenus moyens. L'opinion européenne ou américaine ne gobera plus la faribole qu'on lui a vendue il y a vingt ans : les emplois industriels détruits au Nord seront compensés par la création de « jobs » aussi bien rémunérés dans les services. Cela s'est révélé faux.

Le travail de référence le plus cité est celui de trois économistes en vogue. David Autor, David Dorn et Gordon Hanson étudient l'impact de la concurrence chinoise sur le marché du travail dans les bastions industriels des États-Unis. La destruction d'emplois a été immédiate. « L'ajustement » promis – une offre de travail parallèle naissant dans les services – ne s'est pas fait. Durant une décennie, voire plus, l'emploi détruit n'est pas compensé et le taux de chômage reste maximal.

Le danger est celui d'une réaction protectionniste. Elle nuirait aux économies européenne et américaine, empêcherait une nouvelle génération d'accords de libéralisation commerciale portant sur l'imposition d'un minimum de normes sociales et environnementales. Le remède suppose de mettre en œuvre des politiques visant non à « protéger » les frontières, mais à « protéger » les gens, ceux qui sont le plus menacés par la mondialisation. C'est un nouvel État-providence à inventer, adapté aux nouvelles fragilités sociales créées par une irréversible intégration économique. Ce devrait être le chantier de la gauche.

20 mai

L'Amérique et l'état de guerre

Afghanistan, Irak, Syrie... ou la guerre sans fin. En politique étrangère, la campagne électorale américaine est monomaniaque. Elle tourne autour d'une question : pourquoi l'Amérique est-elle sans cesse en train de guerroyer au Grand Moyen-Orient ? Paradoxe : l'Amérique aimerait tellement se désengager. Ancien colonel au Vietnam, diplômé de West Point, l'historien Andrew J. Bacevich tient les comptes. Dans son dernier livre, *America's War for the Greater Middle East* (Penguin Random House), il observe : « De la fin de la Seconde Guerre mondiale à 1980, pratiquement aucun soldat américain n'a été tué en opération dans cette région. » En jargon pentagonien, le Grand Moyen-Orient s'étend du Maroc à l'Afghanistan. Depuis les années 1980 ou, plus encore, 1990, « aucun soldat américain, quasiment, n'a été tué ailleurs qu'au Grand Moyen-Orient », poursuit Bacevich.

La campagne se soucie peu des complexités moyen-orientales. Nécessité de la communication médiatique, elle a simplifié l'équation, ramenée à une seule et pressante interrogation : pourquoi n'avons-nous pas encore écrasé l'organisation État islamique (EI) ? Si l'Amérique est vraiment « en guerre » contre l'EI, il faut y mettre les moyens. Donald Trump, assuré d'être le candidat républicain, stigmatise la timidité de l'engagement de Barack Obama.

Trump ne veut pas envoyer de troupes au sol. Mais il se donne quelques semaines pour pulvériser sous les bombes les deux fiefs de l'EI, Rakka, en Syrie, et Mossoul, en Irak. Il penche pour des raids aériens massifs. Tant pis si la cause du radicalisme sunnite est renforcée par les dizaines de milliers de victimes civiles qui s'ensuivraient : Trump n'entre pas dans ces « détails ». Côté démocrate, Bernie Sanders et Hillary Clinton sont plus prudents. L'ex-secrétaire d'État passe pour être plus interventionniste que le président. Elle était favorable à des livraisons d'armes importantes aux plus modérés des rebelles syriens. Et défendait l'idée d'une zone de protection aérienne américaine le long de la frontière turque. À demi-mot, Clinton flirte avec une critique de la politique d'Obama très répandue chez les grands sachems des questions internationales à Washington : trop de réticence à l'emploi de la force au Moyen-Orient, même si personne ne veut d'engagement au sol.

L'entourage du président a beau jeu de faire valoir que l'« establishment » de politique étrangère a vite oublié les leçons de la désastreuse aventure irakienne de 2003. L'intervention armée américaine a ouvert un chapitre de chaos sanglant qui ravage encore la région et nourrit la bête djihadiste. L'outil militaire n'est pas l'instrument le plus performant pour assurer la défense des intérêts américains au Moyen-Orient. D'où la prudence de l'approche obamienne, cette sorte de « ni-ni » : ni retrait complet ni engagement militaire massif. En corollaire, cette impression d'une situation guerrière permanente, de bataille jamais vraiment perdue, mais jamais vraiment gagnée non plus.

Pour l'expliquer, Bacevich revient sur l'année 1979, période charnière dans l'histoire des relations entre les États-Unis et le Grand Moyen-Orient. Le renversement du chah d'Iran, allié de l'Amérique, marque la première victoire d'une révolution menée au nom de l'islam. Afin de lutter contre l'intervention soviétique en Afghanistan, les États-Unis s'appuient sur le radicalisme islamiste – manière d'en assurer la promotion.

L'obsession Saddam Hussein

1991 marque une autre date importante. Les États-Unis chassent l'Irak du Koweït. C'est tout à la fois la fin du « syndrome vietnamien », c'est-à-dire la confiance retrouvée dans la force militaire, et le début de l'obsession Saddam Hussein. Celle-ci va conduire George W. Bush à la tragique intervention de 2003, dans la foulée des attentats de 2001. Mais cette manière d'être obnubilé par la personne d'un dictateur est aussi à l'origine des errements de la politique américaine au Moyen-Orient.

Elle masque la complexité des situations locales. La diabolisation de Saddam Hussein par les néoconservateurs débouche sur une formule magique : ça va mal parce qu'il y a un dictateur ; ça ira bien quand on l'aura chassé. La rhétorique du « changement de régime » justifie l'intervention armée. Tout cela est magistralement raconté par l'Irlandais Patrick Cockburn, dans un nouveau livre, *Chaos and Caliphate : Jihadis and the West in the Struggle for the Middle East* (OR books) – « Le chaos et le califat, djihadistes et Occidentaux dans la bataille pour le Moyen-Orient ».

Cockburn, dont le quotidien en ligne *The Independent* diffuse de larges extraits du livre, est l'un des meilleurs journalistes sur la région. Prose limpide, reportages intrépides, analyses percutantes, il incrimine cette façon occidentale de réduire le malheur d'un pays au tyran qui le dirige – fût-il aussi monstrueux qu'un Saddam Hussein en Irak ou qu'un Bachar al-Assad en Syrie. Là est également la source des désillusions occidentales sur les « printemps arabes », juge-t-il : trop souvent, « il y avait cette conviction, partagée par les opposants nationaux, entretenue par les puissances étrangères occidentales et par les médias », que toutes les difficultés d'un pays « pouvaient être attribuées à la monstruosité du régime ».

Mais, si le régime n'arrange rien, les pathologies sont plus profondes, ancrées dans des histoires tourmentées, exacerbées par des lignes de fracture ethniques et religieuses. Ce sont des maux à évolution lente pour lesquels l'intervention militaire extérieure est rarement une réponse. « En quelques semaines », le commandant en chef Trump raserait peut-être deux villes dans la vallée de l'Euphrate. Mais le djihadisme survivra à l'EI. Et au mégalomane new-yorkais.

10 juin

Chrétiens d'Orient, la survie

Ils sont arabes. Ils ont leur place sur cette terre arabe. Ils étaient là des siècles avant l'islam, avant les croisés, avant la déferlante des missionnaires européens envoyés en Orient par Rome. Leur légitimité historique ne se discute pas : elle est « aussi forte que celle de toute autre minorité ou majorité ». Ces lieux sont ceux de leurs aïeux depuis des temps immémoriaux.

Combatif, le directeur de L'Œuvre d'Orient, Mgr Pascal Gollnisch, ne baisse pas pavillon. La cause des chrétiens arabes est la sienne – et celle de L'Œuvre, créée il y a un siècle et demi pour défendre cette autre chrétienté. Le christianisme est né au Moyen-Orient, il est une religion « d'abord orientale ». Mais les temps sont tragiques là-bas.

Dans l'immense plaine de Ninive, en bordure nord de l'Irak, dans ce paysage de rocaille et de terre fauve, les chrétiens sont martyrisés. Ils disparaissent d'un des hauts lieux de la chrétienté. La soldatesque du prétendu État islamique vide l'un des berceaux du christianisme de sa population. L'historien Jean-François Colosimo avertit : « Se déroule sous nos yeux une révision de l'Histoire… une catastrophe de civilisation sans précédent. »

Il faut héberger les rescapés, bien sûr. Mais Mgr Gollnisch, nommé à la tête de L'Œuvre par le cardinal André Vingt-Trois, a une autre priorité, à moyen terme. Les chrétiens du Proche et du Moyen-Orient doivent rester sur place, sauf à entériner la « catastrophe de civilisation » que serait leur départ. Il s'en explique dans un livre tout juste publié : *Chrétiens d'Orient. Résister sur notre terre* (Le Cherche Midi éditeur).

Le refus du pessimisme

Didactique, il retrace l'histoire des Églises d'Orient dans leur concurrente diversité théologique. Il raconte leur face-à-face avec l'islam au VIIe siècle, puis leur évolution au fil de l'histoire de la région : période ottomane, mandats européens, rêve déçu de l'émancipation panarabe (qu'ils partagèrent), enfin montée de l'islamisme militant (qui les menace). Des hauts et des bas, en permanence un statut compliqué dans un monde musulman où l'on n'est jamais tout à fait un citoyen à part entière quand on n'appartient pas à la religion d'État. Il y eut des temps d'exil et de persécutions, et des jours meilleurs aussi.

Mgr Gollnisch se refuse au pessimisme. Il y a toujours des millions d'Arabes chrétiens dans la région. Mais aujourd'hui, avec ce totalitarisme islamiste qui, dans sa bêtise crasse et criminelle, les assimile aux croisés, au colonialisme, à un Occident antimusulman, c'est leur existence physique qui est menacée. La vulgate débile et mortifère des petites frappes de l'État islamique (EI) et d'Al-Qaida court le Net. Et, entre le Tigre et l'Euphrate, dans ce Croissant fertile riche du judaïsme et de la chrétienté des premiers temps, entre les guerres de Syrie et d'Irak, entre les « capitales » de l'EI, Rakka et Mossoul, la barbarie fait son œuvre – elle chasse, viole, tue, détruit.

Chiffres d'un exode que présentait *La Revue des deux mondes* dans un remarquable numéro, en février 2015, exode qui s'est encore accru depuis : les deux tiers des chrétiens d'Irak sont partis, la moitié de ceux de Syrie. Est-ce « la fin des chrétiens d'Orient ? » interroge le cinéaste Didier Martiny, dont le documentaire-reportage, récemment diffusé sur Arte, dit tout de cette histoire malheureuse. On la retrouve dans *Peshmerga*, le road-movie que Bernard-Henri Lévy consacre à la drôle de guerre que mènent les combattants kurdes contre l'EI. Ils tiennent une ligne de front de plus de 800 kilomètres et, entre deux barrages d'artillerie, la caméra se pose – auprès d'une antique communauté chrétienne, à l'ombre des vestiges d'une présence juive, aux côtés d'une famille yézidie.

Dans le chaos moyen-oriental actuel, les minorités ne sont pas les seules victimes. Chiites ici, sunnites là, les majorités musulmanes paient le prix fort aussi. Seulement, la question des minorités est primordiale pour l'avenir de la région. Leur disparition, largement en cours dans le Moyen-Orient d'aujourd'hui, a porté un coup au monde arabe. La fin des chrétiens d'Orient, dit très bien Mgr Gollnisch, solderait pour la région une perte de substance déjà considérable.

Ce n'est pas seulement affaire d'éducation et de santé, où les chrétiens ont fait et font toujours beaucoup. Il existe trois écoles remarquables tenues par des religieuses dans la bande de Gaza – qui sinon elles ?

C'est affaire culturelle, spirituelle, politique. La question des minorités interroge l'aptitude de l'islam à la modernité démocratique. Le traitement des minorités définit l'islam : sa vocation temporelle tolère-t-elle un État, une citoyenneté, religieusement neutres ? Le directeur de L'Œuvre d'Orient nous dit : « Si on opprime une minorité, on le fera des autres et, au bout de cette logique, le groupe majoritaire devient totalitaire. »

Se battre pour le maintien des chrétiens d'Orient dans leurs pays, sur la terre de leurs ancêtres, surtout en ces temps, suppose d'imaginer les chemins d'une démocratie arabe. Laquelle ne revient pas, comme l'ont fait les Américains en Irak, à confier le pouvoir aux chiites pour la seule raison qu'ils sont la majorité. Il est plus important de construire une fonction publique distincte de la majorité politique, un État qui ne se confonde pas avec la tribu ou le clan au pouvoir, etc.

Obstacle à la réforme : il n'y a pas d'autorité institutionnelle dans l'islam sunnite. Mgr Gollnisch : « Je cherche encore l'espace, le lieu, où l'islam ouvre et traite la question de son rapport au monde contemporain, de son rapport présent aux autres communautés. » Il faudra bien trouver. La réforme de l'islam conditionne la survie des chrétiens d'Orient dans la lumineuse plaine de Ninive. Et ailleurs.

17 juin

Brexit et « plombier polonais »

Longtemps, il y eut des Polonais heureux ou bienvenus à Londres. Cela a commencé avec un gouvernement en exil au début de la Seconde Guerre mondiale. En 1982, le film de Jerzy Skolimowski, *Moonlighting* (*Travail au noir*), racontait les aventures d'une bande de pieds nickelés venue de Varsovie refaire un appartement dans un des quartiers les plus chics de la capitale britannique. Énorme succès. Même clandestins, les Polonais étaient accueillis à bras ouverts.

Puis vint la chute du Mur en 1989. En 2003, l'Union européenne (UE) s'élargissait à une dizaine de pays libérés du joug soviétique – dont la Pologne. La Grande-Bretagne n'était pas peu fière d'avoir ardemment milité pour cet élargissement. Elle célébrait l'accès des nouveaux arrivants à des libertés d'inspiration très « anglo-saxonne » : liberté de circulation et d'installation des ressortissants des pays membres au sein de l'UE, de circulation des biens, capitaux et services. Outre-Manche, le « plombier polonais » devenait un héros. Conservateurs ou travaillistes, il ne manquait pas de bons esprits à Londres pour stigmatiser les réticences « franchouillardes » à l'adresse dudit « plombier polonais ».

Fin de partie. Aujourd'hui, si l'on en croit les sondages, une majorité de Britanniques – 52 %, 54 %, selon les jours – trouve qu'il y a trop de plombiers polonais, roumains ou lituaniens dans le pays. C'est la majorité Brexit. Il faut reprendre la main sur la plomberie nationale, disent les chefs de la campagne « Leave ». Elle appelle à voter le 23 juin pour la sortie du Royaume-Uni de l'UE. Les « Leave » ont le vent en poupe. Ils gagnent sur un argument : l'immigration. Leur bataille se confond avec une campagne anti-immigration. Il faut quitter l'Union – et échapper ainsi à la liberté d'installation et de circulation en son sein.

Entrave à la souveraineté

Centre gauche, solidement pro-européen, l'hebdomadaire dominical *The Observer* dresse ce constat : « C'est l'attitude de l'opinion sur l'immigration qui fait courir les plus grands risques à l'appartenance du pays à l'UE. » « Depuis dix ans, et l'arrivée au Royaume-Uni d'une vague d'Européens de l'Est, écrit *The Observer*, le débat sur l'Europe est devenu ici inséparable de la question de l'immigration et du contrôle des frontières. » Le référendum du 23 juin est un vote sur l'immigration.

Mark Leonard, le patron du centre d'études European Council on Foreign Relations à Londres, va plus loin. « Si le débat porte sur l'immigration, la campagne "Leave" gagne. S'il tourne autour de l'économie, elle perd. » Elle a d'ores et déjà « perdu » au chapitre de l'économie. Elle est incapable de prouver que le Brexit ne se traduirait pas par une longue période d'incertitude économique – voire pire.

Parmi les autres arguments qu'elle avance, il y a celui de la souveraineté. Fantasmé, le super-État européen en voie de constitution à Bruxelles entraverait le libre exercice d'une souveraineté démocratique dont l'incarnation est la Chambre des communes. Pas très convaincant. Il n'y a aucune directive importante concoctée à Bruxelles qui n'ait été *a posteriori* ratifiée par les Communes. Chacune des grandes orientations de l'Union fait l'objet d'un accord au sein du Conseil européen, réunissant des gouvernements élus, dont celui du Royaume-Uni. Ce n'est pas son appartenance à l'UE qui a empêché Londres de participer à l'invasion de l'Irak. Le gouvernement de Tony Blair a agi en pleine souveraineté.

Mais le vote « Brexit » dépasse l'argumentaire rationnel. Il est affectif, il obéit à un besoin de patrie renouvelé, au malaise généré par la mondialisation des échanges, à un mal-être identitaire de ceux qu'elle malmène dans leur propre pays. Il réclame des frontières, symboliques et physiques. C'est en cela qu'il est lié à l'immigration. Le sujet a l'avantage d'être un vaste fourre-tout. Le thème de l'immigration emballe nombre des pathologies de l'époque.

Il permet de stigmatiser les élites, à juste titre en l'espèce. Britanniques ou bruxelloises, elles ont raconté n'importe quoi. En 2004, elles disaient que l'élargissement de l'UE à l'Est se traduirait par la venue de quelque 10 000 à 13 000 personnes par an au Royaume-Uni. Ce fut dix fois plus. L'année 2015 a marqué un record : 333 000 ressortissants étrangers – essentiellement polonais, roumains et lituaniens – ont franchi la Manche, portant à plus de 2 millions de personnes l'immigration est-européenne en Grande-Bretagne.

Hommage au dynamisme de l'économie britannique, certes. Mais d'autres y verront l'une des causes de la pression à la baisse sur les salaires, donc de la stagnation des revenus. Ils imputeront à l'immigration des classes surchargées, des listes d'attente à l'hôpital (même si le service de santé ne fonctionnerait pas sans les immigrés), le surencombrement et la dégradation des services publics. Vrai ou faux ? Un peu des deux.

Au niveau national, dit *The Observer*, l'immigration a eu un impact positif sur l'économie. Localement, poursuit-il, elle peut être ressentie différemment. La perception compte autant que la réalité. Irénique, la gauche a laissé une préoccupation légitime aux partisans du Brexit qui flirtent avec la xénophobie. *The Observer* conclut : « Peut-on défendre la légitimité de l'UE, donc le maintien de la liberté de circulation en Europe, alors que l'Union a prévu de s'élargir cette fois à des pays plus pauvres encore » – les Balkans – et dont nombre de ressortissants voudront gagner le Royaume-Uni ?

La question est posée, Brexit ou pas, en Grande-Bretagne et sur le continent.

1er juillet
Le Brexit ? Un malentendu

Les brexiters ont gagné mais ils font pâle figure. Les vainqueurs sont discrets ou arborent des têtes d'enterrement. On a connu Boris Johnson plus rigolard. L'ancien maire de Londres est l'homme qui a dominé la campagne : il a cristallisé le vote *out*. Avec Michael Gove, son compère du Parti conservateur, ils ont mené la charge, sans trop de scrupules. Et ils ont gagné la bataille, sans contestation – 52 % de Britanniques pour le Brexit.

La presse tabloïd les a solidement appuyés. Jour après jour, elle a colporté d'énormes bobards europhobes. Mais elle aussi, qui affiche habituellement un chauvinisme flamboyant, fait profil bas sur le sujet : pas de une célébrant la fin de la tyrannie bruxelloise ni l'« indépendance » retrouvée du pays. Que se passe-t-il ? Une légère gueule de bois à Londres ?

La classe politique tétanisée

Ce ne sont pas seulement les marchés qui font plonger la livre, douter les investisseurs et déprimer la City. La classe politique est ébranlée, momentanément tétanisée par le séisme du 23 juin. La majorité conservatrice est dirigée par un intérimaire : défait par Gove et Johnson, deux hommes de sa « tribu », élitistes et cultivés, David Cameron quittera la tête du gouvernement à la fin de l'été. Les conservateurs se cherchent un nouveau leader. L'opposition travailliste aussi : elle doute de la capacité du sien, Jeremy Corbyn, à mener le Labour à la victoire dans l'hypothèse d'élections générales à l'automne. La vie politique est suspendue, l'horizon économique provisoirement obscurci. Gros souci, l'Écosse et l'Irlande du Nord veulent rester dans l'Union européenne (UE). Mais le malaise ne vient pas de là. La question qui taraude le pays touche à la démocratie.

Pas de doute sur la volonté exprimée par le peuple britannique : la majorité des électeurs entend que le Royaume-Uni cesse d'appartenir à l'UE. La question est de savoir ce que cela veut dire. Les meneurs de la campagne du *out* ont fait des promesses. Depuis le 24 juin, ils reviennent sur leurs engagements. Ils passent leur temps à s'excuser : désolé, ce n'est pas ce qu'on a voulu dire. C'est plus compliqué, voyez-vous. L'UE a bien des avantages, disent-ils : il faudrait en garder beaucoup. Ne nous pressons pas.

Premier mensonge : les promoteurs du Brexit ont assuré que l'arrêt de la contribution financière du pays à l'UE permettrait de dégager 350 millions de livres (près de 425 millions d'euros) par semaine. Cette somme ira renflouer le service public de la santé – le NHS, National Health Service, la vache sacrée de l'État-providence outre-Manche. Ce chiffre a été l'un des arguments clés de la campagne. Seulement voilà, il est faux. *Sorry*, vraiment *sorry*, on s'est trompé, pleurent aujourd'hui les brexiters. Le NHS attendra.

Deuxième mensonge : la sortie de l'UE rendra au pays le contrôle de ses frontières et de l'immigration. *Well*, pas si sûr, explique Boris Johnson dans le *Daily Telegraph* du 27 juin. Le Royaume-Uni veut rester dans le marché unique européen, avant tout. Il entend que les Britanniques installés dans les pays de l'UE puissent y demeurer. Johnson assure qu'il en ira de même pour les trois millions de ressortissants des Vingt-Sept qui vivent au Royaume-Uni. Il demande juste une pause puis des restrictions à l'immigration intra-européenne.

Johnson appelle à un partenariat étroit – économique, militaire, culturel (etc.) – avec les Vingt-Sept. En somme, après avoir vendu à l'opinion les mérites d'un divorce, il préconise aujourd'hui une formule « chambre à part », une « coloc » – on partage au moins le salon et la cuisine. Fallait-il sortir de l'UE pour ça ?

Troisième mensonge : le retour au droit britannique. Mais dans les domaines de compétence de l'UE – commerce, droit des affaires, normes sanitaires et techniques, environnement et médecine –, les règles européennes ont souvent été fixées sur initiative britannique. Le Royaume-Uni les gardera.

Demi-mensonge ou grosse ambiguïté, les brexiters ont juré que la sortie de l'UE redonnerait à la Chambre des communes sa pleine souveraineté. Problème : à plus des deux tiers, la Chambre, issue des élections remportées haut la main par les conservateurs en 2015, est résolument anti-Brexit. Quelle est l'expression la plus légitime de la volonté populaire, celle qui est issue des élections générales ou du référendum ? Vernon Bogdanor, politologue, professeur au King's College de Londres, répond : « La souveraineté du peuple l'emporte sur la souveraineté du Parlement. »

Pro-européenne, la haute fonction publique britannique doit réaliser techniquement un divorce difficile. Elle n'est guère plus pressée que Boris Johnson de quitter l'enfer européen. Il faudra attendre 2019 ou 2020 pour que la séparation prenne forme. Les tabloïds, porte-drapeau depuis trente ans d'une europhobie pathologique, s'inquiètent : les chefs de la campagne du *out* auraient-ils trompé l'opinion ? Réponse : oui. Les brexiters ne veulent pas la même chose.

Johnson et Gove sont libre-échangistes, pro-immigration, ultralibéraux. Nigel Farage, le chef du parti europhobe UKIP, est ultranationaliste anglais. Mais ceux qui ont permis au Brexit de l'emporter sont traditionnellement des électeurs de gauche. Ce sont les malmenés de la mondialisation et de la révolution technologique, rescapés en mauvais état des années Thatcher, victimes du wahhabisme budgétaire de George Osborne, le chancelier de l'Échiquier. Ils veulent plus d'État, pas moins. Malaise face aux inégalités et à l'immigration, trouble identitaire en ces temps de globalisation, ressentiment à l'adresse des « élites » : les brexiters ont tout mis sur le dos de l'UE. C'est lui faire beaucoup d'honneur. Au regard de cette tromperie, le Brexit est un énorme malentendu.

8 juillet

La hargne antisystème

Le peuple a gagné, il a terrassé Westminster et les bobos europhiles. Il a remis à leur place les « internationalistes arrogants », les « globalisés » de la tribu « davosienne », les abonnés à l'Eurostar. À Londres, la presse tabloïd conservatrice se régale de ce discours. Le camp pro-Brexit salue la démocratie référendaire. Elle serait l'expression de l'insurrection populaire contre le « système ». Et l'avenir de nos démocraties.

Le département politique de la London School of Economics, le super Sciences Po local, pépinière de futurs cadres mondialisés, va devoir se pencher sur un mystère. C'est donc ici, en terre de démocratie parlementaire par excellence, que les élites politiques du pays ont pris une tannée mémorable. Plus des deux tiers de la Chambre des communes étaient opposés au Brexit, à commencer par le Premier Ministre David Cameron, et le chef de l'opposition, Jeremy Corbyn. Ils n'étaient pas seuls. Le patronat, la grande centrale syndicale TUC, les chambres de commerce et même, institution éminemment britannique, le footballeur David Beckham. Tous contre le Brexit. À part la reine et l'Église anglicane, restées coites, l'« establishment » au complet s'est mobilisé en faveur du maintien du Royaume-Uni dans l'Union européenne (UE) – le « Remain ».

Le fait que les brexiters ont été menés par des membres certifiés de l'aristocratie politique et sociale du pays – les Boris Johnson, Michael Gove et Nigel Paul Farage – ne change rien à l'affaire. Il est tendance d'être anti-élite. L'opposition au « système » est un programme en soi. Même en cravate club, il faut taper dessus. L'Europe a été un prétexte : les mérites comparés du Brexit ou du « Remain » n'ont pas été au centre de la campagne du référendum du 23 juin. Avec la question de l'immigration, certes liée à l'appartenance du pays à l'UE, et celle de l'état des services publics, le débat a été dominé par cette hargne antisystème.

La mobilisation unanime de l'« establishment » international occidental – de Barack Obama au Fonds monétaire international – n'a fait que confirmer dans leur vote « anti » les 52 % d'électeurs qui se sont prononcés pour le Brexit. Ce gros coup de grogne n'est pas spécifiquement britannique. On le retrouve aux États-Unis, exploité par Donald Trump. Il est au cœur du discours du Front national en France. Il accompagne la rhétorique ultranationaliste entendue ailleurs en Europe. Sus aux pouvoirs en place ! L'hebdomadaire *The Economist* écrit que nous vivons des « temps de ressentiment ». Inhérents à chaque époque d'inégalités galopantes ?

Partout, la confiance dans les institutions politiques nationales a régressé, qu'il s'agisse de l'exécutif ou du législatif. La presse et les patrons sont à la même enseigne – défiance croissante. Curieusement, la décote des institutions européennes – le « monstre » bruxellois – est plus faible que celle des institutions nationales, à en croire la batterie de sondages régulièrement publiée par l'UE.

Les « politiques » ne l'ont pas volé, diront les uns. La Chambre des communes s'est mal rétablie du gros scandale de 2009 sur les extravagantes notes de frais de ses membres. Le Congrès américain est le lieu même où l'argent privé vient peser sur les choix politiques du pays. Quelques gros mensonges d'État sont passés par là. Aux États-Unis et en Grande-Bretagne, on n'a pas oublié les campagnes de George W. Bush et Tony Blair sur l'arsenal d'armes de destruction massive aux mains de Saddam Hussein…

« Marre des experts »

La crédibilité de l'expertise politico-économique de l'« establishment », incapable de prévoir la crise de 2008 et ses millions d'emplois partis en fumée, est durablement atteinte. L'expertise économique dominante est mal en point. « Un peu partout, un nombre important de citoyens sont devenus hostiles aux "sachants" », écrit Jean Pisani-Ferry. L'économiste appelle ses confrères à plus d'humilité. Ils raisonnent en facteurs de progression d'un agrégat (le produit intérieur brut, en général favorisé par l'immigration) et sous-estiment leur impact sur des catégories entières de la population. Cri de ralliement d'un des chefs de la campagne Brexit, le conservateur Michael Gove : « Ce pays en a marre des experts. »

Le numérique installe un forum de débat permanent. Votations et pétitions électroniques se succèdent : sur chaque grand sujet d'actualité, les « réseaux » sollicitent un « pour ou contre » immédiat. Dans cet environnement technologique (le numérique) et idéologique (grogne anti-élitististe), le référendum gagne du terrain. Il passe pour le mode d'expression supérieur de la démocratie. Même dans les régimes parlementaires, nombre de partis entendent y avoir recours plus fréquemment.

Le débat est ouvert sur son champ d'application. L'essayiste Jacques Attali dit que la dignité des démocraties européennes est de ne pas revenir sur certaines décisions – l'abolition de la peine de mort, par exemple. Si elle arrive à l'Élysée, Marine Le Pen promet d'organiser un référendum sur le rétablissement de la peine capitale – qu'elle réclame.

À Londres, dirigeants conservateurs ou travaillistes sont unanimes pour affirmer, aujourd'hui, que le Brexit est définitif. Le gouvernement s'apprête à négocier un partenariat étroit avec l'UE, qui conserve l'accès de la Grande-Bretagne au marché commun européen. Les Britanniques étaient membres de l'UE, avec beaucoup de clauses dérogatoires, c'est-à-dire avec un pied dehors. Ils entendent sortir de l'UE, mais tout en gardant un pied dedans. Est-ce le souhait des 52 % de brexiters ? C'est toute l'ambiguïté de l'expression démocratique référendaire : elle n'est pas toujours facile à interpréter. Les élites feront de leur mieux.

9 septembre

Cette sale guerre du Yémen

Lundi 15 août, un chasseur bombardier saoudien a pris pour cible l'hôpital de Abs, au nord de Sanaa, la capitale du Yémen. C'était l'après-midi. Une vingtaine de femmes devaient accoucher. La roquette a pulvérisé le bloc des urgences : dix-neuf morts, des dizaines de blessés graves. L'établissement était géré par Médecins sans frontières (MSF). Trop souvent ciblée, l'ONG a décidé de fermer six de ses installations au Yémen.

Le 13 août, la chasse du royaume avait frappé une école, dans la région de Sanaa : dix enfants tués, dont certains âgés de 8 ans. Protestations onusiennes. Le 11 août, les avions ont largué leurs projectiles sur un pont le long de la mer Rouge, à Hodeidah. L'ouvrage dessert la route qui relie ce port à la capitale. Les premières bombes n'ont pas réussi à détruire le pont, selon le témoignage d'un journaliste auprès de l'ONU, Samuel Oakford, publié dans le *New York Times*. Les avions sont revenus le lendemain. Il fallait couper la route. Elle est la voie d'acheminement de l'aide alimentaire et médicale internationale destinée à Sanaa. La capitale est aux mains d'une rébellion yéménite que combat l'Arabie saoudite.

« Révoltant », nous dit un grand diplomate arabe à Paris : le plus riche des pays arabes, le royaume saoudien, martyrise le plus pauvre, le Yémen. Voilà dix-sept mois que dure cette guerre – à peine interrompue le temps d'une tentative de négociation, avortée fin juillet. La Syrie épuise le capital d'indignation des uns et des autres. Pourtant, le Yémen est, lui aussi, un concentré de crimes de guerre, de destructions civiles et culturelles, en passe d'en faire une tragédie humanitaire sans précédent dans la région.

En voie de « somalisation »

Sur 24 millions d'habitants, 14 sont menacés de malnutrition grave, du fait des combats. Des centaines de milliers d'enfants sont au bord de la famine. Trois millions de personnes déplacées vivent sans abri. Estimation onusienne : dans une guerre qui a déjà provoqué plus de 6 400 morts, les frappes de la coalition arabe dirigée par l'Arabie saoudite – appuyée par les pays du Golfe, la Jordanie, le Maroc et l'Égypte : 180 avions au total – font aujourd'hui une centaine de victimes par jour (morts et blessés). Indiscriminées, elles sèment le carnage dans Sanaa, où nombre de quartiers n'ont plus ni eau ni électricité depuis longtemps.

Difficile d'attirer l'attention sur un conflit armé au Yémen : le pays semble abonné à la guerre, une sorte d'Afghanistan du monde arabe, nation parmi les plus pauvres du monde, toujours en proie à quelque obscur épisode guerrier. Divisé en deux durant la guerre froide, réunifié entre le sud et le nord depuis 1990, terre de tribus rivales, entre mer Rouge et golfe d'Aden, face à l'Afrique, le Yémen est en voie de « somalisation » avancée.

La guerre d'aujourd'hui oppose deux anciens présidents, autrefois alliés dans le même parti. D'un côté, Abd Rabbo Mansour Hadi, qui accède à la présidence en février 2012, quand le « printemps arabe » yéménite chasse Ali Abdallah Saleh, au pouvoir depuis 1978. Mais Saleh, opportuniste avant tout revanchard, va s'allier à une rébellion des tribus houthistes (un tiers de la population, des chiites, de rite zaydite), lesquelles vont reprendre Sanaa en mars 2015. L'Arabie saoudite intervient à ce moment-là. Obsédée par la montée en puissance de sa rivale régionale, l'Iran perse et chiite, la monarchie saoudienne, sous l'influence du jeune ministre de la Défense, Mohammed ben Salman, dit « MBS », décide de changer de politique face à Téhéran : il ne s'agit plus de « contenir » la République islamique, il faut la « repousser ».

Trois zones d'influence

Il faut surtout faire un exemple. Même si l'assistance apportée par l'Iran à l'insurrection houthiste semble pour le moins limitée, MBS n'entend pas que Téhéran puisse, par houthistes interposés, disposer un jour d'un nouveau point d'appui chiite dans le monde arabe – après la Syrie, l'Irak, et le Liban au travers du parti Hezbollah. Comme les affaires yéménites sont toujours compliquées, il faut encore ajouter ceci : l'un et l'autre des camps en présence sont également en lutte contre les djihadistes d'Al-Qaida et du mal nommé « État islamique », très présents au Yémen. Ce qui divise le pays en trois zones d'influence : celle sous contrôle des houthistes, celle du régime Hadi et, çà et là, les poches des islamistes.

Dans un moment de faiblesse et d'égarement stratégique, Barack Obama a donné son feu vert et l'appui sans réserve des États-Unis à la désastreuse intervention saoudienne. En 2015, quand Riyad se lance dans la guerre, la famille Saoud est traumatisée par la perspective d'un accord sur le programme nucléaire iranien – et notamment la levée progressive des sanctions pesant sur Téhéran. Les Saoud y voient une « trahison » américaine, un nouveau coup de pouce donné à la montée en puissance de l'Iran. Obama a voulu les rassurer : les États-Unis assureront la logistique de la campagne de bombardements aériens contre la rébellion houthiste. Ils tiennent parole.

Les deux factions yéménites sont coupables de crimes de guerre. Mais l'Arabie saoudite est responsable de la plupart des destructions civiles – écoles, hôpitaux, infrastructures, etc. Elle plonge dans la ruine un pays déjà misérable. Washington « couvre » Riyad, qui, jouant de sa puissance financière, s'efforce de torpiller toute enquête internationale. Cependant, le vent tourne aux États-Unis. Des élus du Congrès s'interrogent : faut-il prolonger la guerre en assurant la prochaine livraison d'armes américaines prévue à Riyad (pour plus de 1 milliard de dollars) ? Ils s'inquiètent de la « somalisation » du Yémen. Ils redoutent l'émergence d'un nouveau paradis djihadiste, à mesure que tombent les bombes saoudiennes sur les plus démunis des Arabes.

Janvier 2022. Au moment où je relis ces chroniques, la guerre se poursuit, elle a diminué en intensité, les Houthis ont la main haute sur une bonne part du pays, l'Arabie continue, de temps à autre, à bombarder mais elle cherche une sortie négociée. À cette date, la guerre aurait fait 300 000 morts et provoqué le plus lourd désastre humanitaire de ces dernières années[1].

23 septembre

Trump, Mme Le Pen et Stefan Zweig

L'élégant Stefan Zweig, moustache bien taillée, cravate en soie, manteau à chevrons et col de fourrure, regarde ces jours-ci les Parisiens flemmarder. Il occupe une vitrine entière de *L'Écume des pages*, l'une des dernières grandes librairies du boulevard Saint-Germain. L'automne est doux. À l'intérieur, passé la caisse, une table entière est réservée à ses livres.

Au début de l'été, *Le Point* publiait un – très bon – hors-série consacré à celui que son dernier biographe, l'Américain George Prochnik, qualifiait « d'écrivain prolifique, de dandy, de juif errant, et de pilier de café dépressif ». Au Théâtre de poche Montparnasse, toujours à Paris, le comédien Alexis Moncorgé a adapté et joue *Amok*, l'une des plus célèbres nouvelles de Zweig. Depuis la mi-août, le film de l'Allemande Maria Schrader, *Stefan Zweig, adieu l'Europe*, est à l'affiche dans toute la France. Grosse crise de Zweigmania ?

1. À l'intérieur du chiisme, la branche minoritaire de l'islam, les zaydites représente une petite école de pensée, à laquelle tous les Houthis n'appartiennent d'ailleurs pas. La milice houthie a rallié des tribus sunnites tout comme d'anciens militaires de l'armée yéménite.

Passion pour l'Europe

Zweig est né à Vienne en 1881, dans une famille de la bourgeoisie juive, entouré de livres, de partitions de musique, de tableaux et de dictionnaires. Polyglotte, l'Europe est son milieu naturel et sa passion. Son drame aussi. Il l'a vue s'effondrer deux fois, dans la guerre et le totalitarisme. Privé de sa nationalité par les nazis, il fuit l'Autriche en 1938. Après Londres, après New York, après Rio de Janeiro, Zweig s'installe dans la petite ville brésilienne de Petropolis.

À l'ombre d'un jardin tropical, il écrit le récit du double effondrement européen : celui de la Première Guerre mondiale, qui met fin à sa Vienne austro-hongroise ; celui de la montée puis du triomphe du nazisme. *Le Monde d'hier. Souvenirs d'un Européen* (Belfond et, en poche, « Folio essais ») est aujourd'hui plus lu que jamais. Pourquoi maintenant ? Pourquoi lui ? Pourquoi ce livre-là ?

Parce qu'il souffle, parfois, un vent mauvais en ce début de XXIe siècle ? Zweig n'a pas la tête politique. Il s'interroge sur la fragilité des choses – ou, plutôt, sur l'inconscience de la fragilité des choses, qui caractérise les temps heureux. Il raconte la Vienne bourgeoise et insouciante de son enfance et avertit : « Maintenant que l'orage l'a depuis longtemps fracassé, nous savons de science certaine que ce monde de sécurité n'était qu'un château de nuées. Pourtant, mes parents l'ont habité comme une maison de pierres. »

Les comparaisons historiques ont leurs limites, chaque époque a sa singularité. Mais, vendredi 16 septembre, à Bratislava, la capitale slovaque, le président de la Commission de Bruxelles était d'humeur zweiguienne : l'Union européenne (UE) traverse une « crise existentielle », disait Jean-Claude Juncker. Les Vingt-Sept étaient réunis pour tirer les leçons du retrait du Royaume-Uni de l'UE, manifestation radicale d'un euroscepticisme galopant. À Budapest, à Varsovie, à Bratislava, des majorités ultraconservatrices malmènent les libertés publiques et invoquent les « valeurs nationales » pour légitimer autant d'accrocs à celles de l'Union.

En France, le Front national de Marine Le Pen appelle à sortir de l'UE et de l'euro – et, incidemment, à revenir à la peine de mort. En Italie, le Mouvement 5 étoiles de Beppe Grillo, activement antieuropéen, menace le gouvernement de centre gauche de Matteo Renzi. Aux Pays-Bas, l'ultradroite de Geert Wilders stigmatise le projet européen. Europhobe elle aussi, l'extrême droite allemande montre son nez.

Le centre de gravité politique de l'Europe se déplace, écrit Josef Joffe, le directeur de l'hebdomadaire *Die Zeit*. L'ultradroite s'installe dans le paysage. « Les deux religions civiles qui tenaient l'Europe, celles qui en étaient les piliers fondateurs depuis des dizaines d'années, la démocratie-chrétienne et la social-démocratie, ne cessent de décliner », observe Joffe. Dressant le portrait du continent au milieu des années 1920, Stefan Zweig décrivait la montée de la « peste nationaliste » et l'ébranlement des « partis libéraux » : « Sous la surface apparemment paisible, notre Europe était pleine de courants souterrains, menaçants. »

De nos jours, à Paris, de grands intellectuels tapent sur Bruxelles avec une étonnante désinvolture. L'Europe de ces dernières années est sans doute médiocre. Elle peine à faire face aux pathologies de l'heure. Elle est souvent inintelligible, élitiste, bureaucratique, pas assez démocratique, trop ou pas assez libérale, tout ce qu'on voudra. Mais elle reste à ce jour un modèle insurpassé de relations entre États démocratiques.

Justement, les antieuropéens de la droite européenne ont un héros commun : l'autocrate Vladimir Poutine. Le président russe le leur rend bien. Il les finance parfois, sa télévision les encense. En son temps, Zweig a vu monter la fascination pour « l'homme fort », la séduction exercée par le culte du chef, opposé à la médiocrité parlementaire. Au début du mois, le *New York Times* réunissait un colloque sur la démocratie. Conclusion des débats : ce régime est moins que jamais irréversible, il recule partout. Le modèle démocratique libéral, enfant chéri de la fin du XXe siècle, est sur la défensive, mis à mal par le tumulte de la mondialisation.

Aux États-Unis, un bonimenteur démagogue pourrait bien l'emporter à l'élection présidentielle du 8 novembre. Donald Trump prône le retour à la torture pour lutter contre le terrorisme islamiste, chante les mérites du « grand leader » Poutine et partage avec lui une détestation irrationnelle de l'Union européenne.

Zweig se suicide le 22 février 1942. Au bout du « monde d'hier », il observe, mélancolique : « Cela reste une loi immense de l'histoire qu'elle interdit précisément aux contemporains de discerner dès le début les grands mouvements qui déterminent leur époque. »

11 novembre

Trump, mode d'emploi

Ce mercredi matin 9 novembre, l'éditorial du *Washington Post* commençait ainsi : « Donald Trump a été élu, mardi, 45e président des États-Unis. Ces mots-là, nous espérions ne jamais avoir à les écrire. » Et la première phrase de l'éditorial du *New York Times*, ce même mercredi, était la suivante : « Président Donald Trump. Ces trois mots – impensables pour des dizaines de millions d'Américains et pour une bonne partie du monde – incarnent dorénavant le futur des États-Unis. » Au moins pour quatre ans, qui relèvent, au mieux, du plongeon dans l'inconnu, au pire, du saut dans le drame.

Le désarroi du *Post* et du *Times* est touchant. Il est celui de l'Amérique vaincue le 8 novembre : celle des deux côtes, des grandes villes, de la majorité des femmes (qui ont voté pour Hillary Clinton). Celle qui s'épanouit dans la mondialisation.

L'autre Amérique prend sa revanche sur des années de marginalisation économique et culturelle : le monde rural des grandes plaines, celui du Midwest dévasté par la désindustrialisation, loin, très loin de la Silicon Valley, et enfin le Sud « historique ». C'est un pays blanc et conservateur. Il a le sentiment d'avoir été méprisé dans ses convictions religieuses et patriotiques. Il se sent menacé par les minorités ethniques et par l'immigration.

Caricaturons : l'équipe des cow-boys l'a emporté sur celle des bobos – en partie parce que la seconde regardait la première de haut. Victoire à l'arraché : le coach Trump ne recueille que 47,5 % des suffrages (et environ 200 000 voix de moins qu'Hillary Clinton).

Un vendeur de salades

Le candidat républicain a su exploiter à merveille un mécontentement économique profond et justifié, tandis qu'explosait la richesse des riches. Il a compris le ressentiment culturel des déclassés de la globalisation. Il a su transformer un sentiment, la nostalgie, en un slogan politique : « Rendre sa grandeur à l'Amérique ». Il a pris la tête de ce qu'un journaliste du mensuel *The Atlantic*, Ronald Brownstein, appelle « la coalition de la restauration » – celle du « c'était mieux avant » et qui prétend « restaurer » l'Amérique (mythifiée) des années 1950. La presse traditionnelle, nous autres, et les sondeurs n'y ont vu que du feu.

Pour faire croire à ce qui n'existe que dans les BD de science-fiction, la machine à remonter le temps, il a fallu un bonimenteur sans scrupule, vendeur de salades, truqueur de chiffres, menteur à répétition, Monsieur Loyal de téléréalité, en clair, le Donald dans toutes ses paillettes. Face à lui, Hillary Clinton, incarnation de l'élite politique traditionnelle, n'a pas fait le poids.

Mais tout cela ne nous dit rien de ce que peut être la présidence Trump. Dans le choc provoqué par son élection, il y a cette interrogation : que va-t-il faire à la Maison Blanche ? Personne n'a de réponse, sans doute pas lui-même et pas plus la majorité républicaine dont il dispose au Congrès. Dans cette situation, avant de gamberger, il faut en revenir aux engagements du candidat, à ceux de la plate-forme républicaine, bref à ce qui tient lieu de programme à Trump.

Il a multiplié les promesses sur le front intérieur. En économie, il veut lancer un vaste programme d'investissements publics, diminuer l'impôt sur les sociétés (qui doit être ramené à 15 %) et sur les plus riches des Américains, déclarer une guerre commerciale à la Chine (taxer ses importations à hauteur de 45 %), annuler les projets de nouveaux accords de libre-échange avec l'Europe et l'Asie, combattre les prétentions de Bruxelles à réglementer les multinationales américaines sur le Vieux Continent. Il a promis de créer en quatre ans 25 millions d'emplois et de doubler le taux de croissance des États-Unis. Il faudra le juger à l'aune de ses promesses.

Sur le plan social, il veut annuler le plan santé du président Obama (qui a permis d'assurer 30 millions d'Américains parmi les plus pauvres) et diminuer le pouvoir des syndicats (l'entrepreneur Trump a toujours été au plus mal avec eux). Au chapitre sociétal, il n'est pas moins radical. Il a juré de nommer à la Cour suprême des juges qui en finiront avec le droit des Américaines à l'avortement. Il promet de renforcer les pouvoirs de la police. Il entend garantir la liberté absolue de vendre et d'acheter des armes à tir rapide. Il aimerait limiter la liberté de la presse et pouvoir poursuivre en justice ses opposants politiques.

Trump n'est pas moins ambitieux sur le front extérieur. Il a annoncé que les États-Unis allaient se retirer de l'accord de Paris sur la lutte contre le réchauffement climatique. Il a posé comme prioritaire son intention de revenir sur l'accord nucléaire conclu avec l'Iran. Il a émis des doutes sur l'utilité de l'OTAN et sur la nécessité de sanctionner la Russie pour l'affaire de Crimée. Il se méfie de la Chine, il n'aime pas le monde arabo-musulman. Nationaliste à tendance isolationniste, il est partisan d'augmenter le budget de la défense (le plus gros du monde) mais de diminuer les interventions à l'étranger.

Les optimistes assurent que Trump sait que la plupart de ses promesses sont irréalisables. Il gouvernera au centre, disent-ils : c'est la loi du système politique américain – même Ronald Reagan s'y est plié. Les pessimistes n'en croient rien. Trump fera tout pour essayer d'être fidèle au plus grand nombre de ses promesses, pensent-ils. Sa crédibilité est en ligne. Il veut être un président « différent », pas celui du *statu quo*. Il s'est vendu comme tel.

Les optimistes appartiennent à la chapelle de ceux qui garantissaient encore lundi soir une victoire de Mme Clinton. Ils ont perdu. Pour ne pas avoir de mauvaise surprise, mieux vaut croire l'école pessimiste : les hommes de pouvoir essaient le plus souvent de faire ce qu'ils disent. Il faut les prendre au mot. Et attacher sa ceinture de sécurité.

16 décembre

Alep, après la chute

« Si vous y allez, vous devenez propriétaire. » L'avertissement a été lancé par le secrétaire d'État Colin Powell au président George W. Bush en 2003. Celui-ci s'apprêtait à envahir l'Irak : la mise en garde du général Powell ne fit aucun effet. On sait le désastre qui s'ensuivit. Au lendemain de la chute d'Alep, la Russie et l'Iran se retrouvent « copropriétaires » de la Syrie. Ils sont comptables de l'avenir de ce pays – et, dans l'immédiat, du sort réservé à la population d'Alep. C'est un événement majeur, pas seulement pour le Moyen-Orient.

On dira que les situations ne sont pas comparables. Moscou et Téhéran sont intervenus à la demande du régime de Damas, le seul légitime au regard des Nations unies ; les États-Unis ont unilatéralement envahi l'Irak. Le résultat est le même : le sort de la Syrie appartient, largement, aux deux puissances sans lesquelles la dictature de Bachar al-Assad n'aurait pas survécu.

Régnant sur un pays en ruine, la terre à peine retournée sur des monceaux de cadavres, le Syrien va sans doute rester au pouvoir, mais sous la tutelle de Vladimir Poutine et de l'ayatollah Ali Khamenei.

Or ces deux-là, les parrains, ne s'entendent pas forcément sur ce qu'il convient de faire de leur protectorat – porte de retour dans le monde des Supergrands, pour l'un ; point d'appui de l'expansionnisme perso-chiite, pour l'autre.

La Russie a réalisé ses objectifs. Son intervention militaire directe à l'été 2015 a sauvé Bachar al-Assad. Le Kremlin voulait préserver un régime traditionnellement ami et sa base maritime en Méditerranée. Il entendait conserver la dernière de ses zones d'influence dans le monde arabe. Il voulait arrêter là, en Syrie, la progression d'un virus djihadiste, forme la plus violente de l'extrémisme sunnite, menaçant le Caucase russe. Il s'agissait aussi d'empêcher la répétition d'un scénario honni à Moscou, qui voit ces « printemps arabes », version proche-orientale des « révolutions orange », laisser libre cours à l'insurrection populaire et renverser un régime établi pour lui substituer le règne du chaos. Un cauchemar poutinien !

Mais, plus encore, Vladimir Poutine, exhibant une armée rénovée et performante, signait, dans le ciel de Syrie, le retour de la Russie dans la cour des Grands. La chute d'Alep « n'est pas un succès purement tactique », disait, à la télévision russe, Leonid Ivachov, président de l'Académie des affaires géopolitiques de Moscou. Elle a une signification stratégique : le monde est redevenu « multipolaire » et, jurait Ivachov, grâce à la réémergence d'une Russie enfin sortie du traumatisme post-soviétique, « ce sera un monde plus juste et plus sûr ». Finies les humiliations du Kosovo, de l'Irak et de l'extension de l'OTAN, ce temps où Moscou a dû subir l'unipolarité américaine, au lendemain de l'effondrement de l'URSS.

Dans son palais du nord de Téhéran, le Guide Ali Khamenei, sourire doux et chapelet de prière en main, a des desseins plus modestes. Apparemment. La chute d'Alep est aussi son « succès » – même si la guerre continue. Elle change le paysage géopolitique du Moyen-Orient en sa faveur. Le camp chiite, celui des minoritaires de l'islam, remporte une victoire. Ses adversaires, ceux qui contestent les velléités de prépondérance iranienne sur la région, c'est-à-dire les sunnites – majoritaires au sein de l'islam, rangés derrière l'Arabie saoudite et la Turquie, notamment –, essuient un échec. Ceux-là et leur grand allié américain ont abandonné à leur sort, dans Alep dévastée, les groupes rebelles – modérés, islamiques, islamistes, djihadistes – qui étaient leurs protégés.

En face, sous le couvert de la chasse russe, Téhéran a mobilisé au sol une véritable armée de « volontaires » chiites – des milliers d'Afghans, de Pakistanais, d'Irakiens, de Libanais du Hezbollah –, encadrée par les Gardiens de la révolution, le corps d'élite d'une République islamique d'Iran à tendances impériales. Alep, qui incarna la quintessence d'un certain monde sunnite, tombe sous les coups d'une soldatesque chiite aux ordres de la Perse. Ainsi, de Téhéran, en passant par Bagdad puis traversant la Syrie et allant jusqu'au Liban, où le nouveau président, le chrétien Michel Aoun, est l'obligé du parti chiite Hezbollah, se consolide cet « arc chiite » voulu par Ali Khamenei. La chute d'Alep aux mains de l'alliance russo-iranienne change les rapports de force dans une région jusqu'alors stratégiquement dominée par les États-Unis – et par eux seuls.

Les armes du Hezbollah

Question légitime en ces lendemains de victoire : que veulent les « copropriétaires » de la Syrie ? En situation de force, la Russie peut être tentée par une négociation sur l'avenir politique du pays. Ce n'est pas le cas de la République islamique, décidée à contribuer jusqu'au bout à une victoire totale de Bachar al-Assad. Dans sa continuité territoriale, l'« arc chiite » permet à l'Iran d'alimenter en missiles, et en nombre sans cesse croissant, un Hezbollah qui entend profiter de son installation en Syrie pour ouvrir un deuxième front face à Israël (en plus du sud du Liban). Le Kremlin est-il en mesure d'enrayer une dynamique qui pourrait conduire à une prochaine guerre entre le Hezbollah et Israël ? « Poutine comprend-il les besoins de sécurité d'Israël ? » interroge le quotidien israélien *Haaretz*.

Donald Trump fait confiance à Poutine, l'allié de l'Iran sur la scène syrienne. Mais à Washington, les hommes nommés à la tête de son équipe de sécurité veulent enrayer l'expansionnisme iranien sur ce même théâtre. Difficile synthèse à réaliser pour le futur occupant de la Maison Blanche. En attendant, Barack Obama poursuit, très seul, le combat contre l'État islamique en Syrie. Au Moyen-Orient, tout est tragique, toujours, mais rien n'est simple.

- 2017 -

13 janvier

Obama, bilan complexe

Comment l'histoire le jugera-t-elle ? Homme de rupture ou de transition ? Dans la première catégorie, les Américains rangent ceux qui, à la Maison Blanche, ont « transformé » les États-Unis ou l'ordre international. Pour le meilleur et pour le pire. La seconde catégorie accueille les gestionnaires de l'état des choses. Barack Obama a été l'un et l'autre.

La rupture, sa seule présence à la Maison Blanche l'a incarnée. Premier président noir des États-Unis, avant même qu'il ne gouverne, sa victoire ouvre un nouveau chapitre de la démocratie américaine. Son héritage, c'est son élection : en somme, mandat accompli le 5 novembre 2008. Ensuite, le style va ajouter à la portée de l'événement. Élégance, brio intellectuel et talent oratoire, calme, impavidité dans le succès comme dans l'échec : qu'il parle, chante ou danse, Obama est un charmeur. Un mélange de pasteur inspiré et de Fred Astaire qui serait passé par Harvard.

À l'arrivée, il hérite d'un désastre : deux guerres à l'étranger qui n'en finissent pas, ni perdues ni gagnées ; l'économie ravagée par le séisme parti de Wall Street en 2008. Il faut remonter aux années 1930 (la Dépression) pour trouver le pays dans un état aussi calamiteux. Dix millions d'Américains ont perdu leur maison, dix millions encore leur emploi. Le plan de relance d'Obama sort les États-Unis de la récession. Il sauve l'industrie automobile. Avec la législation

Dodd-Frank[1], Wall Street est encadré, un peu. Les finances publiques – toujours « explosées » par la droite, c'est une tradition – sont redressées. La réforme de l'assurance maladie est une première : 20 millions d'Américains, parmi les plus démunis, en bénéficient.

Un chômage divisé par deux

Huit ans plus tard, huit années de croissance et de création d'emplois continues, le chômage a été divisé par deux (4,7 %), même si beaucoup d'Américains sont sortis du marché du travail. L'activité tient bon, la Bourse aussi, même si le salaire moyen n'a commencé à augmenter qu'en 2016. Obama a assuré une « transition » qui n'était pas gagnée au départ : partir d'un désastre pour revenir à une forme de normalité. Gros bilan.

La gauche râle. Il avait l'occasion d'en finir avec la prépondérance de Wall Street, il ne l'a pas fait. Il n'a pas atténué la polarisation politique dans le pays, pas réglementé les ventes d'armes, pas fermé Guantanamo, pas réussi à faire voter une réforme de l'immigration, pas changé radicalement la condition des Afro-Américains. C'est oublier deux choses. Dès 2013, Obama a fait face à un Congrès républicain dont l'obstructionnisme systématique n'était pas exempt d'une bonne dose de racisme. D'autre part, cet ancien militant social des quartiers les plus durs de Chicago n'appartient pas à la gauche du parti : Obama est un activiste centriste. Il croit dans le compromis dynamique, pas dans le changement radical.

Le front extérieur est plus ingrat, dominé par un Moyen-Orient qu'Obama comprend mal, région maudite où il pense que les États-Unis n'ont plus d'intérêts stratégiques évidents.

---

1. Votée en 2010 à la suite de la dévastation causée par la crise des prêts hypothécaires – les subprimes –, à l'initiative du député Barney Frank et du sénateur Chris Dodd, deux démocrates, cette loi est censée encadrer les activités de Wall Street, surveiller l'activité des banques et mieux protéger l'épargne publique.

Il faut s'en retirer au plus vite. Bonne chance aux Russes s'ils veulent jouer les administrateurs ! Ce natif de Hawaï, en partie élevé en Indonésie, estime que le leadership américain se joue en Asie, où l'on compte trois des plus puissantes économies du monde – Chine, Japon, Inde. Seulement voilà, en dépit de ce pivotement à l'est de l'effort diplomatico-militaire américain, d'ailleurs moyennement couronné de succès, le Moyen-Orient s'est rappelé à lui.

Quand Obama entre à la Maison Blanche, en janvier 2009, les États-Unis ont 180 000 soldats déployés en Afghanistan et en Irak. Ce sont des guerres sans fin parce que l'ennemi se nourrit des combats. Obama a promis d'y mettre un terme. En janvier 2017, l'Amérique n'a plus que 15 000 hommes dans le Grand Moyen-Orient. Mais elle est toujours en guerre. Elle bombarde en Irak, en Syrie, notamment. L'exécution de Ben Laden n'a pas porté un coup fatal au djihadisme. Obama a mis longtemps avant de prendre au sérieux l'organisation État islamique. Ce professeur de droit est trop rationnel.

Il s'est laissé entraîner en Libye, et le regrettera. Le tragique chaos libyen le conforte dans son refus de s'engager en Syrie. Il appelle au départ de Bachar al-Assad sans appuyer l'opposition. Il pose une « ligne rouge » – pas d'armes chimiques – et ne la fait pas respecter. Il croit qu'on peut contenir la guerre syrienne : plus de 400 000 morts et près de 10 millions de réfugiés plus tard, l'Europe est déstabilisée.

Les États-Unis n'ont pas la capacité de résoudre une crise aussi complexe que celle qui ravage la Syrie, dit-il. « Ne pas avoir agi en Syrie est une décision qui a eu autant de conséquences qu'aurait eues celle d'agir », lui réplique Richard Haass, un des vieux sages de la diplomatie américaine. Ex-chef d'état-major, l'amiral Michael Mullen affirme que la Syrie a été « le Rwanda d'Obama ». Le président a été plus heureux avec l'accord de Paris sur le climat et celui de Vienne sur le nucléaire iranien – deux accords que Donald Trump, le successeur d'Obama, dénoncera, mais que Joe Biden, une fois à la Maison Blanche, rétablira.

Les stratèges reconstruisent volontiers une ligne de causalité qui ferait d'Obama le président du retrait « occidental » : son inaction en Syrie aurait encouragé Vladimir Poutine en Crimée et Xi Jinping en mer de Chine. À quoi on peut répliquer que cette vision du monde reflète la nostalgie d'une époque qui n'existe plus, celle de l'« hyperpuissance » américaine, pour reprendre le mot d'Hubert Védrine, ou du moment unipolaire américain (1989-2001). Obama a exercé son mandat dans un monde multipolaire.

Esprit analytique, Obama prend en compte la complexité des situations. Son bilan lui ressemble : complexe. Il s'en va avec un taux de popularité élevé, du niveau de celui de Ronald Reagan. Mais l'élection de Donald Trump fait aussi, un peu, partie de l'héritage.

3 février

La torture vue de la Maison Blanche

La torture ? « Je pense que ça marche. » C'est dit sur un ton impavide, presque badin, comme on discuterait des mérites comparés des changes fixes et flottants. Ce vendredi 27 janvier, Donald Trump, le président de la plus puissante démocratie du monde, reçoit Theresa May, Première Ministre du Royaume-Uni. On est entre démocrates, dans l'East Room de la Maison Blanche.

Mme May, tailleur rouge étincelant, n'interrompt pas son hôte, qui continue à disserter sur la torture. Cela fait longtemps que Trump dit et croit qu'elle est « efficace ». Mais, sur cette question, il s'en remettra, poursuit-il, à son secrétaire à la Défense, James Mattis, lequel est catégoriquement opposé à la torture. Fin de l'échange. Mine un peu embarrassée de la représentante de la plus vieille des démocraties parlementaires. On passe à un autre sujet ?

Jamais sans doute un président américain en exercice, au moins depuis la fin de la Deuxième Guerre mondiale, n'avait en ce lieu, devant des journalistes du monde entier, livré une opinion favorable à la torture. George W. Bush en avait banalisé l'usage, autorisant la technique des simulations de noyade – le *waterboarding*. Donald Trump, lui, « normalise » le sujet. Il le dépouille de toute connotation éthique. La torture, on peut en débattre. Il y a du pour et du contre. C'est affaire de coûts-résultats, un problème technique – pas moral. Au nom du refus du politiquement correct – qu'on finira par regretter –, un tabou tombe : la torture revient.

Une ère nouvelle

La vague de terreur islamiste en cours a joué son rôle. Le 5 décembre 2016, un sondage, commandité par le Comité international de la Croix-Rouge (CICR), mené auprès de 17 000 personnes dans 16 pays, révélait une tolérance accrue à l'égard de la torture : 36 % des sondés, résume le CICR, « pensent qu'il est acceptable de torturer un combattant ennemi fait prisonnier pour lui soutirer des informations militaires de première importance ». Seuls 48 % condamnent cette pratique, alors qu'ils étaient 66 % en 1999.

On dira que Trump a le mérite de sortir de l'hypocrisie. À un moment ou à un autre, toutes les grandes démocraties occidentales ont pratiqué la torture. Mais dans l'anecdote du 27 janvier à Washington, tout compte : la fonction incarnée par celui qui parle, le lieu d'où il s'exprime, le large public auquel il s'adresse. Depuis la Maison Blanche, le président des États-Unis lève un interdit. Au lendemain des horreurs de la Deuxième Guerre mondiale et souvent à l'initiative de l'Amérique, on avait cru devoir sceller en lettres de plomb, dans une foultitude de traités, la prohibition absolue de la torture. Trump marque un tournant, une ère nouvelle.

Ce n'est pas sans conséquences en politique étrangère. Très largement convaincue d'incarner le Bien et de devoir assumer une « destinée exceptionnelle » au service de la démocratie, l'Amérique se veut un exemple. L'école de Thomas Jefferson (1743-1826), premier secrétaire d'État et troisième président des États-Unis, croyait d'abord dans les vertus de l'exemplarité – pas dans la mission d'exporter un modèle (école néoconservatrice). À ce titre, la parole du président compte, à l'intérieur, mais pas seulement : du fait de l'importance des États-Unis, elle a une portée mondiale.

À l'étranger, tous ceux qui ont toujours trouvé insupportables les leçons de morale volontiers administrées par Washington se réjouiront. Partout où la torture fait partie du mode de gouvernement – et dans un monde où la démocratie régresse, cela fait beaucoup d'endroits –, le discours trumpien est bien accueilli. La torture, c'est admissible, voyez ce que dit le président américain ! Les autocrates du monde entier se sentent compris. Trump démonétise un peu plus la démocratie libérale. Objection, diront certains : mieux vaut un isolationniste qui parle sans fard qu'un interventionniste qui prêche le Bien, façon George W. Bush, et sème le chaos à tout-va.

Dans la logique de ses propos sur la torture, le 45e président américain défend une ligne conséquente : il ne s'autorise aucun jugement sur la nature des régimes avec lesquels l'Amérique doit traiter. Moscou apprécie. Président du Conseil sur les questions de défense et de politique étrangère, Fedor Loukianov explique au *Financial Times* : « La manière qu'a l'Amérique de traiter avec nous a toujours été de vouloir nous changer, de vouloir changer la Russie. Bill Clinton voulait aider la Russie à évoluer, Dick Cheney [vice-président de George W. Bush] voulait changer la Russie en la détruisant. Quant à Obama, vous savez ce qu'il en a été [une relation qui s'est ternie au fil des ans]. » Avec Trump, on respire, se félicite Loukianov : « Trump ne veut changer personne. » « Lui et Poutine détestent le politiquement correct, poursuit-il. Trump ne se préoccupe que de l'intérêt national américain. C'est exactement le type de relation que les Russes ont toujours voulu avoir avec les Américains. » Tout est négociable, à bas les principes !

M. Trump réaffirme la prééminence, dans les relations internationales, du principe de la souveraineté absolue des États :

charbonnier est maître chez lui. Il referme la parenthèse de l'« ingérence » ouverte par les Occidentaux au lendemain de la chute du mur de Berlin – qui s'est ensablée dans les plaines de Mésopotamie et les déserts de Libye. À surveiller : sous Trump, le département d'État va-t-il continuer à publier son rapport annuel sur l'état des droits de l'homme dans le monde, classant les pays selon que l'on y torture plus ou moins ?

3 mars

« Au nom du peuple »

Brexiters, trumpistes et lepénistes ont ceci en commun qu'ils assurent incarner le « peuple ». À leurs yeux, c'est un gage de bonté naturelle et d'exceptionnelle légitimité démocratique. Cette qualité autodistribuée a l'avantage de repousser « les autres » dans l'ignoble catégorie des « élites » que l'on sait attachées au malheur dudit peuple. Ainsi va la rhétorique électorale de part et d'autre de l'Atlantique en ce premier tiers de XXIe siècle.

Personne ne sait trop ce que recouvre le « peuple », cette entité mythique dont les partis et les candidats protestataires se disent les représentants exclusifs. Le Petit Robert ne nous aide guère, qui parle d'un « ensemble d'êtres humains vivant en société, habitant un territoire défini et ayant en commun un certain nombre de coutumes et d'institutions ». On pourrait imaginer plus précis. Mais enfin, le fait est là, le « peuple » a rarement été autant sollicité.

Les temps s'y prêtent – lendemains d'une crise financière partie de Wall Street qui a ravagé la vie de dizaines de millions de gens ; développement massif des inégalités ; univers économique de plus en plus concurrentiel ; flux migratoires bouleversant l'environnement immédiat des plus défavorisés dans nos sociétés. Marine Le Pen, Donald Trump et, aujourd'hui encore, les chefs brexiters truffent leurs discours de cette référence au « peuple ». Ils se posent en insurgés antisystème. Ils sont la voix des recalés de la mondialisation. Ils ont détourné à leur profit le vieux thème marxiste de la lutte des classes.

Vindicte

Discours dangereux. Il suppose d'entretenir la détestation de l'autre camp : si j'incarne « le peuple », mes opposants sont « les ennemis du peuple ». Les Le Pen, Trump et Nigel Farage (mousquetaire en chef de la campagne Brexit) sont allés au-delà de la dénonciation des élites. Ils s'en prennent à certains des gardiens de l'État de droit (magistrats, fonctionnaires) et aux journalistes. Tous publiquement désignés à la vindicte du « peuple ».

Un vent mauvais souffle. Trump accuse la presse d'être « l'ennemie du peuple » et, dans le groupe des traîtres, l'excellent *New York Times* figure en première ligne. L'un des éditorialistes du quotidien, Roger Cohen, rappelait cette semaine « le pedigree totalitaire presque parfait » de l'expression « ennemis du peuple » : elle a trouvé « ses débouchés les plus accomplis avec les nazis, Staline et Mao », écrit Cohen. Le *Financial Times* rapporte que des juges et des journalistes aux États-Unis commencent à recevoir des menaces de mort.

Curieuse référence économique, le peuple. À quel niveau de revenu passe-t-on dans la famille des « élites » ? Sort-on du « peuple » en s'enrichissant ? Y retourne-t-on en se ruinant ? Imprécise référence électorale, en tout cas. Les plus pauvres des Américains ont voté Hillary Clinton. Le Brexit n'aurait pas rallié la majorité sans l'appui des riches retraités du sud de l'Angleterre. La clientèle Front national du sud de la France est souvent aisée, celle du Nord, pauvre.

Pourtant, la référence au « peuple » dit quelque chose des sociétés occidentales. Elles sont souvent sans pitié pour les laissés-pour-compte de la mondialisation. La marginalisation n'est pas forcément économique, elle est d'abord culturelle.

Le politiquement correct ne pousse pas la générosité jusqu'à défendre un large spectre de « minorités » : recalés de la révolution numérique, banlieusards chassés du centre des villes, agriculteurs écrabouillés par la grande distribution, professeurs prolétarisés, tous ceux qu'un environnement médiatique insupportable de jeunisme et de suffisance narcissique relègue en classe « ringards ».

Brillant politologue de l'université de Cambridge, David Runciman s'interroge : que recouvre aujourd'hui l'incantatoire référence au « peuple » ? Dans le quotidien *The Guardian*, en octobre 2016, il observe que le déterminant le plus sûr du vote Brexit comme du vote Trump ou Le Pen est le niveau d'éducation – en gros, ceux qui ont été à l'université et les autres. Ce critère ne recoupe pas forcément celui de la richesse : l'électorat Trump compte nombre de riches entrepreneurs. Il n'oppose pas « le savoir à l'ignorance », dit encore M. Runciman, mais il détermine deux représentations du monde de plus en plus antagonistes.

Si le niveau d'éducation devient la vraie ligne de fracture dans nos sociétés, nous ferons face à une « double aliénation » : « Les moins éduqués jugeront qu'ils sont dirigés par des experts snobs ignorant tout de leur vie ; les diplômés trembleront à l'idée que leur avenir puisse être décidé par des ignares, imperméables à la façon dont le monde marche vraiment. » Ce fossé-là peut être plus profond et plus toxique que celui qui sépare riches et pauvres car il est lesté, de part et d'autre, d'un sentiment de supériorité. L'une et l'autre incestueuses, les deux tribus se connaissent de moins en moins, les uns en ville, les autres ailleurs, séparés par le périphérique et l'incompréhension mutuelle.

Les maraudeurs de la politique exploitent cette fracture. Cyniques et hypocrites, ils appartiennent à l'élite, mais en appellent au « peuple ». Les ténors du Brexit, Nigel Farage et Boris Johnson en tête, habitent les mêmes quartiers que leurs adversaires. Ils ont fait les mêmes études, passent leurs vacances en Grèce, souvent grassement payées par Rupert Murdoch, l'homme qui a juré la perte de l'Union européenne. Trump a hérité de 240 millions de dollars à la naissance et, même à la Maison Blanche, il se refuse à rendre publique sa déclaration d'impôts. Mme Le Pen a, elle aussi, hérité d'une confortable aisance ainsi que d'une affaire familiale, en l'espèce un parti, qu'elle s'occupe à faire fructifier. Ils n'ont aucune légitimité particulière à parler au nom du « peuple ».

5 mai

Bobards et mondialisation

Elle veut « protéger » la France de la mondialisation. De toutes les jobardises serinées par Marine Le Pen ces dernières semaines, celle-là est la plus grosse. Il ne dépend pas d'un responsable politique français, même installé à l'Élysée, d'arrêter la mondialisation. L'économie de la France est mondialisée. Elle le restera, sauf à vouloir s'inspirer de modèles aussi attrayants que celui de la Corée du Nord ou de ce que fut l'Albanie d'Enver Hodja.

Mais le leitmotiv de la candidate d'extrême droite au scrutin du 7 mai dit quelque chose du malaise de l'époque dans les pays du Nord. Là, en Europe comme aux États-Unis, les Occidentaux ont perdu le monopole de la richesse. Dans une partie de l'opinion, le désarroi est profond. Il est à l'origine du vote en faveur du Brexit, il explique l'élection de Donald Trump à la Maison Blanche. Il chamboule nos paysages politiques habituels. Il accompagne cette sourde colère qui nourrit la montée des candidats protestataires – quel que soit le résultat du vote de dimanche, plus de 50 % des Français se sont prononcés, au premier tour, pour des partis contestant radicalement le système politico-social.

La mondialisation n'est pas, comme l'ânonne Mme Le Pen, un complot des « oligarchies » contre « le peuple ». Elle n'est pas une idéologie, mais le résultat de forces complexes. La croyance dans les vertus du libre-échange se mêle ici à la révolution technologique et à la volonté farouche des nations du Sud d'accéder à la richesse. Rédacteur en chef de l'excellent mensuel *Alternatives économiques*, Guillaume Duval, dans un article démolissant le protectionnisme du programme Le Pen, écrit : « La mondialisation, c'est le retour sur la scène planétaire des pays du Sud. »

Mal-être identitaire réel

La révolution technologique a permis la délocalisation du travail : on conçoit ici, on produit là-bas, on vend ailleurs. Elle a accéléré la globalisation des échanges – de biens, de services, de capitaux, mais aussi d'idées et d'images (toute l'Afrique croit que la France vit comme la classe moyenne dans un feuilleton télévisé). Elle a permis à certains pays du Sud de s'insérer dans les « chaînes de valeur mondiales ». Ils assurent une part de la fabrication des grands produits de consommation, du high-tech à l'aéronautique. La Chine, l'Inde, d'autres en Asie et ailleurs ont saisi leur chance : des centaines de millions de gens sont sortis de la misère.

Cela ne va pas s'arrêter. Cela va s'accélérer, raconte Richard Baldwin dans son histoire de la mondialisation (*The Great Convergence*, The Belknap Press, 2016). La globalisation des échanges est portée par la croissance exponentielle des progrès technologiques. Aucune mesure protectionniste « nationale » à la Mme Le Pen ne va arrêter cette évolution. Faire croire le contraire, c'est tromper l'opinion. Ancrée dans l'éternel « c'était mieux avant » – souvent discutable –, la promesse du retour aux années 1960, point clé des programmes des partis protestataires, est un énorme bobard.

Que vivons-nous ? Pour une fois pessimiste, le journaliste et essayiste américain Thomas L. Friedman, triple lauréat du prix Pulitzer, évoque « une des plus grandes mutations de notre histoire », caractérisée par « l'accélération simultanée de trois grandes forces » : la technologie, la globalisation des échanges et le réchauffement climatique. Dans son dernier livre, *Merci d'être en retard. Survivre dans le monde de demain* (Saint-Simon et Perrin, « Tempus »), Friedman doute de notre capacité d'adaptation. Une question hante ces pages : la démocratie tiendra-t-elle le choc d'une mutation pareille ?

Comme les autres pays du Nord, la France bénéficie de la mondialisation. Les exportations représentent 30 % de son PIB – soit quelque 14 millions d'emplois. Elle en a souffert aussi tout au long de ces vingt dernières années : désindustrialisation, stagnation des revenus des classes populaires et moyennes, inégalités en expansion, systèmes de protection sociale malmenés. Trump, Brexit, Le Pen ou l'exploitation politique d'une demande sociale bien réelle, à laquelle, alternant au pouvoir, centre droit et centre gauche ont mal su répondre.

Cette demande n'est pas qu'économique. Hors des villes, dans les territoires des laissés-pour-compte de la globalisation, le malaise va bien au-delà. Au cœur du vote protestataire flotte ce sentiment croissant éprouvé par nombre de citoyens de voir fondre le paysage habituel de leur environnement, écrit Carlo Strenger, essayiste polymorphe israélo-suisse. Flux migratoires incontrôlés, perte de statut social, dilution des corps intermédiaires et de la famille, repères culturels de plus en plus évanescents, tout favorise un mal-être identitaire réel. On touche vite aux « limites de l'idéal du multiculturalisme », explique Strenger dans le quotidien *Haaretz*.

Le réflexe de repli est une réaction de panique et la prétention de parler « au nom du peuple », le début d'une dérive autoritaire, sous-jacente chez Trump comme chez Le Pen. En France, le protectionnisme économique sectoriel n'aurait de sens qu'au niveau européen – avec la défense des marchés publics de l'Union européenne (UE), notamment, ou la création d'une agence de contrôle des investissements extérieurs au sein de l'Union (deux propositions d'Emmanuel Macron). Face au malaise social, les exemples viennent du Canada ou de la Scandinavie, où l'on a su adapter l'État-providence à la nouvelle ère économique. En France, pour des raisons électorales, l'État social a protégé des situations acquises plus qu'il n'est allé au secours de ceux que la mondialisation fragilisait.

Dans le monde occidental, plus l'État-providence est pertinent, plus la mondialisation est acceptée. Ce qui vaut mieux, parce que la mondialisation, elle, ne va pas s'arrêter.

27 mai

Mourir pour l'histoire

Pendant la campagne électorale, Jean-Luc Mélenchon a flirté avec une bêtise. Le candidat de la France insoumise évoquait le conflit syrien : « Une guerre de gazoducs et d'oléoducs », a-t-il dit. Rien ne paraît plus inexact. En Syrie, on ne meurt pas pour le pétrole, on meurt pour autre chose.

Avant la guerre, le pays comptait 22 millions d'habitants – aujourd'hui, près de la moitié sont des réfugiés, de l'intérieur ou de l'extérieur. Avant les premières manifestations, le produit intérieur brut syrien était de 77 milliards de dollars, inférieur à celui de l'île de Puerto Rico. Comme le rappelle l'Américain Juan Cole, l'un des meilleurs historiens du Moyen-Orient, la Syrie pompait 400 000 barils de pétrole par jour (b/j). Autant dire une misère : « Un seul site d'exploitation des schistes du Dakota du Nord fait mieux », relève Cole. L'Arabie saoudite extrait 10 millions de b/j. Le territoire syrien serait un point de passage pour des « pipelines » ? Guère plus. Même si l'Iran aimerait exporter *via* l'Irak et la Syrie, on ne fait pas la guerre pour ça. Le coût du fret par pétrolier ne cesse de baisser.

En Syrie, on meurt pour des idées, de la religion, de la passion, pour des intérêts stratégiques, des jeux de puissance. On meurt au nom de l'histoire. Nous avons du mal à comprendre, raconte Bruno Tertrais dans un livre admirable, *La Revanche de l'histoire* (Odile Jacob). Passé la première moitié du XXe siècle, les Européens ont chassé la guerre de leur horizon politique.

Pendant quelques mois, au lendemain de la chute du mur de Berlin, en 1989, ils ont cru que l'histoire était finie. Elle avait un sens unique : démocratie libérale, économie de marché et mondialisation formaient le triptyque de l'avenir, pour tout le monde, à plus ou moins brève échéance.

« La dilution des racines »

On a vite déchanté, relève Tertrais, directeur adjoint de l'excellente Fondation pour la recherche stratégique (FRS). Des guerres des Balkans au chaos moyen-oriental actuel, l'histoire nous a rattrapés. « Dans un monde prétendument sans mémoire », elle est partout, écrit-il. D'ancestrales passions « s'affirment comme un ressort essentiel des rapports de force internationaux » contemporains. Dans les relations entre États, entre les peuples, dans les défis géopolitiques de l'heure, « l'Histoire est aujourd'hui centrale ».

Pékin ressort des cartes du XVIe siècle pour revendiquer une souveraineté absolue sur l'ensemble de la mer de Chine. La Russie fait valoir que la Crimée est russe depuis quatre siècles. Le Turc Recep Tayyip Erdogan veut recréer une sphère d'influence néo-ottomane. L'Iran reconstitue une manière d'Empire perse. L'Inde de Narendra Modi rêve de l'Inde préislamique. La Hongrie de Viktor Orban distribue des passeports aux anciens sujets de l'empire. L'organisation État islamique efface la frontière irako-syrienne pour faire revivre le « califat ».

Pourquoi ce retour en force du passé ? Tertrais passe en revue les déconvenues de la modernité, les peurs que suscite la globalisation, les errements du progressisme. Il pointe tout ce qui concourt à « la dilution des racines dans le grand bain de la mondialisation ». L'histoire vient se loger dans le vide de l'uniformisation technologique. Elle répond à un besoin d'héroïsme, d'absolu, et, face au multiculturalisme, à la nécessité d'un récit national fédérateur.

La nostalgie – « cette résistance à l'irréversibilité », disait Vladimir Jankélévitch – est la force politique montante. Le passé, voilà le refuge. Ce n'est pas l'histoire qui est en cause. Il faut plus que jamais l'étudier. Mais le pouvoir s'en empare pour la reformuler, la recomposer et mythifier le passé. Donald Trump veut que l'Amérique soit « de nouveau » grande, comme quand elle était la puissance prépondérante. Vladimir Poutine entend que la Russie soit « à nouveau » forte, comme du temps de l'URSS. Xi Jinping rappelle que la Chine, l'un des géants de la planète jusqu'au XIXe siècle, ne fait que réémerger, après que les Occidentaux l'ont humiliée.

Tertrais, qui a le sens du rythme, fait défiler, en de courts chapitres, anecdotes et grands thèmes de réflexion. Il est à son meilleur quand il stigmatise les ruses des manipulateurs d'Histoire : tout est toujours la faute de l'Occident, n'est-ce pas... Il sait les abus et les mérites de la repentance européenne. À Moscou comme à Pékin, le pouvoir impose une version officielle de l'histoire et criminalise les autres. On n'est pas loin de vouloir en faire autant à Varsovie et à Budapest. Le refus de regarder l'histoire en face – les crimes du maoïsme comme ceux du stalinisme – est l'une des marques du rejet de la démocratie.

2 juin

L'Amérique sans mission morale

Les droits de l'homme ont disparu. Donald Trump a fait le ménage. Dans le discours de politique étrangère américain, plus de référence à la démocratie, aux libertés – en somme, aux « valeurs » prônées par l'Occident. Nombre d'observateurs salueront la fin de l'hypocrisie et, après des années de tragiques errances néoconservatrices, le retour à une conception plus « real-politicienne » de la diplomatie des États-Unis. Mais Trump va plus loin. Il bouscule toutes les traditions. Il innove.

Le 45e président crée une ligne nouvelle : flatter nombre des dictateurs de la planète et dire du mal des démocraties occidentales alliées des États-Unis. Les premiers ont un sens du « leadership » qui plaît à la Maison Blanche. Les secondes ne paient pas assez pour leur défense ou ont des pratiques commerciales détestables. Fin mai, Donald Trump, dansant avec des porteurs de cimeterres, affichait une mine épanouie en Arabie saoudite et, dans les jours qui suivirent, une moue boudeuse avec ses pairs européens à Bruxelles ou en Italie.

Le président républicain a estourbi l'école néoconservatrice. Celle-ci jure que l'Amérique n'est fidèle à elle-même que si elle porte l'idéal démocratique au-delà de ses frontières, par la force s'il le faut. Parfois proche de cette sensibilité, analyste réputé des questions stratégiques, l'historien Max Boot stigmatise un « dédain affiché pour les droits de l'homme en politique étrangère ». Dans le quotidien *USA Today*, Boot dénonce, chez Trump, une « indifférence ostensible à ce que ses prédécesseurs républicains [à la Maison Blanche] appelaient l'agenda de la liberté ».

Le secrétaire d'État, Rex Tillerson, a théorisé ce retour à la realpolitik. Langage direct : « Si nous posons comme condition à nos relations extérieures que nos interlocuteurs doivent adopter ces valeurs [de la démocratie], qui n'ont été les nôtres qu'au terme d'une longue histoire, alors cela crée des obstacles à notre capacité à défendre nos intérêts à l'étranger », disait-il début mai. En politique étrangère, « l'Amérique d'abord », cela veut dire que les droits de l'homme ne doivent se mettre en travers ni du commerce ni des intérêts stratégiques des États-Unis.

Comme chaque année, le département d'État a publié son rapport sur les droits de l'homme dans le monde. Mais Tillerson n'a rien fait pour en assurer la promotion, ni déclaration ni conférence de presse. Se rendant à Moscou en avril, il n'a rencontré aucun opposant russe, contrairement à l'habitude chez ses prédécesseurs. Le président Trump manifeste un penchant enthousiaste pour les « hommes forts » de la planète – de Vladimir Poutine, un « leader », à Xi Jinping, un « ami », en passant par l'Égyptien Abdel Fattah al-Sissi, « un type fantastique », qui emprisonne des milliers de ses opposants, sans oublier le Philippin Rodrigo Duterte, qui se félicite qu'on viole et qu'on tue dans ses commissariats. Angela Merkel n'a pas droit à tant d'attentions.

Durant la guerre froide, au nom de la lutte contre le totalitarisme soviétique, les États-Unis ont pactisé avec certaines des pires dictatures du moment. À partir des années 1990, de l'Afrique aux Balkans, ils multiplient, avec les Européens, les interventions militaires à but « humanitaire » – certaines réussies, d'autres moins. S'installe alors ce que le politologue Jeremy Shapiro a appelé « le problème de l'omnipotence américaine » : le mythe de la capacité des États-Unis – machine militaire et prosélytisme droits-de-l'hommiste aidant – à régler tous les conflits du globe. Au lendemain des attentats du 11 septembre 2001, sous l'influence dominante des néo-conservateurs, le président George W. Bush va céder à l'ivresse de « l'omnipotence américaine ».

On sait le désastre qui en a résulté, cette séquence de mort et de destruction dont le Moyen-Orient n'est toujours pas sorti. Barack Obama a réorienté la politique extérieure américaine vers plus de réalisme. Il a mesuré ses interventions à l'étranger. S'il a chanté avec talent les vertus de la démocratie, il n'a cessé de dire que les États-Unis n'y étaient souvent guère fidèles.

Mais qu'ils se rattachent à une école isolationniste ou activiste, la plupart des présidents des États-Unis depuis 1945 ont situé leur action à l'étranger dans le même esprit. Avec plus ou moins de conviction, ils se sont référés à cette idée de « l'exceptionnalisme américain » : les intérêts des États-Unis se confondent *in fine* avec la propagation de la démocratie – et, peu ou prou, dans l'hypocrisie ou la sincérité, cela a inspiré leur diplomatie.

Rien de tel avec Trump. En Syrie comme en Irak, il paraît à peine plus interventionniste qu'Obama. Pour le reste, il rompt avec tous ses prédécesseurs. Pour une raison : il ne croit pas dans « l'exceptionnalisme américain ». Il ne voit pas au nom de quelle mission morale il donnerait des leçons à qui que ce soit,

Sissi ou Duterte. Il a une définition presque utilitaire de la politique étrangère : « jobs, jobs, jobs » (pour les Américains). À Fox News, le 5 février, il explique qu'il ne se permet pas de critiquer Vladimir Poutine : « Qu'est-ce que vous croyez ? Que notre pays est si innocent que ça ? » En 2016, Trump défendait l'emploi de la torture. À Fox News toujours, il disait : « Nous n'avons aucun droit à livrer des cours de morale. Regardez ce qui se passe dans notre pays ! »

En dépit des moments les plus critiquables de l'histoire des États-Unis ou à cause des plus courageux, aucun président depuis 1945, démocrate ou républicain, ne se serait aventuré à pareil exercice de relativisme moral – de Jimmy Carter à Ronald Reagan, de John Kennedy au real-politicien Richard Nixon. Trump inaugure une nouvelle école dans la diplomatie américaine : l'hyperréalisme cynique à tendance mercantiliste.

22 septembre

La Chine, géant politique vorace

Pendant leur travail, les fonctionnaires chinois ont dû regarder la télévision. C'était obligatoire. En août et en septembre, des centaines de milliers de grands et petits mandarins, sinon des millions, ont été priés de suivre une émission produite par la télévision d'État : « La Chine et sa diplomatie de grande puissance. » Ordre du parti, la population doit se familiariser avec cette nouvelle réalité : le pays devient un géant de la politique mondiale.

L'anecdote est racontée cette semaine dans l'hebdomadaire *The Economist*. Elle confirme la volonté de Pékin d'afficher ses ambitions diplomatico-stratégiques. La Chine entend peser dans tous les domaines et partout. Pékin se pense en acteur stratégique global, décidé à façonner un monde propice à la défense de ses intérêts. L'époque est finie depuis longtemps où, d'abord concentrée sur sa renaissance économique, la Chine faisait profil bas en politique étrangère. Aujourd'hui, elle se veut, elle se dit, elle redevient une superpuissance globale.

Xi Jinping ne s'est pas rendu à la session d'automne de l'Assemblée générale des Nations unies. Il a laissé Donald Trump éructer contre le nouvel « axe du Mal » qui obsède le président américain : Iran, Corée du Nord, Venezuela. Menu fretin. Le numéro un chinois est occupé ailleurs. Il change le monde – l'Asie, l'Afrique, l'Europe. Dialectique naturelle, le punch économique de la Chine se décline en force politique et *vice versa*. Il faut prendre la mesure de l'ambition de Pékin, disait, ce lundi, l'éditorial du *New York Times* : « Elle est ample et d'ordre culturel, au sens où les Chinois pensent que leur temps est venu, après tous ces siècles où le libéralisme occidental a dominé le monde. »

À un mois du 19e congrès quinquennal du Parti communiste chinois (PCC), qui doit mettre en place une direction toute à sa main, le président Xi, pouvoir personnel renforcé, tropisme autocratique exacerbé, veut d'abord que son pays retrouve une position dominante au large de ses côtes. Son budget militaire privilégie la marine. Poldérisant et militarisant des îlots contestés en mer de Chine, Pékin impose, par la force, sa souveraineté à ses voisins du Pacifique occidental. Les Chinois comptent sur le temps et les pressions économiques pour que la Malaisie, les Philippines, le Vietnam et d'autres finissent par abandonner leurs revendications en ces eaux. Message : la grande puissance militaire dans le Pacifique, les États-Unis, ne fera pas la guerre pour ces quelques récifs. L'Amérique se lassera et la Chine redeviendra, naturellement, ce qu'elle assure avoir été il y a des siècles : le suzerain dans le Sud-Est asiatique.

L'économie reste au cœur du projet chinois. Xi veut changer la place de la Chine dans la chaîne de production de l'économie globale. Il faut passer de l'atelier au laboratoire. À coups de plans de relance, en 2008 et 2015, et d'un endettement de dragon, l'économie chinoise a joué son rôle de moteur de la croissance mondiale. Aujourd'hui, l'objectif est de devenir, d'ici à 2 025, un « leader global » dans les technologies du futur

– semi-conducteurs, intelligence artificielle, etc. En général, les Chinois font ce qu'ils disent.

L'objectif 2 025 explique une politique d'investissements ciblés dans des secteurs sensibles en Europe. L'émergence de cet investisseur aux poches profondes, souvent accueilli à bras ouverts, commence à inquiéter l'Union européenne (UE). Comme le font déjà le Japon et les États-Unis, l'UE s'apprête à contrôler les investissements chinois sur son territoire. Et, dans toutes les enceintes internationales, la Chine communiste contre-attaque, étonnante dans ce rôle de vestale sourcilleuse du libre-échange.

Des pays s'alignent

La politique étrangère de Pékin – cette diplomatie de superpuissance aux caractéristiques chinoises – s'aventure depuis des années dans les banlieues pauvres de la planète. Contrepartie de ce qu'elle prélève en matières premières, la Chine équipe l'Afrique en trains, routes et ports. Il y a sûrement quelques gros éléphants blancs dans cette histoire, pas toujours gagnante pour les Africains, mais nombre d'infrastructures sont là. Elles aident au décollage de l'Afrique et y enracinent la présence chinoise.

Plus « disruptif » encore du monde tel qu'il est, le projet des « nouvelles routes de la soie » – terrestres et maritimes – vise à relier la Chine à ses marchés mondiaux. Mille milliards d'investissements de compagnies chinoises en infrastructures portuaires, ferroviaires et autres, de l'Asie centrale à l'océan Indien, en passant par la Méditerranée, doivent assurer l'expansion de l'influence de Pékin. La Chine affirme que cette projection de son pouvoir économique n'a rien à voir avec ce qu'a été l'impérialisme occidental. Elle se ferait dans le respect absolu de la souveraineté des États concernés. Vraiment ?

À l'ONU, des pays comme le Cambodge, dont l'économie dépend de la Chine, s'alignent sur les positions de Pékin. Il en va de même de l'Iran, pays pivot dans les « nouvelles routes de la soie ». Bénéficiaire d'investissements chinois dans ses activités portuaires, la Grèce a empêché l'UE de condamner, à l'ONU, les atteintes aux droits de l'homme au Xinjiang et au Tibet. Le projet des « nouvelles routes » cible des petits États aux frontières himalayennes de l'Inde et inquiète Delhi qui, pour contenir l'avancée chinoise, se rapproche de Tokyo. Cependant que les États-Unis délaissent au profit des Indiens leurs alliés pakistanais, accusés par Washington de complicité avec les talibans en Afghanistan. Protestant de son innocence, Islamabad a reçu, dans cette affaire, le soutien de Pékin, investisseur numéro un au Pakistan…

Des lignes se brouillent, des alliances se défont, d'autres se nouent. La superpuissance chinoise bouleverse le monde. Ce n'est qu'un début.

13 octobre

Les armes de Donald Trump

Quand 58 personnes ont été mitraillées à mort et plus de 500 autres blessées dans un festival de musique à Las Vegas, dimanche 1er octobre, la Maison Blanche a eu ce sobre commentaire : « Il ne faut pas politiser l'affaire. » C'était une manière de dire que « l'affaire » – la pire des tueries de masse perpétrées depuis longtemps aux États-Unis – ne relève pas du débat public. Elle fait partie de la nouvelle « normalité américaine », tragique, certes, mais conséquence assumée d'une liberté à défendre coûte que coûte : celle d'acheter des armes.

Kellyanne Conway, grande prêtresse de la communication de Donald Trump, a donné le point de vue du président sur CNN. « Le deuxième amendement est l'un des piliers de notre Constitution, a-t-elle dit, qui doit être protégé à tout prix. » Comprendre : même au prix de massacres récurrents. Depuis le début de l'année, 274 Américains ont été tués dans des fusillades dites collectives (au moins 4 morts). Pour 2013, le chiffre se monte à 383.

Adopté en 1791, le deuxième amendement de la Constitution est pour le moins brumeux. « Une milice bien organisée étant nécessaire à la sécurité d'un État libre, stipule-t-il, le droit qu'a le peuple de détenir et porter des armes ne sera pas transgressé. » La jurisprudence de la Cour suprême a interprété ce droit comme une prérogative individuelle, que les cinquante États de l'Union peuvent réglementer.

L'évolution technologique des armes n'a pas modifié le point de vue des juges. À la fin du XVIIIe siècle, il fallait bien dix minutes pour bourrer le canon de son mousquet. Stephen Paddock, l'auteur de la tuerie de Las Vegas, a appuyé sur la détente d'un semi-automatique AR-15, une arme en vente libre, qu'il a légalement équipée pour le tir en rafales : 9 balles par seconde.

« Dommages collatéraux »

Politologue à l'université de Californie, Hahrie Han note que les clubs de tir et les armureries sont aux États-Unis plus nombreux que les McDonald's. La fréquence des tueries de masse a augmenté avec la mise en vente libre des armes semi-automatiques. L'Amérique considère qu'il y a un « niveau de dommages collatéraux acceptable pour que le droit de porter des armes soit maintenu sans entraves », déplore Charles Blow, l'un des commentateurs du *New York Times*. Las Vegas entre dans la catégorie des « dommages collatéraux ».

« Dieu et les armes », « *God and Guns* » : au fil de ces trente dernières années et de leur transformation en un parti religieux, les républicains ont sacralisé le deuxième amendement. Ils ont fétichisé le droit d'acheter des armes individuelles, fusils d'assaut compris. En 2016, Donald Trump a été le candidat de la National Rifle Association (NRA), le groupe de pression des ventes d'armes. Élu, il a été le premier président en exercice à se rendre au congrès annuel de la NRA depuis trente-quatre ans. Au Congrès, la majorité républicaine a annulé toutes les mesures prises par les démocrates pour interdire ou limiter la vente des armes semi-automatiques.

Avec ses 4 millions de cotisants, la NRA finance les campagnes de nombre d'élus républicains. Mais l'action du lobby des armes n'explique pas tout. Quelque chose de plus profond est à l'œuvre, un mouvement qui accompagne la dérive du Parti républicain et qui est à l'origine de l'élection de Trump. Il ne s'agit pas tant des armes elles-mêmes, dit l'hebdomadaire *Time*, mais « de ce qu'elles représentent » dans une partie de l'opinion : « Nos libertés chéries, un rejet du politiquement correct qui envahit tout. »

La question est de défendre, contre les élites des deux côtes, un droit individuel qui symbolise, jusqu'à l'absurde, la résistance à l'ingérence du gouvernement dans la vie des gens : oui, au fusil d'assaut, non, à l'assurance santé obligatoire. David Brooks, l'un des éditorialistes du *New York Times*, va plus loin. L'opinion américaine devient davantage « pro-armes », observe-t-il. En 2000, selon une enquête Pew, 27 % des Américains voulaient un accès plus libre aux armes individuelles ; en 2016, ils étaient 52 %. Les massacres de ces dernières années – y compris celui de 20 enfants de 6 à 7 ans en 2012 – n'ont eu aucun effet dissuasif.

Brooks : « La vraie raison de la victoire des pro-armes, c'est l'ère postindustrielle. La question des armes est au cœur d'un conflit plus large sur les valeurs et l'identité. [...] Aujourd'hui, les Américains qui sont dans l'agriculture et l'industrie peuvent légitimement penser que leur style de vie est menacé par la société postindustrielle. Certains résistent en s'emparant de la question des armes, de l'immigration, du respect dû au drapeau comme autant de sujets de mobilisation » contre les élites.

Neuf ans plus tôt, en campagne dans le nord-est industriel dévasté, Barack Obama ne disait pas autre chose. Un tantinet arrogant, le démocrate évoquait les malheurs d'une classe moyenne déclassée : « Ils sont amers. Alors, pour exprimer leurs frustrations, ils s'accrochent à leurs armes, à la religion ou à un sentiment d'hostilité contre les immigrés et le libre-échange. » La défense de l'accès illimité aux armes individuelles devient l'un des marqueurs identitaires d'une classe moyenne (ouvriers et employés) blanche qui se sent menacée par deux révolutions : la globalisation et le numérique. Les armes pour se défendre du changement, les armes comme l'un des points de ralliement du nationalisme blanc. Caricature ? Un peu, sans doute.

Trump va récupérer ceux qu'Obama avait snobés. Le noyau dur de son électorat est là, dans la classe moyenne blanche. Trump le cultive en bataillant contre le libre-échange, contre l'immigration et pour le droit illimité à acheter des armes individuelles. Quitte à tolérer une forme de « terrorisme intérieur », à titre de dommages collatéraux.

24 novembre

Les nouvelles routes de la soie

Les Chinois l'appellent « le train de la paix perpétuelle ». Ses wagons ont tout pour être heureux. Ils transportent les plus grands vins d'Europe, des bordeaux notamment, mais aussi de l'armagnac, du cognac et autres spiritueux de qualité. Le trajet dure quinze jours au départ d'Amsterdam, pour aboutir ici au cœur de la Chine, à Xi'an, la grande ville du Shanxi, non loin du fleuve Jaune. Au retour, « la paix perpétuelle » gagnera le Vieux Continent, chargé de produits *made in China*. La voie du bonheur passe par le rail, aurait pu dire Lao Tseu.

L'élégante Xi'an, ancienne capitale de quelques dynasties impériales, assure avoir été, il y a très longtemps, le point de départ de la Route de la soie. Elle est aujourd'hui l'un des nœuds ferroviaires des « nouvelles routes de la soie ». La grande banlieue de Xi'an aligne, parmi d'autres, les entrepôts de ce qu'une banderole annonce fièrement, en cette mi-novembre, comme étant « la plus grande base d'importation de vins au monde ».

L'immense centre de fret ferroviaire de Xi'an donne la mesure du projet lancé par le président Xi Jinping en 2013. Le projet commence, lentement, à prendre forme. On le désigne plus communément sous le sigle OBOR – « *One Belt, One Road* », une ceinture, une route. OBOR est le miroir de l'ascension chinoise en cette première partie de XXIe siècle, le symbole du retour de la Chine parmi les Supergrands. OBOR doit consacrer un statut, tout comme l'architecture économique de l'après-guerre signait la prépondérance américaine.

Des outils de financement

Aux quelque soixante pays qui ont déjà souscrit à son initiative, Pékin propose d'ouvrir une série de corridors ferroviaires et maritimes qui relieront la Chine à l'Europe. Ils assureront, du même coup, l'interconnexion des régions traversées entre elles. De quoi seront faits ces corridors ? De ports, d'aéroports, de chemins de fer, d'installations énergétiques – bref, d'un écheveau d'infrastructures qui manquent encore en Asie du Sud-Est, en Asie centrale ou même dans le sud-est de l'Europe.

La Chine s'est dotée d'outils de financement *ad hoc* : une institution multilatérale, la Banque asiatique pour les investissements en infrastructures, et un fonds souverain dédié aux « nouvelles routes de la soie ». Elle a aussi mobilisé l'une de ses plus grandes banques, la Bank of China. OBOR ne relève pas de l'aide publique. Décidés dans un cadre bilatéral ou multilatéral (avec l'appui de la Banque mondiale, notamment), les projets acceptés doivent être rentables – et, assure-t-on, respectueux de l'environnement.

« C'est gagnant-gagnant », ont juré en Chine les interlocuteurs d'une dizaine d'invités français, dont l'envoyé spécial du *Monde*. Le modèle chinois a fait ses preuves : l'investissement en infrastructures stimule la croissance. Les régions concernées – en Asie, notamment – sont encore sous-équipées. La Chine y trouve son compte : elle sécurise ses échanges extérieurs et exporte ses surcapacités en acier et en ciment. Enfin, OBOR peut désenclaver l'Ouest chinois, moins développé que le reste du pays.

Les nouvelles routes ne relèvent pas de « la paix perpétuelle ». Relier, par le rail, la Chine à l'Iran – pays clé dans le projet chinois – en traversant l'Afghanistan pose la question des talibans : comment traiter avec les rebelles afghans ? De même que tracer une ligne de chemin de fer de 3 000 kilomètres entre Kashgar, dans l'ouest de la Chine, et le port pakistanais de Gwadar en pose une autre : que faire des djihadistes ? OBOR préfigure une politique étrangère chinoise plus interventionniste.

Attention, disent les officiels : les « nouvelles routes de la soie » relèvent, certes, d'un expansionnisme économique chinois qui ne se cache pas, mais elles ne sont pas de l'expansionnisme politique « à l'américaine » ! Leitmotiv pékinois : OBOR ne sera pas le pendant chinois de ce qu'a pu être l'ordre politico-économique inspiré par les États-Unis dans leur zone d'influence après 1945. Peut-être.

Les promoteurs d'OBOR garantissent le respect des règles du marché, des appels d'offres internationaux pour les grands chantiers, une sourcilleuse soumission aux autorités des États impliqués, etc. Les « nouvelles routes de la soie » sont une réponse à ceux – comprendre : Washington – qui veulent « contenir » l'émergence de la Chine. Mais, comme l'a souligné fin octobre le 19e congrès du PCC, Pékin prétend mettre en œuvre une politique de puissance « pacifique ». La Chine, avec OBOR, entend inventer une manière singulière de projeter sa force retrouvée. Cela ne ressemblera pas à la façon de faire de l'Occident, promet-on. La dialectique du « gagnant-gagnant » doit – en principe – animer cette poussée de l'influence chinoise. Vision angélique ?

Le message n'en est pas moins clair. OBOR doit faciliter la globalisation libre-échangiste dont le président XI Jinping s'est à nouveau fait le chantre lors de la réunion, à la mi-novembre, du Forum économique Asie-Pacifique au Vietnam. OBOR, disent volontiers les Chinois, est la manifestation du nouvel « équilibre des forces » créé par la réémergence de leur pays sur la scène mondiale. Les « nouvelles routes de la soie » s'inscrivent dans l'ambition proclamée par Xi Jinping dans son rapport au 19e congrès : en 2050, la Chine, ainsi reliée à l'Europe, « se hissera au premier rang du monde en termes de puissance globale et de rayonnement international ».

La Grande Muraille était une représentation de l'empire du Milieu – une Chine qui se tient, orgueilleusement, à l'écart du monde des barbares. Le projet des « nouvelles routes de la soie » est une autre idée de la Chine – un pays qui, en dépit de bien des difficultés intérieures, se projette à l'extérieur. C'est le bouleversement stratégique majeur de notre temps.

8 décembre

Trump dégrade la présidence

On s'est habitués. On n'y prête plus attention. On clique, on tourne la page, on change de chaîne. On a banalisé Donald Trump. On oublie que cette personne qui trouve le temps de fouiller les sites de l'extrême droite raciste, qui scanne à plaisir les publications numériques des théoriciens du complot et autres suprémacistes blancs, est le président des États-Unis. Il est à la tête de la plus puissantes des démocraties de la planète. Il est responsable de l'image de la démocratie. Et c'est lui, le 45e président américain, qui s'attache ainsi à sélectionner soigneusement des vidéos bidon sur lesdits sites, puis à les diffuser aux 43 millions de fidèles de son fil Twitter !

La presse interroge les porte-parole de la Maison Blanche : comment Trump est-il tombé sur ces montages vidéo destinés à discréditer les musulmans du monde entier ? Réponse : le président fait lui-même ses recherches. Ces derniers jours ont pourtant été chargés. Ils ont vu la semaine du 27 novembre au 3 décembre s'achever sur le vote par le Sénat de la plus grosse baisse d'impôts que les États-Unis aient connue depuis 1986.

Ils ont vu Donald Trump reconnaître Jérusalem comme la capitale d'Israël – et compliquer un peu plus la reprise d'un éventuel dialogue israélo-palestinien.

Apparemment, ces événements n'ont rien à voir entre eux. Pourtant, ces journées-là représentent la quintessence du trumpisme.

Commençons par l'insulte faite au Royaume-Uni. Patouillant dans le fumier des sites de l'ultradroite raciste, Trump sélectionne trois vidéos de Britain First – groupuscule britannique spécialisé dans les provocations anti-islamiques. On imagine la scène : le successeur d'Abraham Lincoln cliquant sur trois montages racistes – censés montrer des musulmans agressant des non-musulmans – puis assurant leur diffusion. Il s'agissait de faux et d'images éditées hors de leur contexte.

Londres a protesté, Trump ne s'est pas excusé. Ses porte-parole l'ont défendu : le président a voulu attirer l'attention sur la violence islamiste. Cela l'autorise à détourner des images. Trump est dans son univers : mentir, manipuler, monter une communauté contre l'autre, diviser.

Dans son édition d'octobre, le mensuel *Vanity Fair* cherche à comprendre. Il interroge cinq historiens. À qui peut-on comparer Trump ? La Maison Blanche a déjà connu quelques scènes exotiques – du républicain Richard Nixon sombrant dans le cognac lors du scandale du Watergate au démocrate Bill Clinton baissant son pantalon devant une stagiaire. Mais des menteurs compulsifs obsédés par leur propre personne, des ego dérangés passant de l'autoadulation à l'autocommisération, des hommes en proie à des visions hallucinées – Trump a vu des « milliers de musulmans » massés sur le pont de Brooklyn pour applaudir les attentats du 11 septembre 2001, des titulaires d'un QI incertain convaincus de leur supériorité intellectuelle, non, il n'y en a pas eu, disent les historiens.

Les élus républicains ont pris la responsabilité historique de soutenir cet homme. À la sauvette, les 52 sénateurs du Grand Old Party lui ont donné, le 2 décembre, sa première victoire : le vote – qui sera confirmé par la majorité républicaine à la Chambre – de la réforme de la fiscalité. Il organise un énorme transfert de richesse au profit des entreprises et des plus riches des Américains. Il abaisse le taux de l'impôt sur les sociétés (de 35 % à 22 ou 20 %) afin, notamment, de lutter contre la délocalisation fiscale. L'État compensera la baisse de ses revenus en taillant dans les dépenses sociales.

Baisse d'impôts dictée par Dieu

Ce vote est de nature religieuse. Il obéit à un article de foi républicain : toute baisse d'impôts est dictée par Dieu. Surtout quand elle soulage les riches parce qu'ils redistribueront, sous forme d'investissements et de hausse des salaires, l'argent ainsi récupéré. Cela s'appelle la « théorie du ruissellement ». Elle ne s'est jamais avérée et les économistes la rangent sous l'étiquette de « l'économie vaudoue ». Outre que la réforme se traduira par une hausse substantielle de la dette américaine, elle va manifestement à l'encontre des intérêts d'une partie de l'électorat trumpiste.

Trump s'est fait élire sous la bannière de la révolte sociale. Il est le défenseur des laissés-pour-compte de la mondialisation. Il s'affiche comme le porte-parole des « petits Blancs », privés de leur emploi, de leur dignité, de leur santé, par l'accélération libre-échangiste et technologique des trente dernières années. Seulement voilà, Trump est l'élu d'un Parti républicain qui s'est donné pour tâche de démolir l'État social rooseveltien, qui diabolise l'impôt, l'assurance santé et l'expansionnisme de l'État fédéral. Richissime promoteur immobilier, Trump s'est volontiers converti au catéchisme républicain. Mais il doit en permanence résoudre cette contradiction : concilier son populisme avec sa politique économique.

C'est là qu'intervient son activisme quotidien sur Twitter. Trump sait qu'une partie de la révolte sociale est d'origine culturelle. Contre l'élitisme libertaire du Parti démocrate, les républicains ont su gagner une partie de l'électorat populaire. Trump entretient son public. Il cultive, et exploite, le désarroi de l'opinion face à l'immigration, à l'islamisme, à l'étranger

– déployant ce discours victimaire d'une Amérique malmenée par tous les maux de l'époque. Pour le moment, ça marche. Les historiens peuvent dire, avec raison, que cet homme a dégradé la démocratie américaine comme elle ne l'a jamais été et éreinté son image dans le monde entier. Il reste cette réalité : le noyau dur électoral du trumpisme tient bon, régulièrement revitalisé par les Tweet du patron.

- 2018 -

12 janvier

Donald Trump, ce mauvais génie

« J'ai été un homme d'affaires à GRAND [en majuscules] succès, puis une super-vedette de la télévision, enfin élu président des États-Unis (du premier coup). [...] Je pense que cela me qualifie comme étant non pas intelligent, mais comme étant un génie – et un génie très équilibré. »

On ne s'en lasse pas. On relit. On s'interroge. Le 45e président des États-Unis s'autoglorifie de la sorte dans un Tweet lâché à l'aube du samedi 6 janvier. On pense à quelques-uns de ses prédécesseurs – à Abraham Lincoln, par exemple. On mesure le chemin parcouru. On veut croire que Donald Trump blaguait. Rien n'est moins sûr. Le « génie très équilibré » éprouvait le besoin de répondre au livre de Michael Wolff, *Fire and Fury : Inside the Trump White House* (« Le feu et la fureur : à l'intérieur de la Maison Blanche de Trump »), sorti la veille.

Le journaliste a enquêté pendant trois mois à la Maison Blanche. Il décrit une équipe chaotique et un cercle rapproché de collaborateurs du président unanimement arrivé à cette conclusion : Trump est incapable d'assumer sa fonction. Intellectuellement et psychologiquement. Toute la presse reprenant ce diagnostic, *grosso modo* largement corroboré, le président a voulu rassurer ses fidèles. Méthode habituelle : un Tweet entre 4 heures et 6 heures du matin.

Mais la question des compétences de Donald Trump est mal posée ou, plutôt, elle était tranchée depuis longtemps, comme le dit Ian Bremmer, le président d'Eurasia Group, la grande société d'évaluation des risques politiques : « Bien sûr, Trump n'est pas qualifié pour le job. » Il n'a pas été choisi pour ça. « Un vote de protestation », comme celui de novembre 2016, « n'est pas un vote sur les compétences » supposées d'un candidat, poursuit Bremmer. « C'est un vote de défiance à l'égard des élites. »

« Plouto-populisme »

Trump est le mauvais génie d'une Amérique malheureuse, celle qui ne croit plus dans le « système ». Ouvriers et employés, agriculteurs accablés de dettes, petite classe moyenne blanche au revenu stagnant depuis trente ans, les électeurs de Trump sont les rejetés du couple mondialisation-révolution technologique. Ils l'ont choisi par défi. Sur la lancée d'un redressement amorcé du temps de Barack Obama, l'économie américaine va bien. Elle est aujourd'hui en quasi-situation de plein-emploi. Wall Street plane plus haut que la Trump Tower. Mais les paramètres macroéconomiques masquent la situation individuelle de ceux qui ont porté un héros de la téléréalité à la Maison Blanche.

Au regard des critères de la Banque mondiale, les États-Unis de 2016 affichent une relative bonne santé économique. Et élisent Donald Trump… Ce paradoxe est remarquablement décrypté par Edward Luce, le chef des commentateurs du *Financial Times* en Amérique, dans son dernier livre : *The Retreat of Western Liberalism* (Little, Brown, 2017, non traduit).

Intimement liée à la révolution technologique, la globalisation a supprimé une partie des emplois industriels, qui, au mieux, ont été remplacés par des « jobs » mal payés et peu valorisants dans les services. Elle a mis à la portée de tous, ou presque, les merveilles de la high-tech domestique. Mais trois des impérieuses nécessités de la vie moderne, rapporte Luce, sont au-dessus des moyens de nombre d'Américains : bien se soigner, bien se loger dans une grande ville, payer des études supérieures à ses enfants. En 1950, le 1 % des Américains les plus riches détenait 25 % de la richesse nationale privée. En 2017, le « 1 % » en possède près de 40 %. L'ascenseur social est bloqué, plus qu'en Europe. En 2015 et en 2016, signe d'une régression sociale accélérée et phénomène sans précédent depuis 1945, l'espérance de vie a reculé aux États-Unis.

Le malheur est que le mauvais génie Trump va accentuer la fracture sociale américaine. Sa politique économique relève du « plouto-populisme », écrit Martin Wolf dans le *Financial Times* du 21 novembre 2017. Déréglementation générale et baisse d'impôts pour les sociétés et pour les plus riches : son action est d'abord au service de la « ploutocratie » – ceux qui détiennent le pouvoir et la richesse. Le Robin des bois des délaissés de la mondialisation avait promis de renforcer l'État social. Il finance ses baisses d'impôts par la dette et la réduction des programmes sociaux.

Pour lutter contre la stagnation des revenus de la classe moyenne, Trump compte sur la théorie du « ruissellement » : le surcroît de richesse accordé aux riches générera une hausse des salaires et des investissements. Historiquement, cela ne s'est jamais produit. Et pour combattre les effets pervers de la globalisation, Trump a sa botte de Nevers : le protectionnisme. 2018 verra sans doute le début d'une guerre commerciale entre les États-Unis et la Chine. Acier, transferts de technologie, propriété intellectuelle : dans tous ces domaines, les enquêtes sollicitées par l'administration aboutiront à une condamnation, en général justifiée, des pratiques chinoises.

Mais l'emploi industriel américain ces trente dernières années a plus été décimé par la robotisation que par la concurrence chinoise, explique Edward Luce. En Amérique comme ailleurs, les « populistes » n'ont rien à dire sur l'impact de l'automation sur l'économie. Le « génie » des bords du Potomac n'a aucune réflexion sur l'avenir du travail à l'heure de l'intelligence artificielle. Rien non plus dans ses Tweet qui relève d'une pensée originale sur l'un des mystères de l'économie moderne : pourquoi la révolution technologique n'a, jusqu'à présent, pas apporté le surcroît de productivité qui permettrait une hausse des salaires ?

On a beau se lever à l'aube : sur @realDonaldTrump, le génie a ses limites.

19 janvier

L'importance de Trump

À chaque nouvelle saillie de Donald Trump, au moins deux de ses « confrères », Vladimir Poutine et Xi Jinping, doivent se réjouir. L'Américain est champion quand il s'agit de dégrader l'image de la démocratie libérale. Il s'y emploie avec talent depuis son arrivée à la Maison Blanche. Sa dernière élégance – râler contre les « pays de merde », Haïti et quelques nations africaines, dont des ressortissants émigrent aux États-Unis – a dû largement circuler à Moscou et à Pékin.

Chinois et Russes mènent une bataille idéologique pour défendre l'autocratie politique. C'est un combat conduit avec détermination dans les enceintes de l'ONU, notamment, et qui passe par la critique régulière de la démocratie à l'occidentale. L'objectif est d'assurer la légitimité du mode de gouvernement autoritaire. L'ambition est de promouvoir diverses interprétations de la Déclaration universelle des droits de l'homme. Le message est double : notre « interprétation » vaut bien la vôtre ; vos valeurs n'ont pas le monopole de l'universalité.

La démocratie libérale ne serait qu'hypocrisie pratiquée par des pays un brin décadents et qui, du fait de leur passé, n'ont de leçons à donner à personne. L'historien américain Juan Cole rapportait cette semaine que les médias russes et iraniens émettant en arabe se sont fait une fête de relayer largement la dernière des « trumpitudes ». Le China Global Television Network n'aurait pas été en reste en Asie et en Afrique. Message ainsi largement diffusé : le président américain est raciste.

L'éclat du modèle s'est terni

Trump travaille pour les contempteurs de la démocratie libérale. Aucun de ses discours ne la défend. Son comportement la menace et érode chaque jour davantage l'attractivité du modèle libéral. Trump devrait être la vestale en chef des institutions américaines : il les critique, les unes après les autres, il les délégitime. Le 45e président des États-Unis pratique le mensonge comme une forme de gouvernement. Ce n'est pas neutre. Ternissant la cause de la démocratie libérale, Trump désinhibe ceux qui la contestent sur la scène internationale.

En ce sens, Trump est important historiquement. Il occupe la Maison Blanche à un moment où le mode de gouvernement démocrate-libéral perd du terrain depuis plusieurs années déjà. L'exemple donné par Trump peut accentuer la tendance. En 1989, au lendemain de la chute du mur de Berlin, la démocratie libérale – avec l'économie de marché – passait pour une forme d'horizon politique inévitable. À son rythme, chaque pays allait s'y convertir et ceux qui n'en avaient pas l'intention faisaient semblant de s'y ranger. Le nombre des démocraties grimpait.

Mais la démocratie libérale, à l'histoire déjà passablement tourmentée, en Europe comme aux États-Unis, n'a cessé de se renier depuis 1989. De l'invasion de l'Irak en 2003 à la crise économique de 2008, l'éclat du modèle s'est terni. Depuis 2000, le monde a perdu une vingtaine de démocraties, toutes passées à une forme plus ou moins aiguë d'autoritarisme. L'histoire aurait changé de sens, si elle en a un.

Les essayistes américains s'inquiètent. Depuis quelques mois, les livres s'accumulent sur le thème suivant : et si le temps de la démocratie libérale était passé ? Chronique de David Brooks dans le *New York Times* du 14 janvier : « Comment les démocraties périssent ». Le lendemain, chronique d'un des autres commentateurs du journal, Ross Douthat, publiée au côté d'un portrait d'Alexis de Tocqueville : « Y a-t-il une vie après le libéralisme ? »

L'Union européenne (UE) est touchée. Deux de ses membres, la Hongrie et la Pologne, sont en train de changer de camp – passant à la démocratie illibérale. Pour ces pays, qui faisaient partie de cet « Occident kidnappé » par l'URSS, selon le mot de l'écrivain Milan Kundera, le retour au camp occidental signifiait trois choses : élections libres, État de droit et économie de marché. On garde les élections et l'économie de marché. Mais, explique Jacques Rupnik dans un article lumineux publié par la revue *Commentaire* (n° 160, hiver 2017), « en Pologne, on assiste à la déconstruction de l'État de droit » et, « en Hongrie, à son démantèlement ».

Le principe de la démocratie illibérale – l'expression est due au journaliste américain Fareed Zakaria – est simple : le parti qui gagne les élections devient propriétaire de l'État. Haute administration, justice, Cour constitutionnelle, police, audiovisuel public, tout revient au vainqueur du scrutin. « La dérive autoritaire s'en prend à la séparation des pouvoirs, à l'indépendance des médias et à la neutralité politique de l'administration publique », poursuit Rupnik. Corps intermédiaires intimidés, jeu d'équilibre des pouvoirs et des contre-pouvoirs ébranlé, magistrats sous contrôle : l'ADN de l'État de droit libéral est attaqué sous le règne du Fidesz de Viktor Orban à Budapest et du PiS de Jaroslaw Kaczynski à Varsovie. On y « est plus près de la Russie de Poutine ou de la Turquie d'Erdogan que de l'UE », dit Jacques Rupnik.

Il rappelle la joie manifestée par Orban à l'annonce de l'élection de Trump. « La non-démocratie libérale est terminée, quelle journée, quelle journée, quelle journée ! » se félicitait le Premier ministre hongrois. L'arrivée à la Maison Blanche d'un candidat qui avait appelé en campagne au démantèlement de l'UE le mettait en joie.

Pour expliquer cette régression de la démocratie libérale, on avance les mêmes raisons de part et d'autre de l'Atlantique : immigration, sentiment d'un multiculturalisme imposé aux dépens des cultures nationales, individualisme radical, dissolution de l'intérêt collectif, inégalités croissantes, chaos technologique. Il faudrait renouveler le modèle libéral : l'une de ses caractéristiques est sa capacité à se régénérer. Trump préfère participer à sa démolition.

9 février

La peur de l'Afrique

Paris, 1966. Jacques Dutronc chante « Et moi, et moi, et moi ». Il est dans sa baignoire, dit la chanson. Il a une pensée émue pour les « 700 millions de Chinois » de l'époque. Ces hordes misérables, on les appelle alors le « péril jaune ». Aujourd'hui, elles fondent sur Paris sacs Vuitton lourdement chargés, cependant que les investisseurs de Shanghai sillonnent l'Hexagone en quête d'investissements. Depuis la chanson du talentueux Dutronc, la Chine a doublé sa population. Elle est devenue la première ou la deuxième économie du monde.

Les Européens, qui sont souvent des inquiets, gambergent sur un autre « péril » : l'Afrique. Elle n'est pas lointaine comme la Chine. Elle est notre voisine. Elle va devenir un géant démographique. Plus de 1 milliard d'habitants en 2017, plus de 2 milliards d'ici à 2050. Le continent pourrait approcher les 4 milliards à la fin du siècle. Pour finir d'accabler l'Europe, on ajoutera que cette Afrique sera jeune, que la moitié de ses habitants en 2050 auront moins de 25 ans et que, dans le même temps, le Vieux Continent justifiera son nom comme jamais.

« En 1900, un quart de la population mondiale était européenne » ; en 2050, cette part sera ramenée à 7 %, « dont près d'un tiers auront plus de 65 ans », écrit Stephen Smith, dans son dernier et stimulant essai : *La Ruée vers l'Europe. La jeune Afrique en route pour le Vieux Continent* (Grasset).

Le « choc migratoire » est inévitable. La démographie n'est pas une science exacte, mais la plupart des experts, à l'ONU comme ailleurs, s'entendent *grosso modo* sur ces chiffres. « Que nous le voulions ou non, cette Afrique de 2 milliards d'habitants va être notre voisin, et nous sommes le sien », observe Jean-Michel Sévérino. L'ancien patron de l'Agence française de développement (AFD) a l'Afrique aux tripes et, comme Smith ou comme l'écrivain Erik Orsenna, il en parle en sage. Pas sur le mode apocalyptique. Sous la verrière d'un café parisien, il énonce cette vérité de bon sens : « L'Afrique fait aujourd'hui plus que jamais partie de notre destin. Ce n'était, ce ne fut longtemps pour nous qu'une affaire d'aide au développement, quasi caritative, qui, en tout état de cause, n'avait aucun impact stratégique sur l'Europe. » « Ce temps-là est fini, poursuit-il, l'évolution démographique de l'Afrique la lie à notre destin, à nous, Européens. »

Les scénarios varient mais tous incluent un passage identique : il y aura une forte poussée migratoire en direction du Vieux Continent. Elle fait de l'Afrique notre partenaire obligé et sans doute la première des priorités à l'horizon stratégique de l'Europe. L'immigration viendra principalement de la bande sahélienne, l'Afrique subsaharienne. La région concentre nombre de calamités : désertification, États faibles, population accablée de pauvreté, sécurité minée par la progression de l'islamo-gangstérisme – ce mélange détonant de rébellion islamiste et de trafiquants en tout genre sur fond de conflits ethniques. À quoi il faut ajouter, concernant la région, une croissance exponentielle, « exceptionnelle », de la population, comme le décrit, en décembre 2017, sur Lemonde.fr, un autre expert de l'Afrique, Serge Michaïlof. La transition démographique est ce moment où à la baisse rapide de la mortalité correspond une baisse de la fécondité. Cette transition est entamée, parfois même très avancée, sur tout le continent africain, mais elle n'a pas commencé ou elle est très lente dans la bande subsaharienne.

La croissance économique dans les pays du Sahel – et ils sont en croissance – est neutralisée par l'évolution démographique. C'est ce que les économistes appellent le « piège de la pauvreté ». En ce sens, Emmanuel Macron a parfaitement raison de poser la question du contrôle des naissances en Afrique. Elle est l'une des clés du développement économique. On l'admet, on s'en félicite, on la cite en exemple pour d'autres continents – l'Asie, notamment. Il ne faudrait pas l'évoquer pour l'Afrique ?

« Des aspects positifs »

Aujourd'hui professeur dans une grande université américaine, Stephen Smith, qui suivit l'Afrique pour *Libération* puis pour *Le Monde*, décrypte la complexité du fait migratoire. Il est d'abord intercontinental. Un jeune Sahélien commence par tenter sa chance en Afrique, descendant vers le Sud, allant sur la côte Ouest, avant de choisir un autre continent. Complexité encore : le décollage économique, donnant les moyens du voyage, favorise aussi l'inéluctabilité du mouvement migratoire.

« Mais nous ne pouvons pas continuer à aborder la question de l'Afrique à la seule aune de l'aspect migratoire, si important soit-il. C'est trop réducteur », dit Jean-Michel Sévérino. « Nous allons avoir à notre porte le continent le plus peuplé du monde et dont le PIB [produit intérieur brut] sera du même ordre que celui de l'Europe : cela présente bien des aspects positifs potentiels », ajoute-t-il.

L'ancien haut fonctionnaire est passé de l'aide au développement au « partenariat » économique avec l'Afrique. Il pilote Investisseurs et partenaires. C'est un fonds qui favorise la création d'entreprises dans un continent en pleine explosion économique, « où les entrepreneurs ne manquent pas » et où la classe moyenne atteindra vite 400 millions de personnes.

On ne sait trop encore à quoi ressemblera la relation Afrique-Europe. Stephen Smith évoque cinq scénarios – du plus optimiste au plus pessimiste (pour les deux continents). Jean-Michel Sévérino constate sur le terrain le dynamisme entrepreneurial des Africains et l'amélioration de tous les grands paramètres du bien-être (santé, éducation, etc.) sur le continent. Il n'y a qu'une seule certitude. Une partie essentielle du destin de l'Europe se joue avec l'Afrique, que nous le voulions ou non.

23 mars

Les Kurdes face à la trahison

Sans les Kurdes, la barbarie de l'organisation dite État islamique (EI) sévirait encore. Les djihadistes disposeraient toujours de leurs points d'appui en Syrie et en Irak. Les « hommes en noir » asserviraient les populations locales. À Mossoul, en Irak, les djihadistes fabriqueraient de la voiture piégée à la chaîne – pour tuer et mutiler ici et là. À Rakka, en Syrie, ils entraîneraient de jeunes Européens, convertis à leur cause, pour qu'ils repartent semer la mort – à Bruxelles, Paris et ailleurs.

Aux États-Unis et en Europe, on présentait la lutte contre le terrorisme islamiste comme une priorité stratégique. On assurait qu'il s'agissait d'une « guerre » à mener sur tous les fronts. La menace était jugée « existentielle ». Nos alliés dans ce combat seraient nos frères d'armes. On ne les oublierait pas, juré, promis. C'était hier. Entre-temps, l'EI a été défait, en tout cas singulièrement affaibli, chassé de Mossoul et de Rakka. Soulagement en Europe et aux États-Unis. On peut passer à autre chose.

Aujourd'hui, la Turquie occupe le nord-ouest de la Syrie. Notre alliée de l'OTAN y traque les Kurdes, nos alliés de la lutte contre l'EI. Dans le chaos des guerres syriennes, les 2 à 3 millions de Kurdes de Syrie, sous la houlette du parti PYD, se sont taillé une région autonome le long de la frontière avec la Turquie. Ils l'appellent le Rojava[1]. Le PYD est proche du PKK – les autonomistes kurdes de Turquie, en guerre contre Ankara depuis quarante ans –, que les États-Unis et les Européens considèrent comme une organisation terroriste, non sans quelque raison.

---

1. Le Rojava (« l'Ouest » en kurde) ou Kurdistan occidental – dont la superficie a été réduite par l'armée turque et ses suppléants syriens islamistes qui l'occupent en partie – est cette région du nord-est de la Syrie où les autonomistes kurdes assurent leur défense par les armes et tentent une expérience de « démocratie participative ».

Une étonnante équipée

L'armée turque ne veut pas que le Rojava serve de base arrière au PKK, même si aucune attaque contre la Turquie n'a été lancée depuis la Syrie. Elle entend démanteler le Rojava. Elle a le feu vert de la Russie, qui laisse l'aviation turque bombarder les villages kurdes. Sur le terrain, la Turquie a recruté des milliers de combattants arabes de Syrie, pour la plupart des islamistes, dont des anciens d'Al-Qaida et de l'EI, rapporte le journaliste Patrick Cockburn, l'un des meilleurs connaisseurs de la région. Pour casser du Kurde se trouve ainsi constituée une étonnante équipée : la Russie, ennemie de l'OTAN, la Turquie, membre de l'OTAN, et une vaste soldatesque islamiste, en principe ennemie des Russes...

Le PYD a des tendances autocratiques. Ne voulant pas se mêler de l'affrontement entre Damas et la rébellion syrienne, il a pactisé ici et là avec Bachar al-Assad. Mais ce sont les femmes et les hommes du PYD qui ont libéré tout le Nord-Ouest syrien de la présence de l'EI. Sans ces combattants admirables, l'aviation américaine n'aurait pas suffi pour prendre Rakka. Sans eux, qui sont intervenus aussi en Irak, les yézidis du mont Sinjar auraient été massacrés jusqu'au dernier. Les Kurdes ont été l'instrument au sol de la défaite de l'EI en Syrie. Dans cette bataille, ils ont perdu des centaines de combattants.

Les États-Unis vont-ils laisser la Turquie pousser plus avant et attaquer les cantons Est du Rojava, là où se trouve le gros des troupes du PYD, appuyées par des forces spéciales américaines ? Washington et les pays de l'Union européenne vont-ils faire pression sur Ankara ou laisser les Kurdes seuls face à l'armée turque et aux islamistes ? Ces derniers ont une revanche à prendre : la haine des Kurdes les anime. Chaque Kurde tombé entre leurs mains – homme, femme, enfant – est promis au viol, à l'esclavage, à la mort.

Ces temps-ci, les Kurdes d'Irak ont mauvaise presse. Autonomes depuis les années 1990, ils ont été sauvés *in extremis*, par les Américains et les Iraniens, de l'offensive menée par l'EI en Irak en 2014. Après quoi, sujets à l'hubris, ils ont agrandi leur territoire et organisé un référendum sur l'indépendance – contre l'avis de leurs amis. Échec sur toute la ligne. Les Kurdes d'Irak ont reperdu ces territoires et Bagdad a restreint leur autonomie. Ils restent prisonniers de leur système politique (suranné). Mais voilà, deux ans durant, ils ont été le principal point d'appui essentiel des Occidentaux pour préparer la reprise de Mossoul. Face à l'EI, ils ont tenu une ligne de front de plus de 1 500 kilomètres : plus d'un millier de peshmergas y ont perdu la vie. Ils ont accueilli un million de réfugiés de la région, notamment les chrétiens.

En Irak comme en Syrie, les Kurdes ont été au premier plan de la lutte contre l'EI. Historiquement, ils ont toujours été victimes du cynisme des grandes puissances. Faut-il vraiment qu'il en aille encore ainsi ? Une fois de plus.

6 avril

« Un moment européen » ?

L'Union européenne (UE) souffre d'une maladie française. Elle ne s'aime pas. Elle se complaît dans la contemplation de ses faiblesses. Elle ignore ses succès et radote à l'infini sur ses échecs. Pourtant, elle tourne, bien moins mal qu'on ne le dit souvent. Mais porter un regard plus serein sur l'Europe suppose un préalable : sortir de l'exercice de dénigrement permanent que les europhiles affectionnent autant que les europhobes.

Les premiers ont tellement investi dans le projet européen qu'ils débinent l'UE pour ce qu'elle n'est pas : un géant diplomatico-militaire au même titre que la Chine, les États-Unis, ou la Russie. Les seconds la condamnent pour les choix faits par les gouvernants démocratiquement élus de ses membres : économie de marché tempérée (relativement) et libre-échange régulé (moyennement).

Il faut regarder l'UE pour ce qu'elle est : un marché unique – sans lequel elle n'aurait ni le niveau d'emploi ni le volume d'investissement qui sont les siens – et une zone de droit et de protection des libertés publiques comme il y en a peu dans le monde. Elle est cela, qui est déjà pas mal, mais pas autre chose, pour l'heure. À cette aune, la dernière édition du rapport Schuman, publiée cette semaine, sous la direction de Thierry Chopin et Michel Foucher, *État de l'Union 2018* (Éd. Marie B), dresse un bilan plutôt optimiste.

Des pathologies actuelles

On dira que c'est l'objet de la Fondation Robert-Schuman et du Centre Wilfried-Martens, qui assurent cette publication annuelle, de dire du bien de l'Europe. Mais, justement, on trouvera là une manière pragmatique et factuelle de regarder ce qui marche et ne marche pas au sein de l'Union. L'heure n'est plus au romantisme incantatoire que portent les formules creuses trop souvent ânonnées pour parler de l'UE et qu'on devrait s'interdire à jamais. On connaît ce bla-bla stérile, tendance pratiques vaudoues, qui va de la nécessité de « refonder le projet européen », à celle de « l'approfondir », en passant par la volonté de franchir « un pas supplémentaire dans l'intégration ».

Si l'on n'idéalise pas l'Union, si on veut bien comprendre qu'elle est une laborieuse négociation permanente entre ses membres, alors on peut avancer que l'on vit peut-être « un moment européen », comme le dit Jean-Dominique Giuliani, le président du conseil d'administration de la Fondation Schuman. Au jeu des comparaisons continentales, l'ensemble européen ne fait pas mauvaise figure face aux États-Unis de Donald Trump, à la Russie de Vladimir Poutine ou à la Chine de Xi Jinping.

Le tableau macroéconomique de l'UE est marqué par la vigueur de la reprise. « Au début 2018, aucun État membre, à l'exception du Royaume-Uni, ne voit ses prévisions en baisse », observe Giuliani. La croissance dans l'UE, en 2016 et en 2017, a dépassé celle des États-Unis : un peu au-dessus de 2 % pour l'ensemble de l'UE, dont 2,2 % pour la seule zone euro. Le produit intérieur brut de l'UE, note le rapport Schuman, atteint 13 000 milliards d'euros, « ce qui en fait la première zone mondiale de création de richesses en valeur absolue ». Grâce au marché unique, l'UE accueille plus d'investissements étrangers que n'importe quel autre continent. Le chômage recule partout et 9 millions d'emplois ont été créés depuis 2014. Lentement, on progresse vers l'harmonisation fiscale et, au sein de la zone euro, vers cette priorité qu'est l'achèvement de l'union bancaire.

L'UE échappe mal aux pathologies actuelles du capitalisme : stagnation des salaires, inégalités menaçantes. Il faut lire à ce sujet la critique impitoyable de l'état du capitalisme à laquelle se livre l'économiste libéral Patrick Artus dans un remarquable entretien accordé à *L'Obs*. Les indicateurs macroéconomiques rendent mal compte de la santé sociale d'un pays – mais on les préfère tout de même bons que mauvais.

Le rapport note que l'élection d'Emmanuel Macron, qui donne une interview à cette édition, ne veut pas dire que le « populisme » soit en baisse en Europe. Le scrutin français est une exception. Au sein de l'UE, les mouvements protestataires europhobes s'installent pour durer. Le désenchantement à l'adresse de l'UE touche, *grosso modo*, 50 % des opinions publiques. Mais aucun des partis protestataires participant à une coalition gouvernementale dans l'UE ne veut sortir ni de celle-ci ni de l'euro. Il en ira de même dans le prochain gouvernement italien. Quant au Royaume-Uni, il donne ce spectacle étonnant d'une négociation sur le Brexit qui n'a d'autre objet pour Londres que de rester associé au plus près à l'aventure européenne.

Au-delà de tous les échecs qu'elle a pu enregistrer – de la gestion de la dette grecque à celle de l'immigration –, pourquoi cet attachement durable à l'UE ? Parce que, en dépit de ses nombreuses tares, son succès tient à ceci, dit très bien Gideon Rachman dans le *Financial Times* : cadre juridique singulier, « elle reste le seul vrai mécanisme pour tenter de trouver des solutions aux questions paneuropéennes qui soient légales, humaines et le plus justes possible ». La liste va des flux migratoires à l'évolution de l'économie numérique, de la protection des citoyens dans une mondialisation chaotique à celle de la sécurité dans une ère stratégique instable.

Ce qui manque à l'Europe, écrit Pascal Bruckner dans la revue *Commentaire* (n° 160, hiver 2017-2018), c'est la conscience de ce qu'elle est : « Un continent envié par le reste du monde [...] parce qu'il est le continent du droit. »

1er juin

Deux menteurs en chef

Entre autres points communs, Donald Trump et Vladimir Poutine partagent le même mépris pour la réalité. C'est une façon polie de dire qu'ils mentent effrontément. Le mensonge est sans doute aussi vieux que la politique. Mais, à la tête des plus grandes puissances nucléaires de la planète, ces deux-là se distinguent. Ils poussent la manipulation de la vérité au niveau du chef-d'œuvre. Ils gouvernent en artistes, ils créent.

À force de mentir, ils ont façonné, chacun, une réalité alternative – celle qui leur convient. Peu importe qu'ils manient le bobard par cynisme ou par convenance conjoncturelle, le résultat est identique : ils brouillent les frontières entre le vrai et le faux. Même si l'on accepte que les mythes aient leur importance dans la cohésion des sociétés, la manière Poutine-Trump de jouer avec la réalité est inquiétante.

Chez le président russe, le mensonge prend la forme du déni. « Bien sûr que non ! » le missile n'était pas russe, répond Poutine, la semaine dernière, quand on l'interroge sur les 298 morts du vol MH17 de la Malaysia Airlines. L'avion, qui assurait la ligne Amsterdam-Kuala Lumpur, a été abattu le

17 juillet 2014 au-dessus de la partie de l'Ukraine contrôlée par des sécessionnistes prorusses, que Moscou appuie et équipe.

Au Conseil de sécurité de l'ONU, la Russie s'était, à l'époque, opposée à la formation d'une juridiction internationale pour établir les faits – et juger. Les Pays-Bas ont alors pris l'initiative d'une enquête internationale. Les conclusions de celle-ci ont été rendues la semaine dernière. Elles sont claires. « Pas de doute », le missile appartenait à une batterie de défense antiaérienne russe Buk, disent les enquêteurs. Il a été tiré depuis le territoire contrôlé par les prorusses. La batterie a été acheminée depuis la base militaire de la ville russe de Koursk, qui abrite la 53e brigade de défense antiaérienne, puis ramenée en Russie dans les jours qui ont suivi le drame. À La Haye, le ministère public assure être capable, preuves en main, de retracer le voyage de la batterie depuis la Russie.

Médisance occidentale

Le déni fait partie du système Poutine, explique Steve Rosenberg, le correspondant de la BBC à Moscou : « Qu'il s'agisse du vol MH17, du meurtre d'Alexandre Litvinenko [ancien agent des services russes, installé à Londres], de la tentative d'empoisonnement de Skripal[2] et de sa fille cette année, du dopage d'État chez les athlètes russes, de l'ingérence dans les élections des autres, le message est le même : "C'est pas nous." » Comprendre : la Russie est victime de la médisance occidentale.

Chez Trump, le mensonge est moins subtil, si l'on peut dire. La séquence est toujours la même. Le président américain ment, insulte, invente. Puis il nie avoir jamais tenu les

2. Ex-officier du renseignement militaire russe et agent double réfugié au Royaume-Uni, Sergueï Skripal était avec sa fille Ioulia à Salisbury, en Angleterre, quand ils ont été retrouvés inconscients dans un parc de la ville le 7 mars 2018. Selon Scotland Yard, ils ont été l'objet d'une tentative d'assassinat à l'agent neurotoxique de la part des services secrets russes. L'un et l'autre ont survécu.

propos qui lui sont reprochés. Il décrit la « population arabe » du New Jersey hurlant sa joie au spectacle de l'attentat du 11 septembre 2001. Il assure que Barack Obama n'est pas né aux États-Unis. Il clame que le père d'un de ses adversaires lors des primaires de 2016, le sénateur Ted Cruz, est lié à l'assassinat du président Kennedy. Pures inventions. Il ment avec une fréquence inédite dans l'histoire américaine. Le *Washington Post* a recensé près de 2 000 mensonges depuis qu'il est à la Maison Blanche. Le président Poutine n'aime pas être mis en face d'une information gênante : il se renfrogne, rembarre son interlocuteur ou feint l'ignorance. Rien de tel chez le président Trump : il n'attache aucune importance à la contradiction, au réel, à être démenti par les faits.

« Il a totalement banalisé la pratique du mensonge », dit un ancien directeur de la CIA, Michael V. Hayden. Son électorat, qui lui reste fidèle à plus de 80 %, n'y prête aucune attention. La vérité relève du « politiquement correct » ; lui dit les choses « comme il les sent », défendent les trumpistes. Trump ment « avec l'insupportable légèreté du charlatan », écrit Roger Cohen, l'un des éditorialistes du *New York Times*.

Touchée à mort, ou presque, par les mensonges d'État proférés pour justifier l'invasion de l'Irak en 2003, la parole de l'Amérique était déjà plus que suspecte – même si Obama lui a redonné de la crédibilité. La guerre froide s'est nourrie de contre-vérités assénées à l'Ouest comme à l'Est. Mais l'omniprésence du mensonge trumpien marquerait une rupture, avance Hayden dans le *New York Times* : « Accepter cette posture de post-vérité, c'est se départir des leçons des Lumières qui ont fait l'Amérique depuis le XVIIIe siècle – la centralité des faits, l'humilité face à la complexité. »

À Moscou, le mensonge fait partie d'une réécriture des événements qui, de bonne ou de mauvaise foi, impute à l'« Occident » tous les malheurs du pays. La Russie serait visée par un complot occidental – explication fournie à chaque fois que la complexité du réel vient contredire la version poutiniste de l'histoire. Cela n'empêche pas les coups tordus, comme dans l'affaire Arkadi Babtchenko, le journaliste russe, « assassiné » un jour à Kiev, ressuscité le lendemain par les services ukrainiens ! Mais le procès général intenté à l'Occident, pas toujours faux, gomme la singularité de chaque situation. Il installe un manichéisme qui évoque une réalité autre que la vraie, la réelle – une réalité alternative.

Chez Poutine, l'exercice relève du calcul politique, chez Trump, d'un narcissisme pathologique. Dans un cas comme dans l'autre, il y a danger. Dans son traité sur la tyrannie, le grand historien américain Timothy Snyder observe : « Abandonner les faits, c'est abandonner la liberté. Si rien n'est vrai, il n'y a plus de fondement à la critique du pouvoir. »

PS : Pierre Hassner, mort le 26 mai, mobilisait son immense culture pour analyser son temps. Une question hantait cet homme tout d'intelligence et de générosité : et si nous n'avions rien appris du XXe siècle ? Nous devons beaucoup à Pierre Hassner.

29 juin

Immigration et indignation

En Europe, le débat sur l'immigration est victime d'un double mal – indignation et hystérisation – qui agit comme une double peine. Au lieu de prendre des voix aux « populismes », il les nourrit et, *in fine*, assurera leur victoire aux élections européennes de 2019. Ajoutez à ce triste tableau que Donald Trump milite ouvertement pour les partis protestataires de l'ultradroite européenne, et vous avez une situation qui recèle un potentiel de désastres inédit.

Oui, le fait de séparer des enfants de leurs parents, au seul motif que ceux-ci tentent d'entrer illégalement aux États-Unis, est révoltant. Oui, le fait de refouler de port en port un navire qui a secouru des réfugiés en Méditerranée est indigne. Oui, reconduire en Libye des migrants d'Afrique subsaharienne sans qu'on sache quel sera leur sort dans ce pays est ignoble. Oui, le comportement de certains membres de l'Union européenne (UE), qui jugent n'avoir aucune obligation de solidarité dans l'affaire des flux migratoires, est lamentable.

Et oui, sans doute était-il nécessaire que ces choses-là soient dites. Après tout, c'est un vaste mouvement d'indignation qui a fait reculer Donald Trump dans l'affaire des enfants. Mais la seule expression de cette juste réaction ne tient pas lieu de politique. Elle ne réglera pas la question de fond – qui risque d'être durable – pas plus qu'elle n'arrêtera la vague d'« insurrections électorales », comme dit Hubert Védrine, qui menace de submerger l'Europe.

Bien au contraire, taxée d'angélisme ou d'élitisme, l'indignation des uns nourrit la démagogie des autres, ceux qui manipulent et hystérisent le débat sur l'immigration à des fins électorales. Ils peaufinent leur profil « populaire » sur le bon vieux thème du monopole du cœur – qui ne saurait appartenir aux seuls « bien-pensants » de l'élite « bobo ». L'indignation a ses limites et ses effets pervers.

Elle ne changera pas le fait qu'une majorité d'Italiens a placé au pouvoir une coalition baroque comprenant un parti d'extrême droite. Sur la carte électorale de l'UE, elle ne fera en rien reculer les progrès constants d'une droite néonationaliste qui n'est plus le seul apanage de l'est du continent.

Elle ne bouleversera pas l'opinion d'une majorité d'Américains qui, selon les sondages, jugent que, dans l'histoire des enfants, le vrai responsable n'est pas Trump, mais les parents qui tentent l'aventure de l'immigration illégale avec des mineurs. Incidemment, Donald Trump, toujours selon les études d'opinion, bénéficie de la fidélité en béton armé de son électorat et, dans une situation macroéconomique plutôt bonne, se porte politiquement comme un charme.

L'hystérisation est, principalement, le fait de la droite protestataire. Au pouvoir en Europe de l'Est, ce néonationalisme monte partout dans l'ouest du Vieux Continent. Un seul thème : la peur. On annonce le déferlement de hordes d'immigrés qui vont changer la nature de l'Europe. On peut essayer d'opposer les chiffres aux démagogues : le flux migratoire à destination de l'Europe a considérablement diminué. On ne changera pas la perception, en partie fondée, d'un phénomène migratoire non maîtrisé, aux États-Unis comme en Europe.

« La montée des extrêmes en Europe », écrit dans *Le Monde* (daté 22 juin) un collectif emmené par Edgar Morin, est moins due au « contexte migratoire » qu'à « l'impression donnée à nos concitoyens d'une impuissance des pouvoirs publics ». Laissons de côté les pays d'Europe de l'Est qui ont une politique : immigration zéro – au nom des « valeurs chrétiennes », bien sûr. Mais l'incapacité des autres membres de l'UE à définir une « coopération renforcée » sur ce sujet ajoute au désarroi de l'opinion.

On ne changera pas non plus cette autre réalité : l'immigration, l'un des dérivés de la mondialisation, ne touche pas, à l'intérieur d'un même pays, les nationaux de façon égale. Elle bouleverse l'environnement des plus fragiles. Elle change plus les quartiers pauvres que les riches. Elle recouvre une multitude de peurs : émiettement progressif des cultures collectives, dissolution de ce qui assure la continuité historique d'un pays.

Des compromis à trouver

En refusant de considérer que la question de l'immigration en était une – d'une façon ou d'une autre –, la gauche n'a cessé de perdre du terrain. Elle n'a pas voulu écouter le malaise de ceux qui votaient pour les partis protestataires ou elle a réduit leur mal-être à une affaire de lutte contre les inégalités. Pourquoi la social-démocratie recule-t-elle partout en Europe, interroge Michael Bröning, le patron du centre de réflexion du SPD allemand ? Parce qu'elle a tenté de « déplacer le débat vers sa zone de confort idéologique que sont le chômage, les inégalités et la justice sociale ».

Mais les nombreux électeurs qui s'inquiètent de l'immigration, à tort ou à raison, « ne pourront pas être gagnés par des appels, même justifiés, à l'égalité », écrit-il dans *Project Syndi-*

cate. Là où l'État-providence est fort et les inégalités moindres, comme au Danemark ou en Suède, les populismes montent quand même, et sur un seul thème – l'immigration.

Il y a des compromis à trouver entre l'Afrique et l'Europe pour réguler des flux migratoires qui, sans être de proportion biblique, devraient être durables. Difficulté conjoncturelle : Trump s'en mêle, pour semer la zizanie. À coups de mensonges sur le niveau de la criminalité en Allemagne, il soutient les ennemis d'Angela Merkel. Il défend le renouveau nationaliste européen qui mine l'UE. Il salue ceux des responsables européens qui, comme lui, ont décidé de « murer » leur pays contre l'immigration. Dans le défi qu'ils ont à relever, les Européens modérés, du centre droit au centre gauche, font face à un scénario inédit : les États-Unis sont contre eux.

7 septembre

Trois morts, un nouveau monde

Pour trouver le *New York Times* à Chicago, j'ai dû aller chez Trump. Un comble quand on sait que le président abomine l'excellent quotidien new-yorkais. En cette fin d'été, la grande ville du Midwest aligne plus fièrement que jamais ses blocs d'architecture futuriste en bordure de l'immense Michigan : l'eau du lac est d'une température civilisée – plus de 20 °C –, les plages accueillantes, et la courtoisie bonhomme des gens du Midwest toujours aussi plaisante. Mais pas moyen d'acheter son quotidien de référence.

La presse écrite papier ne se vend plus en ville ou presque. Ni kiosque ambulant ni boîtes à journaux sur le trottoir. « C'est fini tout ça », vous dit-on avec la gentillesse réservée aux fétichistes attardés. Il a fallu se résigner à sonder la galerie commerciale sise au pied de la tour Trump locale – très belle, soyons franc jeu – pour trouver un minimarket vendant encore des journaux.

La situation n'était guère meilleure à New York. Dans Manhattan, hormis quelques quartiers, les *news stands* ambulants – presse écrite, bretzels et saucisses chaudes – se font rares. Il reste bien le réseau des boîtes bleues métalliques disséminées en bordure de chaussée. Mais, là, surprise ou signe des temps, on ne trouve plus, pour ses 25 cents, qu'un seul journal : le *China Daily*, organe d'État chinois, en anglais. En somme, le PCC assure les derniers jours de la distribution de la presse écrite au cœur du capitalisme mondial. Merci camarades. Mais c'est tout de même la fin d'une histoire, pour les journaux.

Des marqueurs

Les derniers jours d'août les occupaient à enterrer trois personnalités politiques. Chacune de ces morts signait aussi la fin d'une époque. Elles serviront de marqueur aux historiens. Elles éclairent les temps qui viennent. Pour le meilleur ou pour le pire.

Le décès du sénateur John McCain, le 25 août, est une date dans la politique américaine. Elle a une signification qui dépasse le demi-siècle de vie publique de cet homme – ancien pilote de guerre, torturé durant ses cinq années de détention au Nord-Vietnam, deux fois candidat malheureux à la présidence. Sa mort symbolise la fin du Parti républicain, l'une des deux grandes formations politiques américaines, tel qu'on l'a connu depuis 1945 : internationaliste et défenseur acharné du système d'alliances stratégiques conclu par les États-Unis au lendemain de la guerre ; libre-échangiste, pro-immigration et volontiers propagateur des « valeurs » de l'Amérique. La transformation était en cours depuis une vingtaine d'années. Aujourd'hui, le parti d'Abraham Lincoln est devenu le parti trumpiste : ultranationaliste, anti-immigration, refuge des damnés de la mondialisation économique, unilatéraliste en politique étrangère, commercialement protectionniste, et climatosceptique. Il inspire, et soutient, l'ultradroite nationaliste qui se lève un peu partout en Europe.

McCain n'était pas toujours bien inspiré, notamment sur la scène internationale. Mais ce Don Quichotte des bords du Potomac, de plus en plus isolé parmi les siens, menait des combats courageux : contre la corruption de la politique par l'argent ; contre la torture ; contre le radicalisme anti-immigrants. Le sénateur a perdu. L'électorat républicain soutient massivement Trump. McCain comprenait que le génie de la démocratie résidait dans le compromis. Trump ne croit que dans les rapports de force : tout adversaire est un ennemi, et la politique un dérivé de la guerre civile. Tel est le nouveau Parti républicain.

Le 18 août, la mort de Kofi Annan, ancien secrétaire général des Nations unies (1997-2006), n'était pas moins symbolique. Élégant, intellectuellement distancé mais humainement et moralement très engagé, ce diplomate ghanéen croyait profondément dans l'ONU. Il en savait les limites. Organisation d'États souverains, elle ne marche que dans la recherche du consensus. L'action multilatérale suppose de trouver un point d'équilibre entre les objectifs de l'organisation – paix, droits de l'homme, etc. – et le respect du principe de souveraineté des États membres. Difficile.

Annan était marqué par sa propre inaction lors du génocide rwandais, en 1994, alors qu'il était chargé du maintien de la paix. Secrétaire général, il fait adopter par les Nations unies, en 2005, le principe de la « responsabilité de protéger » : tout État est comptable du traitement de sa population. Mais, sous l'influence des nouvelles puissances émergentes, ce qui s'impose aujourd'hui, sur la scène internationale, c'est un retour en force d'une conception absolutiste de la souveraineté des États – et donc de la non-ingérence dans leurs affaires intérieures. Cette conception est partagée et défendue par Trump, son homologue russe, Vladimir Poutine, et par le Chinois Xi Jinping. Les deux premiers méprisent l'ONU, Pékin l'investit massivement. Le multilatéralisme a du plomb dans l'aile.

Voix isolée, devenue plus que marginale en son pays, le journaliste israélien Uri Avnery est mort le 20 août à 94 ans. Cette disparition, là aussi, revêt une signification particulière.

Avnery a été un pionnier du dialogue israélo-palestinien. Dès les années 1950, à la tête de l'hebdomadaire *Haolam Hazeh*, il prône la solution des deux États – un État palestinien aux côtés d'Israël. Ce fut le combat de sa vie, mené au fil de chroniques percutantes qui sont comme le récit continu de l'histoire politique du pays.

Jusqu'à son dernier souffle, il a stigmatisé l'avancée d'une colonisation qui rend chaque jour moins crédible la formule dite des deux États. Elle reste la seule possible, écrivait-il début août, sauf à accepter une forme d'état de guerre permanent entre Israéliens et Palestiniens. Mais cette solution, ressassée comme une incantation vaudoue depuis tant d'années, est-elle encore possible ?

Trois vies, trois morts, un nouveau monde.

21 septembre

Flirt sino-russe

Faut-il prendre au sérieux la nouvelle « alliance » entre la Chine et la Russie ? Et, comme cette relation, apparemment de plus en plus étroite, se forme face aux États-Unis, sinon contre eux, doit-on déjà parler d'une nouvelle forme de « guerre froide » ?

On ne les voyait pas, mais dans l'extraordinaire déploiement de forces auquel l'armée russe s'est livrée la semaine dernière de la Sibérie à l'Extrême-Orient russe, il y avait des Chinois – 3 200 soldats de l'Armée populaire se mêlant, dans la région de la Transbaïkalie, aux troupes russes. Quatre jours durant, 297 000 hommes, 40 000 blindés, survolés par des drones, des hélicoptères et des chasseurs bombardiers, ont soulevé la poussière aux marches orientales de la Russie. Ce n'était pas la première fois que des Chinois participaient à un exercice militaire avec des Russes. Mais ces manœuvres, dites

« Vostok 2018 », furent les plus importantes jamais organisées depuis la fin de l'URSS.

À la tribune d'honneur, esquissant un sourire satisfait, Vladimir Poutine était entouré de généraux chinois en tenue de combat. Il fallait afficher l'entente sino-russe à l'occasion de cet exercice militaire, lequel n'était, bien sûr, « tourné contre aucun autre pays ». La steppe retentissait encore de l'immense pétarade lorsque le président russe retrouvait, mardi 11 septembre, son homologue chinois, Xi Jinping, en marge d'un sommet économique à Vladivostok. Les deux hommes sont des intimes. Depuis 2013, ils se sont rencontrés une trentaine de fois. Ancien chef du bureau de Pékin du *Financial Times*, Jamil Anderlini rappelle que le président chinois parle de Poutine comme d'un de ses « meilleurs amis ».

Une limite au front commun

Chez les experts des affaires chinoises, la tradition est d'apprécier avec scepticisme tout rapprochement conjoncturel entre Moscou et Pékin. L'histoire et la géographie imposeraient la prudence. L'entente entre Mao, le chef de la révolution chinoise, et l'URSS n'a pas survécu aux années 1950, victime de différends idéologiques et frontaliers. On s'est battu à la fin des années 1960 le long du fleuve Oussouri. Au fond d'eux-mêmes, les Russes auraient plus peur de la Chine que des « Occidentaux ». Ils redouteraient le grignotage chinois en Sibérie. Ils ont accueilli sans enthousiasme le projet des « nouvelles routes de la soie » lancé par le président Xi et destiné à relier la Chine à l'Europe. Problème : le projet suppose une forte présence chinoise en Asie centrale, où Pékin vient concurrencer l'influence prépondérante de Moscou. Enfin, l'abîme séparant leurs économies limite la possibilité d'un dialogue équilibré entre les deux pays.

Mais l'environnement international les rapproche chaque jour davantage. Leurs relations n'ont cessé de s'améliorer ces dernières années. À la dégradation continue des rapports entre les Occidentaux et les Russes depuis 2014 s'ajoute aujourd'hui la détérioration du climat entre Washington et Pékin. La guerre déclarée par Donald Trump à la Chine n'est pas une simple affaire d'équilibre des échanges commerciaux. Trump veut casser les chaînes de production de l'industrie américaine pour en ramener une partie aux États-Unis. La guerre ne fait que commencer. À Pékin, cette bataille est vécue comme un défi aussi bien politique qu'économique. Conclusion : Moscou et Pékin ont, au moins conjoncturellement, un adversaire commun. Conséquence : ils renforcent leurs liens – économiques, militaires et politiques.

Depuis 2014, Poutine a cherché à contourner les sanctions occidentales, post-Crimée et suivantes, en développant les échanges avec la Chine. Celle-ci est le plus gros importateur de pétrole russe. Les deux pays ont des projets communs dans le domaine des hydrocarbures. Les banques chinoises ont massivement prêté en Russie. Chinois et Russes commercent, en partie, en yuans.

La coopération stratégique a suivi. Outre les manœuvres communes, au sol comme en mer, la Russie vend un matériel militaire de plus en plus sophistiqué à la Chine. Elle s'était fixé des limites qualitatives dans ses livraisons d'armes à l'armée chinoise, elle semble en avoir de moins en moins. Comme si la Chine ne figurait plus, au moins dans les circonstances actuelles, dans les « ennemis potentiels » de la Russie, catégorie qui semble réservée à l'OTAN. Le *Financial Times* toujours rapportait, le 11 août, que le nouveau ministre de la Défense chinois, Wei Fenghe, avait accordé, ce printemps, sa première visite aux Russes : « La partie chinoise est venue ici pour montrer aux Américains l'étroitesse des liens entre les forces armées de la Chine et de la Russie », a dit le ministre. Dans les conflits territoriaux que Pékin entretient en mer de Chine, Moscou a pris le parti de Pékin.

À cette coopération économique et stratégique, il fallait un ciment politique ou idéologique. Il est là. Xi et Poutine communient dans une bataille acharnée contre l'interprétation occidentale des droits de l'homme ou plutôt contre la prétention des Occidentaux à la tenir pour universelle. Au nom d'un relativisme culturel qui les arrange bien, ils assurent la défense de l'autocratie ou combattent la démocratie libérale « à l'occidentale ». Ce qui est une façon de consolider leurs régimes respectifs.

Nouvelle « guerre froide » ? Sans doute pas. Quel que soit son rapprochement avec la Russie, la Chine doit préserver autant que possible sa relation économique avec les États-Unis. Ses investissements et le volume de ses échanges avec l'Amérique – sans comparaison avec ceux qu'elle peut développer en Russie – comme le montant de ses réserves en dollars, tout la conduit à éviter un affrontement avec son partenaire à la tête de l'économie globale. Il y a une limite au front commun que Moscou et Pékin peuvent afficher face à Washington.

21 décembre

Huawei dans la bataille

Dans la bataille pour l'hégémonie technologique mondiale, qui oppose la Chine aux États-Unis, le 1er décembre 2018 restera comme une date symbole – un moment clé. Ce jour-là, à l'aéroport de Vancouver, au Canada, une Chinoise, sourire discret, allure élancée, est arrêtée à sa descente d'avion. Meng Wanzhou, 46 ans, vient de Hong Kong et doit prendre une correspondance pour Mexico. Elle est interpellée à la demande de la justice américaine, qui réclame son extradition.

La Chine dénonce une provocation : Meng Wanzhou n'est pas n'importe qui. Fille aînée de Ren Zhengfei, PDG et fondateur de Huawei, joyau de la haute technologie chinoise, Mme Meng appartient à un cercle fermé : l'aristocratie du monde des affaires en Chine, l'élite de l'entrepreneuriat aux caractéristiques chinoises. Elle assure la direction financière de Huawei, sans doute le seul groupe chinois à avoir vraiment une assise mondiale. Elle passe aussi pour être l'héritière de son père à la tête de l'entreprise.

Les États-Unis reprochent à Meng Wanzhou d'avoir monté un réseau destiné à contourner les sanctions unilatérales qu'ils ont prises contre l'Iran : Huawei veut continuer à vendre dans ce pays. Mais à Pékin, l'affaire est interprétée bien différemment. On dénonce un coup porté à la Chine dans la course engagée avec les États-Unis pour la domination technologique du paysage industriel de l'avenir. Cri de ralliement sur les réseaux sociaux chinois : « C'est une déclaration de guerre. »

Les huit pétales rouges de l'enseigne Huawei sont l'un des symboles de la fierté nationale chinoise, l'étendard de la percée technologique du pays. Avec ses 180 000 salariés de par le monde, la firme occupe le haut du pavé de la téléphonie mobile. Elle vend plus de smartphones qu'Apple et développe les plates-formes et les réseaux qui porteront la prochaine révolution technologique – la génération 5G.

Huawei est l'instrument d'une stratégie de conquête et d'influence. Elle rivalise avec les géants de la haute technologie américaine. Derrière l'épisode Meng Wanzhou « se déroule un combat décisif », écrit dans le *New York Times* la journaliste Kara Swisher, l'une des commentatrices les plus percutantes des aventures de la technosphère. De quoi s'agit-il ? « De rien de moins qu'une bataille pour l'hégémonie technologique dans le monde de demain, dit-elle. Très spécifiquement, la question est de savoir qui aura le contrôle de l'Internet et qui en déterminera les normes de fonctionnement. »

Une tournure plus politique

L'affaire dépasse la saga de la téléphonie mobile, elle touche à la rivalité stratégique entre la Chine et les États-Unis. « L'avance technologique est le nouveau joker des cartes de la puissance, observe François Delattre, le représentant de la France à l'ONU ; c'est la carte maîtresse, qui assure un avantage déterminant à celui qui la détient. » « Ce n'est pas nouveau, bien sûr, poursuit-il, mais chacun voit bien que cette carte se trouvera survalorisée dans le cadre de la révolution technologique en cours. »

Remise en liberté sous caution le 12 décembre, Mme Meng attend, dans l'une des maisons cossues qu'elle possède à Vancouver, que la justice canadienne statue sur la demande d'extradition américaine. Officiellement, pour les États-Unis, il s'agit d'exercer le droit qu'ils s'arrogent de poursuivre ceux qui bravent des sanctions américaines. C'est humiliant pour la Chine, comme pour les autres. Mais Donald Trump a donné une tournure plus politique à cette histoire. Le président a laissé entendre que la situation de Mme Meng peut aussi dépendre de l'évolution des négociations commerciales qu'Américains et Chinois doivent entamer en janvier. En somme, une prise d'otage ?

Pékin a répliqué en s'en prenant d'abord au Canada : deux ressortissants de ce pays résidant en Chine ont été arrêtés – dont l'un, Michael Kovrig, travaille pour l'excellente ONG International Crisis Group. Inutile de dire que plus un seul dirigeant de la high-tech américaine ne prend, ces jours-ci, le risque de se rendre en Chine, où presse et réseaux sociaux rivalisent en fierté nationale outragée et en menaces de rétorsion visant les États-Unis. Les Chinois en sont convaincus : le jour même où les présidents Xi Jinping et Trump décidaient, en marge du G20 de Buenos Aires, une pause dans leur guerre commerciale, ce jour-là, le 1er décembre, les États-Unis déstabilisaient, à Vancouver, l'un des fleurons de l'industrie chinoise !

Seulement, même si elle est une entreprise privée, Huawei a toujours été soupçonnée d'une trop grande proximité avec l'État et l'armée. La technologie 5G sera demain au centre de nos vies, privées et publiques. Son installation peut-elle dépendre, en partie, d'une entreprise sur laquelle pèse la moindre suspicion ? Les patrons des services secrets au Royaume-Uni, au Canada, en Australie, en Nouvelle-Zélande, au Japon, rapporte James Kynge dans le *Financial Times*, font pression pour que Huawei soit exclue des marchés relatifs à la 5G.

Certains y verront un début de paranoïa antichinoise. Le président Xi porte une part de responsabilité. À force d'insister sur le rôle obligatoire et fondamental du Parti communiste dans toutes les entreprises du pays, il a laissé entendre que celles-ci n'étaient pas seulement au service du marché.

Entre Américains et Chinois, la bataille est affaire de perception. Les premiers veulent en finir avec des pratiques commerciales chinoises qu'ils assimilent à du vol et à de l'espionnage pur et simple. Les seconds sont convaincus que les États-Unis ont tout bonnement décidé d'empêcher la Chine d'accéder au rang qui lui revient – celui de première puissance mondiale. Face à la majestueuse beauté du Pacifique Nord, Mme Meng a tout loisir de méditer sur ce conflit entre titans de l'époque[3].

3. En septembre 2021, Meng Wanzhou a été libérée par la justice canadienne après un accord avec les États-Unis. Elle est retournée à Pékin. La Chine, de son côté, a libéré les deux ressortissants canadiens qu'elle avait arrêtés en représailles et qu'elle retenait en otage.

- 2019 -

11 janvier

Trump et l'héritage de « Vice »

À en croire la presse et les professionnels de la politique étrangère, le verdict ne fait pas de doute. L'histoire retiendra de Donald Trump qu'il a torpillé l'« ordre international » établi par les États-Unis au lendemain de la Seconde Guerre mondiale. Ce président aura été le fossoyeur de la *Pax americana* pensée en 1945 : un ensemble d'institutions, de normes et d'alliances qui devaient assurer, dans l'intérêt bien compris de l'Amérique, un minimum de règles entre les nations.

On peut contester ce verdict, à tout le moins le nuancer. On peut dire que le travail avait déjà été fait à Washington – très largement. Non pas qu'il faille sous-estimer l'action de sape poursuivie avec enthousiasme par le 45e président américain. Il méprise l'ensemble bâti autour de l'ONU. Il dénonce le multilatéralisme et prône le nationalisme. Trump ne défend jamais la charte de l'ONU, le texte fondateur de cet « ordre libéral » : peu de références aux droits de l'homme ou à la démocratie dans ses discours. Cet homme affiche un faible pour les régimes autoritaires.

Les alliés ne sont pas mieux traités. L'idée même que les États-Unis puissent profiter de relations étroites avec les Européens fondées sur un socle de « valeurs » communes lui est étrangère. Dans la tête de Trump, les nations n'entretiennent entre elles qu'un seul type de rapports : des rapports de force. La notion d'une culture « atlantiste » conjointe, partagée aux

États-Unis comme en Europe et justifiant l'alliance politico-militaire qu'est l'OTAN, lui échappe. Entre « alliés » européens et américains, ce qui compte, pour l'homme d'affaires new-yorkais, ce sont les coûts (vous payez combien pour l'OTAN ?), pas les « valeurs ».

Tout cela est vrai si l'on n'oublie pas de rappeler quelques faits. Trump, par exemple, a rempli toutes ses obligations matérielles à l'égard des alliés de l'OTAN, même s'il s'attache à miner ou à humilier, autant qu'il le peut, l'Union européenne. Quant à la référence nostalgique à l'« ordre libéral américain », elle masque souvent une réalité qui fut moins « libérale » et plus chaotique qu'il n'y paraît.

Mais cela ne répond pas à la question que pose le procès fait à Trump : est-il le vrai, l'unique responsable américain de la dissolution progressive de l'« ordre libéral » mis en place par Washington au lendemain de la guerre ? La réponse, c'est non. On ne parle pas ici des évolutions qui, depuis la fin de la guerre froide, ont bouleversé le profil de la scène internationale, notamment l'émergence de nouvelles puissances. Ces événements ont mécaniquement affaibli, et parfois neutralisé, le leadership américain.

On parle d'un épisode récent de l'histoire américaine qui, plus que Trump, a porté un coup terrible, sinon définitif, à l'« ordre libéral américain » de l'après-guerre. *Vice*, le film de l'Américain Adam McKay, qui sort en salle le 13 février, nous rafraîchit fort à propos la mémoire. *Vice* raconte la manière dont le président George W. Bush et son vice-président, Richard Cheney, ont décidé la guerre contre l'Irak en mars 2003. Comme on est à Hollywood, il faut un vilain, un super-vilain, pour porter le récit, et le chapeau, d'une des plus grandes catastrophes de la politique étrangère américaine. Ce sera « Dick » Cheney dans le film, d'où « vice », même si, dans la réalité, les rôles furent partagés.

Au lendemain des attentats du 11 septembre 2001 (3 000 morts, revendiqués par Al-Qaida), les États-Unis chassent les talibans alors au pouvoir en Afghanistan : leur régime abritait l'organisation d'Oussama ben Laden. Puis ils attaquent l'Irak de Saddam Hussein, invoquant, pêle-mêle : des liens supposés entre Saddam et Al-Qaida, un arsenal d'armes de destruction massive aux mains du régime irakien, la nécessité de pacifier le Moyen-Orient en installant un régime plus « modéré », et même démocratique, à Bagdad.

« Prince des ténèbres »

Aucun de ces éléments ne tenait la route. Mais, à la Maison Blanche de Bush junior comme autour de Cheney – pas au Pentagone, ni au département d'État –, nombreux étaient ceux qui n'attendaient qu'un prétexte pour s'en prendre à l'Irak de Saddam Hussein. Qu'il s'agisse du prosélytisme démocratique des néoconservateurs ou du désir des ultranationalistes (comme Cheney ou Donald Rumsfeld, le secrétaire à la Défense) de réaffirmer l'imperium américain, leurs raisons étaient idéologiques et stratégiques – et non « pétrolières » comme le film le laisse entendre.

Le président n'était pas le moins décidé, sans doute aussi pour se démarquer de son père, George H. W. Bush. Relativement novice en politique, Bush junior avait laissé Cheney, vieux professionnel des batailles washingtoniennes, constituer autour de lui une présidence *bis*. « Prince des ténèbres » descendu de son Wyoming natal avec une nature aussi aimable que celle d'un grizzly, Cheney va piloter une formidable campagne de désinformation et de mensonges d'État. Objectif : convaincre l'opinion et le Congrès de la nécessité d'attaquer l'Irak. Trump n'a pas inventé les *fake news*.

Les États-Unis humilient l'ONU. Cheney et Rumsfeld ridiculisent, ou insultent, l'Allemagne et la France. Il n'y a plus d'alliés et plus de règle internationale qui comptent. On sait le résultat : l'Irak à feu et à sang pour des années ; le djihadisme relancé comme jamais ; le Moyen-Orient déstabilisé durablement, etc. À quoi il faut ajouter Guantanamo et Abou Ghraïb : un coup fatal porté au crédit de l'Amérique, à son discours sur la démocratie, à la notion même de droit international.

Bref, un désastre stratégique majeur. C'est aussi à l'aune de la guerre américaine en Irak qu'il faut apprécier la politique étrangère de Trump. On peut la juger calamiteuse, mais il n'a – encore – rien commis d'aussi irréparable.

15 février

Notre Iran

John Bolton, le conseiller de Donald Trump pour la sécurité, disait récemment que la République islamique d'Iran n'atteindrait pas les quarante ans. Elle y est et célèbre ces jours-ci cet anniversaire – même si c'est dans la peine et sur la défensive. L'avenir du régime issu de la révolution de 1979 n'a pas les couleurs d'une rose d'Ispahan, mais, quoi qu'en pense Bolton, ne paraît pas non plus menacé.

Née du renversement du chah Mohammad Reza Pahlavi – cette monarchie précaire s'effondre dans les journées des 9, 10 et 11 février 1979 –, la République islamique a déjà vécu nombre d'épreuves. Elle a connu la guerre et d'éternelles dissensions intérieures. Elle a écrasé ses opposants et continue, à intervalles réguliers, à être défiée dans la rue. Le mécontentement populaire n'est jamais loin. Elle a traversé embargos économiques et boycottages diplomatiques. Mais elle est toujours là. L'Iran de 2019 compte 82 millions d'habitants : plus de la moitié d'entre eux n'ont connu que la République islamique.

Elle a changé le pays et la face du Moyen-Orient. Dans une bataille où se mêlent nationalisme, volonté de puissance et querelle théologique, elle dispute à l'Arabie saoudite le droit à la prépondérance régionale. Elle n'entend renoncer ni à ses missiles balistiques ni à financer les milices armées qui assurent ses positions de force dans le monde arabe – en Irak, en Syrie, au Liban, notamment. Missiles et milices : la recette du pouvoir iranien à l'extérieur.

À l'intérieur, le cocktail est plus complexe. Pilier du dispositif stratégique des États-Unis au Moyen-Orient, allié des Occidentaux face à l'URSS, le chah Pahlavi était un dictateur chez lui. Grisé par l'explosion du prix du pétrole, dont l'Iran est l'un des plus importants producteurs, le chah voulait faire de son pays « le Japon du Moyen-Orient ». En ces années 1970 naissantes, il souffrait d'un mélange d'hubris et de dépression et d'un début de cancer. Les Iraniens ne le suivaient pas de bon cœur dans la marche forcée à l'occidentalisation à laquelle il les vouait.

Acteur traditionnel de la vie politique du pays, le clergé chiite – le pays appartient à la branche minoritaire de l'islam – va cristalliser un large mouvement de protestation contre le régime du chah. Mais, une fois celui-ci effondré, le parti des mollahs – et à sa tête la figure tutélaire de la révolution, l'ayatollah Rouhollah Khomeyni – va éliminer par la terreur tous les autres acteurs de la révolution. S'installe un régime théocratique : le dernier mot appartient au Guide religieux – Khomeyni meurt en 1989 et, depuis, la fonction est assurée par Ali Khamenei. La charia assure le droit commun. Il y a des élections, un espace démocratique plus grand qu'ailleurs dans la région, même si les candidats à la présidence et au Parlement sont soigneusement « sélectionnés ». L'ensemble forme une complexe machinerie de pouvoirs et contre-pouvoirs, où l'opposition n'est tolérée qu'à l'intérieur du système : toute autre expression critique est farouchement réprimée.

Mais le profil du régime à l'extérieur, cette combinaison de nationalisme, de messianisme révolutionnaire chiite, d'expansionnisme régional, de nostalgie impériale, d'antiaméricanisme farouche, d'obsession anti-israélienne, de flirt avec une manière de paranoïa, ce mélange-là est l'héritage de l'histoire. L'Occident y a participé : tel qu'il est, l'Iran est aussi notre création. Le pays n'a pas oublié sa solitude quand, poussé par les Occidentaux et par les Soviétiques, l'Irakien Saddam Hussein l'attaque en septembre 1980, avec l'ambition de renverser le nouveau régime. L'agression extérieure va consolider la révolution, elle amène Khomeyni à reprendre le projet nucléaire du chah et à muscler cette deuxième armée qu'est le corps des Gardiens de la révolution – devenu l'élément clé du pouvoir à Téhéran.

Une contradiction intérieure

En 2003, c'est l'attaque américaine contre l'Irak, traditionnel butoir face aux velléités régionales de l'Iran, qui facilite l'émergence de la République islamique en tant que superpuissance locale. Elle place la majorité chiite au pouvoir à Bagdad et régénère un extrémisme arabe sunnite qui sert de prétexte à Téhéran pour justifier son dispositif de « défense » avancé au Liban et en Syrie, notamment.

L'histoire se répète. Trump porte aujourd'hui un coup sévère aux « réformateurs » de Téhéran, ceux qui aimeraient que la République islamique renoue avec l'Amérique. La décision du président américain de se retirer de l'accord sur le nucléaire iranien conclu en juillet 2015, avec l'imprimatur de l'ONU, et de placer de nouveau l'Iran sous embargo, entretient la radicalité du régime.

Celui-ci est pourtant confronté à une contradiction intérieure de plus en plus aiguë. Au fil de ces quarante ans, et notamment d'une ouverture de l'enseignement supérieur aux femmes, la République islamique a permis l'émergence d'une classe moyenne urbaine ambitieuse et riche de talents multiples. C'est son succès.

Fonctionnaires dynamiques, ingénieurs, architectes, cinéastes, entrepreneurs : toute une société civile urbaine a desserré l'étouffoir imposé par les mollahs. Elle s'est courageusement taillé des territoires de liberté. Elle est la force de l'Iran moderne. Elle ne remet pas en cause le régime : les Iraniens sont saturés de violence. Elle communie même avec lui dans une manière de fierté nationale retrouvée.

Mais elle ressent d'autant plus l'échec économique de la République islamique – lequel tient plus à la corruption, à l'absence d'État de droit et à une surexposition militaro-diplomatique extérieure qu'aux sanctions.

Recrue d'épreuves, la République islamique affronte celle-là, qui est peut-être pour elle la plus menaçante : renouer avec les aspirations des Iraniens d'aujourd'hui.

26 avril

La démocratie chinoise (à Taïwan)

Au-dessus, il y a les typhons, qui adorent Taïwan. Au-dessous, il y a les tremblements de terre, qui accompagnent souvent les typhons. En face, il y a l'armée chinoise, qui manœuvre, menace, gesticule. Les démocrates taïwanais sont courageux, ils affrontent toutes sortes de météos. Mais ces temps-ci, avec le président Xi Jinping à Pékin, l'île de Taïwan vit le baromètre calé sur la zone des tempêtes.

D'un côté, Taïwan, 23 millions d'habitants, 400 kilomètres de long sur 100 de large, unique démocratie libérale du monde chinois et qui entend le rester : presse la plus critique de la région, élections libres (depuis 1996), État de droit (depuis 1987), 40 % de femmes dans les assemblées électives, liberté d'expression garantie, tolérance religieuse maximale. À Taipei, la capitale, on respire quelque chose qui vient du grand large, une certaine légèreté.

De l'autre côté du détroit de Formose, à 200 kilomètres de là, c'est la grande sœur, l'immensité de la Chine continentale : 1 milliard 300 millions d'habitants, deuxième économie du monde, superpuissance militaire émergente. Face à Taïwan, la Chine aligne une impressionnante armada, dont l'unique occupation est de s'entraîner à envahir l'impudent confetti.

Tel est, ici, en mer de Chine méridionale, l'héritage de la guerre civile chinoise : en 1949, défaits par les communistes de Mao, les nationalistes de Tchang Kaï-chek se sont repliés sur

Taïwan – et y sont restés. Le président Xi Jinping s'impatiente. Il dit que « les divisions politiques entre la Chine et Taïwan ne peuvent pas être transmises de génération en génération ». Il faut « réunifier », par la force si nécessaire.

Opportunément, Taipei célébrait en cette mi-avril le 40e anniversaire du *Taiwan Relations Act*, voté en 1979 à Washington et qui est une manière d'assurance-vie : les États-Unis se sont engagés à défendre les intérêts de l'île au moment même où l'Amérique ouvrait officiellement une ambassade dans la Chine de Deng Xiaoping, le successeur de Mao.

Taïwan se satisfait de cette indépendance *de facto*, garantie par les États-Unis, mais qu'elle prend soin de ne pas proclamer. Les deux partis qui alternent au pouvoir savent l'attachement des Taïwanais à la démocratie : 75 % pour le *statu quo*, 15 % pour l'indépendance, 5 % pour l'unification avec la Chine. « Nous sommes déterminés à nous battre pour défendre nos libertés », assure le ministre des Affaires étrangères, Joseph Wu, à quelques journalistes européens, dont l'envoyé du *Monde*, invités à Taipei à l'occasion de cet anniversaire.

Confrontation inévitable, sous une forme ou une autre : « La démocratie a atteint à Taïwan un point de non-retour », dit une source européenne à Taipei, et « Pékin ne renoncera jamais à l'unification » présentée comme un « intérêt vital » de la Chine. Soucieux de laisser sa marque dans l'histoire, Xi veut être l'homme de la réunification.

Au milieu, Donald Trump a pu, un temps, laisser planer un doute sur la solidité des alliances formelles ou informelles des États-Unis dans la région. Il s'est rattrapé. En pleine guerre commerciale avec la Chine, l'administration a envoyé à Taipei, à la mi-avril, une haute délégation parlementaire fêter les quarante ans du *Taiwan Relations Act*. Celle-ci en a profité pour inaugurer l'immense et nouveau bâtiment qui, sous le couvert de l'Institut américain à Taïwan, sert d'ambassade non officielle.

Observant que la communauté internationale admet qu'il n'y a qu'« une seule Chine » (mais des « interprétations différentes » de ce principe, dit-on à Taipei), Pékin juge que Taïwan est « une affaire intérieure chinoise ». Xi suggère d'étendre la souveraineté de Pékin à l'île en y appliquant la formule « un pays, deux systèmes » de gouvernement. Inacceptable pour les deux grands partis, le Parti progressiste démocratique de la présidente Tsai Ing-wen et le Kouomintang (jugé plus souple avec Pékin). Promise à Hong Kong, observent-ils, cette formule a été, au fil des ans, réduite à peu de chose par le Parti communiste chinois (PCC), qui rogne une à une les dernières libertés laissées à l'ex-colonie britannique. Un épouvantail pour les Taïwanais.

Alors la Chine mène la vie dure à Taïwan. Certes, les échanges – tourisme, business, affaires familiales – sont denses entre les deux rives, mais, depuis deux ans, Pékin a interrompu tout dialogue politique avec Taipei. La Chine veut nous « suffoquer diplomatiquement et nous intimider militairement », dit M. Wu.

« Petits soldats de l'Internet »

Plus grave, accuse le vice-ministre chargé des relations avec la Chine continentale, Chiu Chui-cheng, les Chinois s'efforcent de nous « déstabiliser » de l'intérieur. Taïwan est « en première ligne » d'une « guerre de désinformation » que lui mènent Pékin et son armée de « petits soldats de l'Internet », semant, par la grâce des réseaux sociaux, rumeurs, photos truquées et autres *fake news* destinées à saborder le fonctionnement de la démocratie taïwanaise.

C'est une guerre de « modèles ». Le camp pro-Pékin « vend » le mode de gouvernement autocratique : succès économiques et stabilité politique. Taïwan défend une vie politique pagailleuse, querelleuse, bagarreuse, mais démocratique, et aux performances économiques et sociales non moins solides. Pour Pékin, le modèle taïwanais ne doit pas faire envie. Pour Taipei, l'exercice est plus difficile. La Chine est incontournable, où les Taïwanais ont beaucoup investi, et qui représente près de 40 % de leur commerce extérieur et attire les jeunes talents de l'île. De complémentaire, l'économie chinoise est devenue concurrente de celle de Taïwan.

Les Taïwanais sont combatifs. Mais ils prient aussi Matsu, la déesse de la mer, parce que la défense de la démocratie, c'est comme la lutte contre typhons et séismes : une affaire toujours recommencée.

10 mai

Europe : contre Houellebecq

C'est une figure classique de la littérature : l'écrivain qui s'aventure en politique. Quand il aurait mieux fait d'être moins péremptoire. Tout récemment, au Cirque d'hiver, à Paris, Michel Houellebecq, le magnifique raconteur de nos médiocrités, réglait doctement son compte à l'Union européenne (UE). Excusez du peu ! « On n'est pas plus fort à 28, c'est une connerie de dire ça », a lâché l'auteur de *Sérotonine* (Flammarion), qui, caché derrière la brume de sa vapoteuse, nous déclarait encore : « C'est con de dire ça. On est moins fort à 28 qui ne s'entendent pas. »

La question est de savoir s'il ne faut pas retourner la proposition et se permettre de dire que la pensée houellebecquienne sur l'Europe est extravagante. Car, dans le monde qui s'annonce, les Européens n'existeront qu'ensemble. Sur une scène internationale dominée par la Chine et les États-Unis, on n'est pas « mieux seul pour défendre son bout de gras », comme dit l'écrivain : on est écrasé, marginalisé, acculé à négocier en position de faiblesse.

Réchauffement climatique, inégalités, évolution de la mondialisation vers un modèle plus « régionalisé », secousses technologiques de force 7, migrations, accélération de la course aux armements, autant de sujets sur lesquels l'UE apporte, ou devrait apporter, une irremplaçable « plus-value », pour reprendre une expression d'Hubert Védrine. Si les Européens ont un mode de vie à conserver et même à promouvoir, l'instrument, c'est l'UE – il n'y en a pas d'autre.

On aimerait voir Houellebecq, Légion d'honneur épinglée sur la chemise col grand ouvert, négocier, au nom de la France glorieusement seule, des normes techniques, sanitaires et tarifaires avec la douce administration Trump ou avec les philanthropes de l'équipe Xi Jinping ! Bonne chance, Michel. Sans le levier de l'accès au marché unique, convoité de tous, aucun pays européen (à l'exception de l'Allemagne peut-être) ne « pèse » suffisamment pour « défendre son bout de gras » – c'est-à-dire réglementer la présence des GAFA et les investissements chinois chez nous, défendre notre agriculture, maintenir des exigences environnementales et sociales minimales, imaginer l'esquisse d'une défense commune, etc.

Le système des alliances né au lendemain de la guerre s'étiole. Donald Trump doute de la nécessité de l'OTAN et considère l'UE comme un ennemi. Le concept d'un camp occidental qu'uniraient des valeurs partagées lui est étranger. Ce pourrait être l'amorce d'un tournant durable dans la politique américaine, souligne Pierre Vimont dans l'édition 2019 du rapport Schuman sur l'Europe (Éd. Marie B). L'Amérique fermerait une parenthèse. Elle reviendrait, dit l'ancien ambassadeur de France aux États-Unis, à la politique qui fut historiquement sa norme : un interventionnisme libre de tout engagement durable à l'étranger.

Les Européens se retrouvent en solo, face à une Chine expansionniste et à des États-Unis exclusivement occupés à défendre leurs intérêts et à ébranler l'ordre multilatéral qu'ils ont imaginé en 1945. Ce n'est pas le moment de céder à l'angélisme. Entre Trump et Xi Jinping, l'un et l'autre attachés à affaiblir l'Europe de Bruxelles, les Européens doivent renforcer l'UE – là, elle fait mieux qu'un État seul. Elle a une politique commerciale dynamique, source d'investissements et de création d'emplois. Avec l'euro, elle dispose d'un début d'autonomie monétaire par rapport au dollar, observe l'économiste Mathilde Lemoine, toujours dans le rapport Schuman.

Sous l'impulsion de Mario Draghi, la Banque centrale européenne (BCE), se libérant du joug de la tutelle de l'Allemagne, a mené une politique de « facilitation monétaire » qui en fait l'équivalent des autres grands instituts d'émission.

Une affaire de désir

L'union monétaire est une aventure difficile. Elle suppose de marier ensemble des cultures économiques différentes. Telle quelle, elle reste une zone monétaire imparfaite, inachevée, perméable à une future crise financière. Européen de combat, social-libéral responsable et conséquent, Jean Quatremer, correspondant de *Libération* à Bruxelles, impute très largement la responsabilité de ce bilan mitigé à l'Allemagne d'Angela Merkel – ses choix lors de la crise des dettes souveraines, sa timidité ou sa désinvolture dans les réformes à mettre en œuvre pour muscler la zone euro.

Étonnant mélange de « techno » hyperpointu et de bretteur polémiste estourbissant sur les réseaux sociaux, à coups de rapière savants, tous les à-peu-près, simplismes et grosses âneries proférés sur l'UE, Quatremer a fait le boulot : son dernier livre, *Il faut achever l'euro* – au sens de « compléter » –, aligne 666 pages compréhensibles sur « tout ce que vous avez toujours voulu savoir sur l'euro » (Calmann-Lévy).

Mais il en va de la monnaie unique comme des autres secteurs clés de l'UE, les progrès supposent que les Européens sortent de leur rêve absurde : vouloir vivre dans une sorte de « grande Suisse ». Sauf à être marginalisés et condamnés au déclin, il faut qu'ils se décident, dit encore Pierre Vimont, à faire de l'UE un acteur global. C'est affaire de désir. Et l'expertise de Houellebecq nous semble plus apte à interroger les mystères de la libido européenne qu'à condamner l'Union sur une piste de cirque un soir de printemps parisien.

PS : Régis Debray reprend sous forme d'un petit joyau de livre son feuilleton de France Inter *Un été avec Paul Valéry* (Éd. des Équateurs). Où l'on voit que Valéry a sa place dans une chronique « internationale » : dans cette œuvre, variée et majeure, ses propos sur l'Europe sont prémonitoires, et la géopolitique valéryenne clairvoyante au laser.

24 mai

Un temps de tyrans

L'historien américain Robert Darnton parle d'un bouleversement majeur qu'il appelle le « changement de climat politique ». Il s'agit d'un refroidissement. Nous vivons une époque de progression de l'autocratie et de régression de la démocratie, écrit-il dans le *New York Times*. Question légitime : va-t-on vers une marginalisation continue du mode de gouvernement démocratique ? Tendance de fond ou coup de froid passager ?

L'ONG Freedom House, qui scrute les mouvements de la démocratie, est pessimiste. « Pour la 13e année d'affilée, la démocratie décline dans toutes les régions du monde », disait-elle, fin avril, dans son document annuel sur les évolutions de la liberté (*Freedom in the World 2019*). Le phénomène prend des formes différentes. Des États démocratiques évoluent vers la dictature. Certaines des plus établies des démocraties connaissent des tentations autoritaires. Enfin, de puissantes nations assurent la promotion de l'autocratie, présentée comme le régime politique de l'avenir.

De 2005 à 2018, un peu partout dans le monde, droits politiques et libertés publiques ont décliné. Attaché à défendre la singularité démocratique de l'Union européenne (UE), à quelques jours de l'élection de son Parlement, Jean-Dominique Giuliani, le président de la Fondation Robert-Schuman, observe : « La balance entre États démocratiques et régimes autoritaires penche chaque jour un peu plus vers les seconds. » Même si l'UE, à Budapest ou à Varsovie, souffre de formes plus ou moins bégnines du virus autocratique, il y a un réel exceptionnalisme européen – à précieusement sauvegarder.

Chocs structurels et simultanés

Le mode de gouvernement démocratique céderait du terrain sous l'effet combiné de chocs structurels et simultanés : inégalités ; réchauffement climatique ; migrations ; révolution technologique permanente ; démolition du paysage médiatique par les réseaux sociaux. Face à la montée des périls, la tentation autoritaire se nourrirait d'une prétention supérieure à l'efficacité. On demande à voir. Pour comprendre l'éternelle renaissance de la tyrannie, Darnton, dans son article du *New York Times* (édition du 24 décembre 2018), conseille de relire Voltaire. Sur la séduction qu'exerce la dictature, on peut aussi remonter à Shakespeare, dit un autre grand sachem de Harvard, l'érudit Stephen Greenblatt, dans son *Tyrans. Shakespeare raconte le* XXI*e siècle* (prix Pulitzer, Saint-Simon).

Tenons-nous-en aux faits. « Le monde démocratique est fragilisé », conclut, sondages à l'appui, une étude passionnante menée dans 42 pays démocratiques et publiée cette semaine par la Fondation pour l'innovation politique – textes et infographies en accès libre sur le site Fondapol.org. En 1992, plus de la moitié des États de la planète étaient des démocraties, rappelle Dominique Reynié, le directeur de la Fondapol. La vague de démocratisation va se prolonger un moment, puis s'arrêter au début du XXIe siècle, dit Reynié.

Constat unanime au sein des 28 membres de l'UE : la démocratie « fonctionne mal ». Plus l'on va à l'est et au centre du continent et plus le jugement est sévère. Il n'empêche, dans une sorte de consensus churchillien, une écrasante majorité des personnes interrogées au sein de l'UE plébiscitent la démocratie comme « le meilleur système de gouvernement possible » – et tout particulièrement la « démocratie représentative », n'en déplaise aux tenants de la démocratie « illibérale » et autres démago-nationalistes célébrant le culte du chef.

En ces temps de mondialisation avancée, ce qui change, c'est aussi le rapport à la tyrannie. Elle choque moins. On s'y fait et, si on ne la justifie pas, on l'admet – au nom de la lutte contre le djihadisme, de la non-ingérence, de la stabilité dans telle ou telle région ou tout simplement au nom du business. Ce n'est pas céder à une forme de néo-droit-de-l'hommisme benêt que de dire que l'Égypte du maréchal Abdel Fattah al-Sissi ressemble à ce qu'a été le Chili d'Augusto Pinochet.

On peut défendre le principe que les droits de l'homme ne peuvent être le déterminant principal d'une politique étrangère et s'interroger sur l'Arabie saoudite de Mohammed ben Salman – commanditaire de l'assassinat du journaliste Jamal Khashoggi et qui a ordonné la torture de jeunes Saoudiennes qui ont eu le tort de défendre les droits des femmes ; l'Arabie saoudite, où 37 « opposants » viennent tout juste d'être décapités au sabre et qui recevait au même moment la crème des investisseurs occidentaux venus prendre la saveur d'une future participation dans l'Aramco, la compagnie pétrolière nationale.

Donald Trump facilite cette banalisation de la dictature. Il aime le tyran Kim Jong-un, il trouve que Sissi « fait du bon boulot » et le jeune Ben Salman est un protégé. Sans doute faut-il être saisi d'une crise d'angélisme aigu pour s'en étonner. Tout cela redonne confiance aux tenants de l'autocratie. Plus besoin de singer les démocraties occidentales ; les autocrates font du prosélytisme. Ils vantent les mérites de leur système et diabolisent l'idée occidentale – décadente et déclinante, disent-ils.

La Chine de Xi Jinping exporte ses « applis » permettant d'instaurer le contrôle numérique d'une population. Dans un article écrit pour la *Nezavissimaïa Gazeta* (traduit et commenté sur le site de la Fondapol), l'essayiste russe Vladislav Sourkov dénigre la démocratie libérale. Il assure que le XXIe siècle sera dominé par le modèle poutinien de gouvernement, appelé à connaître un grand « succès à l'exportation ». Sourkov est l'un des conseillers de Vladimir Poutine qui communie avec ses alliés de l'ultradroite européenne dans la détestation de l'UE. « Pour la première fois depuis son avènement, la démocratie a perdu l'assurance d'inspirer le monde », écrit Dominique Reynié.

1er juin

Chine/États-Unis : l'heure des comptes

Ces trente ans ont fait la différence. En 1989, les États-Unis donnent à la Chine l'assurance de la priorité qu'ils accordent aux bonnes relations entre leurs deux pays. En 2019, Pékin et Washington s'affrontent sur tous les terrains : guerre commerciale et technologique, sur fond de compétition politico-stratégique. Que s'est-il passé ?

Début juillet 1989, le président George H. W. Bush dépêche – en secret – le général Brent Scowcroft à Pékin. Le chef du Conseil national de sécurité de la Maison Blanche est porteur d'une lettre à la direction chinoise. Pékin est encore sonné, traumatisé, par le massacre de la place Tiananmen quelques semaines plus tôt, quand les chars ont écrasé les jeunes manifestants du mouvement pour la démocratie. Des centaines de morts, plus peut-être ? Officiellement, les États-Unis ont réagi en annonçant l'arrêt de conversations politiques avec la Chine. Scowcroft vient rectifier. Il ne faut pas qu'il y ait de malentendu. Le message de Bush au patron de la Chine, Deng Xiaoping, tient en une phrase : tout cela est bien regrettable mais ne change rien à nos relations.

Depuis la fin des années 1970, ces relations sont denses, profitables aux uns et aux autres, elles ont tissé une vaste toile d'interdépendance économique et financière entre les deux pays. Elles ont largement favorisé le décollage de la Chine. Elles ont permis aux États-Unis d'être l'un des premiers pays à investir dans la nouvelle économie chinoise et, sur le plan stratégique, d'isoler l'URSS dans la guerre froide. Gagnant-gagnant.

Guerre technologique

Les relations sino-américaines ont résisté à Tiananmen. La question des droits de l'homme ne s'est jamais mise en travers – pas plus pour les Européens que pour les Américains. La Chine est trop importante. Au bord du Potomac, on jugeait qu'il en allait des intérêts supérieurs de l'Amérique. Certains appelaient cela le consensus « kissingérien », du nom de celui, Henry Kissinger, qui, avec le président Richard Nixon, fut à l'origine du rapprochement Pékin-Washington. La vastitude du marché et l'émergence d'une riche classe moyenne en Chine avaient raison de tout. Impossible de se fâcher avec.

Juin 2019. La guerre commerciale américano-chinoise bat son plein, relayée par une guerre technologique, sur fond d'affrontement militaire potentiel dans le Pacifique occidental. Globale, cette confrontation va façonner le XXIe siècle. Un éventuel accord sur les questions commerciales n'épuisera pas le conflit entre les deux plus grandes économies de la planète, qui feront bientôt jeu égal en puissance maritime. Le regard des États-Unis sur la Chine a changé.

L'irénique credo libéral américain a été démenti par les faits : le succès du « socialisme aux caractéristiques chinoises » (une forme de capitalisme très étatique) n'a accouché d'aucune libéralisation politique. Avec Xi Jinping, c'est même le contraire, le régime s'est durci. En économie, la Chine n'a pas joué franc jeu, disent les Américains : marché intérieur resté assez fermé ; montée en gamme et en valeur des usines chinoises à coups de « hold-up » malhonnêtes ; manipulations monétaires – bref, concurrence éminemment déloyale aux dépens des États-Unis, doublée d'un agressif expansionnisme politico-économique pékinois sur toute la planète.

Sans l'avoir vu venir, l'Amérique se retrouve face à une puissance qui, pour la première fois depuis 1945, s'annonce comme une rivale dans tous les domaines – économique, technologique, militaire, politique. La situation est d'autant plus difficile que les liens économiques entre les deux pays restent très importants. L'Amérique a le sentiment de s'être fait rouler. Le rejet du « consensus kissingérien » est bipartisan.

Quarante ans de mondialisation néolibérale inaugurés par Ronald Reagan en 1980 ont assuré l'émergence de la Chine mais abîmé l'Amérique profonde, disent les électeurs de Donald Trump et une partie des démocrates. Conclusion, il faut « contenir » la Chine. Cela commence avec Barack Obama. Le démocrate veut contrer les ambitions chinoises dans la zone Asie-Pacifique. Il lance son projet de partenariat transpacifique (TPP) : une alliance régionale, économique et stratégique, dont la Chine est exclue. Trump abandonne le TPP (il avouera plus tard le regretter) mais reprend la confrontation.

Un an de guerre commerciale, déjà, de bataille de tarifs douaniers. Aux États-Unis, Pékin a son groupe de pression, qui va d'une partie de la classe politique à Wall Street, des chambres de commerce au big business (Apple, Boeing, Starbucks ou General Motors). Mais le lobby prochinois est aussi touché par le désenchantement. Dans les affaires comme au Congrès, la Chine séduit beaucoup moins, dit une enquête du *New York Times* (18-19 mai).

Glissement progressif naturel, l'affrontement déborde sur la haute technologie, la Chine menaçant – ou étant perçue comme telle à tort ou à raison – l'un des piliers de la puissance américaine : l'aptitude à inventer le futur. L'affaire Huawei manifeste aussi le lien étroit entre technologie et sécurité nationale, entre les microprocesseurs et les armes d'aujourd'hui et de demain. Le conflit n'est pas une affaire de balance commerciale mais d'équilibre stratégique mondial.

En ce sens, il y a un nouvel affrontement Est-Ouest, conclut un dossier spécial de l'hebdomadaire *The Economist* (18-24 mai). Pour Pékin, l'enjeu est simple : l'Amérique n'accepte pas l'idée même de la puissance et de la réussite chinoises. Pour Washington, la Chine entend façonner un nouvel « ordre » international à son exclusif profit. Le duel du siècle ne fait que commencer.

7 juin

Histoire d'un grand Chinois

Cette histoire en dit long sur les peurs du Parti communiste chinois (PCC). Elle est la part d'ombre du succès de la Chine de ces trente dernières années, facette sombre mais inséparable d'un pays en passe de devenir la plus grande puissance du monde. C'est l'histoire d'une confrontation inégale.

D'un côté, Liu Xiaobo, lettré, pacifiste, légaliste, défenseur déterminé et réfléchi des libertés publiques. De l'autre, le PCC, 85 millions d'adhérents, détenteur de l'appareil d'État et bien décidé à en conserver le monopole. Le rapport de force est clair. Pour sa participation au mouvement en faveur de la démocratie, Liu aura le prix Nobel de la paix mais mourra d'un cancer mal ou pas soigné en prison. Le PCC a gagné.

Pourtant, l'évocation de ce seul nom – Liu Xiaobo – inquiète toujours le pouvoir chinois. La plus infime référence aux événements de la place Tiananmen, à Pékin – quand l'armée écrase, le 4 juin 1989, un vaste rassemblement pour la démocratie – est tout aussi redoutée. La machine politique pékinoise a beaucoup investi pour faire disparaître ce nom et cette manifestation de la mémoire collective du pays. Cette toute-puissante techno-autocratie a appuyé sur la touche « Suppr » du clavier à mille touches à sa disposition pour rayer de l'histoire un homme et un événement.

La Chine de 2019, géant économique, technologique et bientôt militaire, est l'aboutissement d'un effort admirable – et qui n'a pas été assez raconté. En un demi-siècle, des centaines de millions de Chinois sont sortis de la misère, une vaste classe moyenne est apparue, des villes futuristes ont vu le jour. Un pays épuisé et divisé au mitan du XXe siècle puis martyrisé par la folie meurtrière maoïste est en passe de reconquérir la place qu'il estime être la sienne : au tout premier rang – comme le raconte Éric de La Maisonneuve dans *Les Défis chinois, la révolution Xi Jinping* (Éd. du Rocher). Il y a une naturelle et légitime fierté chinoise.

Alors pourquoi cette peur du passé ? Quels démons hantent les nuits du « dragon » ? La réponse à cette question se trouve, en partie, dans le film et le livre importants que Pierre Haski – notre stakhanoviste confrère de France Inter et de *L'Obs* – a consacrés à Liu Xiaobo : *L'Homme qui a défié Pékin* (Arte Éditions). Réalisé avec le producteur Hikari, le film comporte un document rare : un long entretien avec Liu, discrètement filmé en 2008 à Pékin et qui doit être le dernier témoignage public de cet homme d'exception. Liu porte un blouson de daim beige, boit lentement son thé vert, menton volontaire, propos graves, mesurés : tout, dans cette belle tête et dans cette attitude de grande dignité, reflète le courage d'un homme qui n'ignore rien du prix qu'il va payer pour défendre une sage libéralisation de son pays.

Il est né en 1955 dans une famille maoïste, devient universitaire, comme son père, enseigne la littérature à l'Université normale de Pékin et publie beaucoup : poésies, analyses littéraires, essais sur l'époque. Recommandation de Simon Leys (1935-2014), l'un des sinologues les plus clairvoyants de son temps : pour comprendre la Chine, il faut lire les essais de Liu (chez Gallimard, traduction de Jean-Philippe Béja).

Liu devient vite un intellectuel en vogue à Pékin. Il fréquente les cercles d'une dissidence tolérée qui réfléchit à la réforme politique du pays. Invité de nombre d'universités étrangères, il est aux États-Unis au printemps 1989, quand des dizaines de milliers d'étudiants, et bientôt des centaines de milliers de personnes, se rassemblent pacifiquement, sans la plus petite dégradation, au cœur de la capitale, place Tiananmen, au nom de la démocratisation du pays. Liu aurait pu rester à New York ; il les rejoint.

Pas de pitié pour le lettré

Sur la place, alors que l'armée s'apprête à user de la force, il prêche la non-violence. Le PCC a fini par donner l'ordre de tirer – même si la hiérarchie militaire était contre, comme le révélait récemment le *New York Times*. La vie du professeur de lettres bascule. « Les âmes mortes de Tiananmen » – de 200 à 2 000 tués, selon les estimations – ne vont cesser de le hanter. Elles transforment Liu en dissident à plein temps : multiples séjours en prison, interdiction d'enseigner, de publier, etc.

Il devient l'un des rédacteurs de la Charte 08, en 2008, qui prône une libéralisation progressive de la Chine. « Modèle de modération et de raison », écrit Leys, ce document est conçu sur l'exemple de la Charte 77 lancée dix ans plus tôt en Tchécoslovaquie par Vaclav Havel. Double crime aux yeux des autorités. D'une part, la Charte 08 attire une vaste palette de signatures, dont des membres de la *nomenklatura*. D'autre part, elle revient à prôner quelque chose qui ressemble à la démocratie occidentale – même si Liu pouvait aussi être très critique de l'Occident. La charte flirte avec ce qui fait le plus peur au PCC, l'idée occidentale et, avec elle, le cauchemar d'un scénario à la Gorbatchev.

Le PCC joue sur les craintes profondes de la société chinoise. Il se présente comme l'unique bouclier contre tout ce qui a affaibli et humilié la Chine dans le passé : divisions à l'intérieur et faiblesse face à l'extérieur. La lutte politique aujourd'hui en Chine, c'est la lutte contre l'idée occidentale : elle peut finir par menacer le monopole du parti sur le pouvoir. Alors pas de pitié pour le lettré, onze ans de prison pour une idée. La peine est prononcée en 2009, un cancer du foie, mal soigné, met fin aux jours de Liu le 13 juillet 2017.

L'histoire que raconte ce livre pose une question clé : la Chine peut-elle être longtemps une économie massivement ouverte sur l'étranger et rester un système politique totalement fermé à l'intérieur ?

25 octobre

Liban, le grand coup de gueule

Dîner politique début octobre à Beyrouth, juste avant « le grand coup de colère ». Nous sommes dans le jardin d'un homme d'expérience – le sage du quartier. La table, une plaque de verre posée sur un bloc de pierre, est dressée sous un olivier : celui-là a survécu à toutes les tragédies. Le sage a convié ses amis, un ancien Premier ministre, l'ex-patron de la banque centrale, un jeune député, un fils de grand dignitaire religieux, un juriste. Microcosme admirablement polyglotte d'une certaine élite libanaise, ils appartiennent à presque toutes les confessions du pays – chrétiens et musulmans (chiites et sunnites).

L'automne est la meilleure saison à Beyrouth. Cette année, la vie économique et sociale est plus dure que jamais, le trafic automobile monstrueux. Le pays flirte avec une crise financière grave, il danse sur un équilibre politique intérieur difficile dans un environnement extérieur chaotique. Mais Beyrouth a son « punch » habituel, cette dynamique indomptée qui appartient à l'ADN du Liban : vie entrepreneuriale et associative suractive, grande exposition Picasso, concerts et autres manifestations culturelles par dizaines. Comme nulle part ailleurs dans le monde arabe.

À la table du sage, l'humeur était sombre, le verdict unanime et prémonitoire : « l'État s'effondre », « il n'y a plus d'État », « le système politique est K.-O. », « le pays fout le camp ». Dans la chaleur de la nuit beyrouthine et sous un ciel aussi clair que nos verres de cristal, c'était un dîner de fin d'époque.

Un quart du pays bat le pavé

Quelques jours plus tard, « l'automne libanais » explosait. Des centaines de milliers de Libanais, toutes confessions et milieux sociaux mélangés, ralliaient la rue pour stigmatiser l'incurie et la corruption de la classe politique. Ordre de grandeur de cette « manif nationale » : le quart du pays battait le pavé, l'équivalent de 15 millions de Français !

Le Liban compte un peu plus de 4 millions d'habitants auxquels il faut ajouter plus de 1 million de réfugiés syriens et 260 000 réfugiés palestiniens. En gros, les Libanais se répartissent en trois confessions – des chrétiens (appartenant à toute la panoplie des Églises d'Orient), des musulmans sunnites (le courant majoritaire de l'islam) et des musulmans chiites, enfin une minorité druze.

Singularité libanaise, les institutions intègrent cette pluriconfessionnalité. Le président de la République est un chrétien maronite, le Premier ministre un musulman sunnite, le président du Parlement un musulman chiite.

Bien sûr, la crise est économique : croissance anémique, chômage galopant, dette nationale massive, finances publiques dégradées. En Égypte, en Irak, au Liban aussi, toute une jeunesse arabe est abandonnée. Bien sûr, la crise libanaise est politico-administrative : occupée à s'autoreproduire et à s'autoprotéger dans la répartition des marchés publics, une classe politique, en singulier mal de renouvellement, ignore superbement l'état de déliquescence avancée des services publics (eau, électricité, déchets ménagers, etc.).

Mais la crise est d'abord celle du confessionnalisme. L'horlogerie politico-religieuse imaginée pour gérer les tensions entre confessions s'est détraquée. Dégradée, pervertie, elle s'est retournée contre le Liban. Elle engendre un communautarisme régressif qui emprisonne chaque Libanais dans sa communauté confessionnelle – qu'il soit croyant ou non. Au lieu de produire de la citoyenneté et d'être au service de l'intérêt général, l'État multiconfessionnel débouche sur le clientélisme. Pur et simple. Chacune des grandes composantes de cet État – de la présidence de la République à celle du Parlement – cultive le communautarisme à des fins électorales. Tel quel, c'est devenu mortifère.

L'histoire est passée par là. Chacune des communautés s'est essayée, tour à tour, à dominer le pays. Les chrétiens ont été les premiers, puis les musulmans sunnites – croyant pouvoir s'appuyer sur les réfugiés palestiniens, sunnites eux aussi –, enfin aujourd'hui, c'est le moment des chiites (adossés à une partie des chrétiens – les affaires libanaises ne sont jamais simples).

Dans le chaos des guerres du Liban, chacune de ces trois grandes composantes nationales a recherché, et obtenu, l'appui d'un puissant parrain étranger. Pour les chrétiens, ce furent les « Occidentaux » ; pour les sunnites, ce furent les différents porte-drapeaux du nationalisme arabe aujourd'hui remplacés par l'Arabie saoudite ; enfin, c'est la République islamique d'Iran, depuis 1980, pour les chiites.

« C'est comme si nous avions du mal à accepter l'idée de notre autonomie, voire de notre indépendance », dit le romancier Ramy Zein (publié chez Arlea et L'Harmattan). Mouvement dialectique : les fractures du pays sont exploitées par des puissances étrangères, lesquelles sont appelées au secours par les Libanais eux-mêmes.

Créé par Téhéran dès 1980, le Hezbollah – à la fois parti et milice plus puissante que l'armée du pays – est maintenant la force prépondérante sur la scène politique. D'abord au service de l'Iran, qui assure son financement ? Sans doute. Mais, justement, l'argent de la République islamique sous sanctions américaines se fait plus rare. Conséquence : le Hezbollah prélève davantage sur les ressources du pays.

Il y a le rejet de tout cela dans le coup de colère qui saisit le Liban. Les manifestants chantent l'hymne national. Ils se revendiquent d'une citoyenneté, pas d'autre chose. Une société civile, dont le dynamisme est à l'exact opposé de l'immobilisme d'une partie de la classe politique, gueule. Il faut l'entendre, car le miracle ici, les garants de l'équilibre national, ce sont les Libanais, pas le multiconfessionnalisme institutionnel et ceux qui l'exploitent à l'intérieur et à l'extérieur[1].

---

1. Faute de relais politique, la vaste mobilisation de cet automne 2019 ne débouchera sur aucune réforme : le « système » a fini par étouffer la contestation. Le 4 août 2020, l'explosion monstre qui, depuis le port de la capitale, va détruire des milliers d'habitations, manifestera l'irresponsabilité des élites dirigeantes d'un pays plongé, depuis, dans le malheur économique.

29 novembre

Leçons d'Orwell pour le XXIe siècle

Ce 20 novembre, l'éditorial du *New York Times* portait ce titre : « "1984" in China » (« "1984" en Chine »). Pour comprendre ce qui se passe dans le pays de Xi Jinping, il faudrait relire un roman britannique de 1949 – *Nineteen Eighty Four,* signé George Orwell. Pourquoi maintenant ? Parce que l'œuvre d'Orwell, pas seulement *1984,* devrait être un antidote à l'un des périls de l'époque : les régressions multiformes de la liberté.

1984 (Folio) et *La Ferme des animaux* (1945, Folio) sont deux livres dans lesquels Orwell (1903-1950) soulève le capot de la mécanique totalitaire. Il s'appuie sur ce qu'il a connu : fascisme, nazisme et communisme soviétique. Il décrypte l'escamotage de la réalité, l'usage systématique du mensonge, la réécriture de l'histoire, la répression de toute dissidence et, surtout, la volonté de « contrôler les esprits ». Immenses succès, ces deux romans illustrent de façon prémonitoire ce qui se passe dans la Chine de Xi Jinping.

Les informations du *New York Times* et celles du *Monde* ont confirmé et détaillé le sort réservé aux minorités musulmanes de Chine, ouïgoure et kazakhe, notamment. Des centaines de milliers de musulmans, peut-être plusieurs millions à ce jour, sont ou ont été internés dans des camps de rééducation idéologique. Ils sont visés pour ce qu'ils sont, musulmans, et soumis à un lavage de cerveau collectif, afin de ne plus l'être, emprisonnés sans procès pour « crime de la pensée », victimes d'un système de surveillance collective numérique sans précédent. Les portables des quelque 30 millions de Ouïgours sont mécaniquement et systématiquement espionnés. L'État-parti veut tout savoir de tous : préfiguration d'une tyrannie 2.0 imposée à l'ensemble des Chinois ?

Un modèle en vogue

À ce jour, le seul pays à majorité musulmane à avoir dénoncé le sort réservé aux Ouïgours est la Turquie. Les autres pays de l'aire arabo-islamique se taisent, marché et investissements chinois obligent. La Chine entend imposer sa conception des droits de l'homme à l'étranger. Pékin veut policer le discours sur la Chine hors de ses frontières et use de sa puissance économique à cette fin. Trop souvent galvaudé, l'adjectif « orwellien » colle à la réalité.

Deux livres récents éclairent la puissance évocatrice et analytique de l'œuvre de cet Anglais dégingandé, fine moustache et vieille veste en tweed, cravate mal ficelée, maigre comme un chat sauvage et pauvre pour rester libre : *Dans la tête d'Orwell*, un inédit de l'écrivain et journaliste Christopher Hitchens (1949-2011), préfacé et traduit par Bernard Cohen (Saint-Simon), et *Sur les traces de George Orwell*, de notre confrère du *Figaro* Adrien Jaulmes (Éd. des Équateurs). Écrivain à l'œuvre multiple, Orwell, rappellent ces deux livres, a payé de sa personne pour chacune des causes qu'il a défendues. Qu'il s'agisse d'être aux côtés des républicains espagnols, de partager la vie du prolétariat du Royaume-Uni ou des plus misérables des Parisiens.

Orwell a pourfendu tous les « ismes » de son époque. Chez lui, écrit Cohen, « tout converge vers une seule idée, la liberté de l'esprit », dont la préservation conditionne le maintien de la démocratie. Or, cette dernière régresse aujourd'hui. Le modèle autocratique est en vogue. Pour la première fois depuis 2000, le nombre de pays se dirigeant vers un style de gouvernement autocratique dépasse ceux qui vont vers la démocratie. L'Institut Montaigne cartographie *Le Monde des nouveaux autoritaires* (Éd. de l'Observatoire). L'autocratie séduit jusque dans les rangs des démocraties occidentales. À la tête de la plus puissante d'entre elles, Donald Trump est béat d'admiration devant les tyrans de son temps.

En France, la diplomatie au culot d'un Vladimir Poutine fait des adeptes : « Lui, au moins, il en a ! » Au temps de la guerre froide, Orwell dénonçait déjà cette sorte « d'envie occidentale devant le total manque de scrupule soviétique » sur la scène internationale. La Chine vante l'efficacité économique de son modèle de gouvernement et en assure discrètement la promotion. Face à la complexité des questions à résoudre – croissance, climat, migrations, lutte contre les inégalités –, la démocratie libérale ne serait plus le bon modèle. On nous refait le – mauvais – coup des « libertés formelles » dites « bourgeoises », affaires secondaires comme chacun sait, opposées aux « réelles », les impératifs de la croissance ou la célébration nationaliste.

Au début de l'automne, intervenant lors du *Monde Festival,* le politologue Dominique Reynié observait : « Nous sommes dans un cycle historique où il est possible que la démocratie disparaisse. » Évoquant la Chine, le patron de la Fondation pour l'innovation politique s'interrogeait sur « un monde où la plus grande puissance serait un pays qui récuse formellement toutes les valeurs de la démocratie occidentale ». Contre la tentation autocrate, la philosophe Cynthia Fleury réaffirmait, à cette même tribune, la force et la pertinence de la démocratie libérale. Elle est peut-être médiocre, laborieuse, grisailleuse, pagailleuse, mais, dit Fleury, c'est le régime qui « intègre en son sein la complexité et le contradictoire ». Ce qui laisse l'impression qu'elle est « toujours en crise », mais fait aussi son humanité. Cette vérité est au cœur des livres d'Orwell, puissants manuels de lutte contre tous les manichéismes. Plus nécessaires que jamais.

PS : Dans une très riche édition, La Pléiade a publié en 2020 l'ensemble de l'œuvre d'Orwell (traduite de l'anglais par Véronique Béghain, Marc Chénetier, Philippe Jaworski).

- 2020 -

24 janvier

La Chine défie les démocraties

Vedette du club de foot londonien Arsenal, Mesut Özil, un Allemand d'origine turque, ose critiquer publiquement la situation faite aux Ouïgours, minorité musulmane de Chine : la télévision chinoise déprogramme la diffusion du match Arsenal-Manchester. C'était en décembre 2019. En novembre, la mairie de Prague déplaît à la Chine sur la question de Taïwan : Pékin annule la tournée d'orchestres de la capitale tchèque en Chine. En octobre, un dirigeant du basket américain tweete son soutien aux manifestants de Hong Kong : la Chine menace de rompre son contrat de rediffusion des matchs de la NBA (la ligue nationale de basket professionnel).

Faut-il avoir peur de la Chine ? Angela Merkel a donné sa réponse : c'est non. « Mon conseil est de ne pas avoir peur de la Chine simplement parce qu'elle accumule les succès économiques », disait la chancelière, le 15 janvier, au quotidien britannique *The Financial Times*. Entre puissances exportatrices, on se comprend. « Comme dans le cas de l'Allemagne, a poursuivi Mme Merkel, la montée en puissance de la Chine est très largement fondée sur l'ardeur au travail, la créativité et le talent technique. » Pas de quoi avoir peur.

Mais la question reviendra sur la table quand les députés du Bundestag vont, dans quelques semaines, se prononcer sur la nature de la firme chinoise Huawei, celle qui souhaite déployer en Allemagne les réseaux numériques du futur. L'entreprise fondée par Ren Zhengfei n'est-elle que ce qu'elle dit être – une vedette mondiale de la 5G – ou est-elle aussi l'un des instruments au service de l'émergence stratégique de la Chine ? S'ils veulent avoir une position commune, les Vingt-Sept de l'Union européenne n'échapperont pas à l'une des interrogations clés de l'époque : comment vivre dans un monde où la superpuissance de demain affiche une hostilité militante à la démocratie libérale ?

Le récit européen sur la Chine sous-estime ce qu'elle a accompli depuis 1976. Il banalise une réussite de proportion historique – la sortie de centaines de millions de gens de la pauvreté, sinon de la famine, les progrès gigantesques dans la santé publique, l'éducation, le logement, bref, le chemin qui va de l'appartenance au tiers-monde à la réémergence aux premières places de l'économie mondiale.

On en connaît les coûts – humains et environnementaux, sans parler de la tyrannie exercée sur les minorités. On en sait la face mal cachée : pratiques concurrentielles déloyales. On dialogue malaisément avec un régime à l'autoritarisme galopant. Mais, en dépit d'une baisse de son taux de croissance, la Chine est en progrès constant. Son économie se diversifie, écrit David Leonhardt dans le *New York Times*, elle est largement tirée par la consommation intérieure, portée par le numérique et les nouvelles technologies. Chaque jour un peu plus, poursuit-il, l'économie chinoise comble « le fossé qui la sépare de la puissance globale qu'elle entend égaler, les États-Unis ». Cela suscite des jalousies.

Pour autant, Mme Merkel se trompe. La peur qu'inspire la Chine ne tient ni à son succès économique ni au regain de puissance stratégique qui l'accompagne. Phénomène parfaitement naturel, l'influence politique grandit avec le poids économique. Ce qui est toxique, et nous concerne directement, c'est la volonté de la Chine d'imposer à l'extérieur certaines de ses pratiques intérieures – et au premier chef la limitation du droit de critique du Parti communiste chinois (PCC). « La Chine n'exporte pas une idéologie d'État à la façon de l'Union soviétique, écrit Peter Osnos dans la dernière livraison de l'hebdomadaire *The New Yorker*. Mais elle entend rendre le monde plus docile à son idéologie, ce qui la conduit à revendiquer l'exterritorialité de sa pratique de la censure. »

Les sujets qui fâchent

La peur de la Chine vient de sa volonté d'imposer la banalisation de son régime. Elle utilise sa force économique aux fins de brider la libre expression hors de ses frontières. Puissance montante, elle a une emprise croissante sur le cours du monde – ce qui, encore une fois, est naturel. La question est celle de l'usage qu'elle en fait quand, à l'ONU par exemple, elle mine ce qui reste de mécanisme de défense des droits de l'homme, écrit dernièrement Human Rights Watch.

Évoquer le Xinjiang dans l'enceinte onusienne suppose que le secrétaire général résiste aux pressions d'un pays devenu l'un des plus gros contributeurs au budget de l'organisation. L'assourdissant silence des pays arabes et de l'Iran sur la situation faite aux Ouïgours a une explication : la Chine est le principal importateur de pétrole du Golfe.

Être en affaire avec ce pays semble aller de pair, chaque jour davantage, avec l'exercice d'une forme d'autocensure sur les sujets qui fâchent : Ouïgours, manifestations de Hong Kong, relations avec les représentants de Taïwan. Qu'il s'agisse d'échanges culturels ou sportifs, de financement d'infrastructures, d'accès au marché intérieur chinois, le partenaire étranger est prévenu. Implicitement ou explicitement, il limitera son droit à la critique, sauf à s'exposer à des représailles – en général, la fin de l'opération envisagée.

L'affaire Huawei est née d'une contradiction chinoise. Le président Xi Jinping ne cesse de réaffirmer le rôle central du PCC dans la vie des entreprises du pays et leur soumission aux intérêts nationaux de Pékin. Mais la direction chinoise exige que Huawei soit traitée à l'étranger dans un climat de cristalline confiance. Angela Merkel a été prévenue. Le boycottage de Huawei chez elle aura des conséquences pour l'automobile allemande sur le marché chinois.

Imaginer une relation digne avec une Chine de plus en plus forte et présente parmi nous est l'un des défis posés à la démocratie libérale au XXIe siècle.

14 février

En Syrie avec la dame de Rakka

Quelque part au bord de l'Euphrate, dans une petite ville en ruines, une jeune femme rêve d'une autre Syrie. Leïla Mustapha, 32 ans, aimerait que son pays échappe à la guerre qui y sévit toujours, mais aussi à la dictature, qu'il s'agisse de celle de Bachar al-Assad ou de quelque puissance étrangère. Leïla Mustapha sait de quoi elle parle. Elle est maire, très exactement maire adjointe, de Rakka, l'ex-« capitale » de l'organisation État islamique (EI).

Elle est syrienne, ingénieure civile, major de sa promotion, en charge de la reconstruction d'une ville à majorité arabe. Symbole de la barbarie djihadiste, Rakka reste traumatisée, en partie démolie par les combats menés pour en chasser l'EI. Leïla Mustapha est aussi kurde, fille de ce pays kurde syrien qui, au nord du pays, court le long de la frontière avec la Turquie. Elle veut croire que la Syrie et notamment sa région ne sont condamnées ni à la botte de Damas ni à celle d'Ankara. Elle n'a pas peur de l'adversité, comme elle le raconte dans un livre coécrit avec la journaliste Marine de Tilly, *La Femme, la vie, la liberté* (Stock). Mais elle est bien seule, Leïla Mustapha.

Les Kurdes de Syrie ne sont plus dans l'actualité. On les a oubliés, maintenant qu'ils ont fait le boulot : un face-à-face victorieux, sur le terrain, maison à maison, contre la soldatesque islamiste. Avec Damas, ils entretiennent une relation orageuse, tantôt dans une alliance tactique, tantôt en conflit.

Ils ont été lâchés par les Russes, qui furent un temps des partenaires. Ils ont été trahis par les États-Unis et les Européens dont ils furent les indispensables alliés contre l'EI. Ils sont aujourd'hui attaqués par la Turquie, qui s'installe dans leur région. Mesure chiffrée de l'ingratitude manifestée à l'égard des combattants kurdes de Syrie : ils ont eu 11 000 morts et des milliers de blessés graves dans les combats contre l'EI – blessés qu'ils n'arrivent pas à venir faire soigner en Europe.

Épuration ethnique

Depuis quelques semaines, chasseurs syriens et russes pilonnent le massif d'Idlib, dans l'ouest du pays, où vivent 3 millions de personnes. Idlib est le dernier bastion de la rébellion armée contre Bachar al-Assad. Celle-ci est, pour l'essentiel, composée de groupes islamistes, des Arabes sunnites, protégés de l'armée turque – laquelle est entrée en confrontation avec la Syrie. Les Kurdes craignent un exode massif sur le peu de territoire qu'ils contrôlent encore. Pareil mouvement accélérerait une politique d'épuration ethnique encouragée par Ankara.

Le rêve caressé par les quelque 2 millions de Kurdes de Syrie s'estompe. Au fil de ces huit années de guerre, le principal parti autonomiste local, le PYD, a cherché à rassembler en une zone continue les trois cantons majoritairement kurdes du pays (Afrin, Kobané et Jaziré). Avec deux gros obstacles : ce Rojava, le Kurdistan syrien, est, ici et là, traversé de régions majoritairement arabes ; d'autre part, il longe la frontière avec une Turquie en guerre contre ses propres autonomistes kurdes, ceux du PKK.

C'est là qu'intervient Leïla Mustapha. Fille de Rakka, bourgade de garnison du temps du mandat français devenue riche avec un barrage sur l'Euphrate, Leïla a vécu la dictature du clan Al-Assad, puis la tyrannie sanguinaire de l'EI. Elle a connu l'ostracisme de Damas à l'égard des Kurdes, puis la guerre. Parce qu'elle est ingénieure, parce qu'elle a milité dans une petite formation, le Parti de la Syrie future, dans l'orbite du PYD, parce qu'elle est réfléchie, posée, presque timide mais avec un caractère trempé dans l'épreuve, cette jeune femme va faire l'unanimité pour codiriger la mairie de Rakka.

Dans cette ville, les Kurdes sont minoritaires, mais Rakka, à l'automne 2017, a été libérée par des forces majoritairement kurdes dirigées par le PYD. Sans ces forces, appuyées par l'aviation américaine, la peste djihadiste sévirait encore – et menacerait l'Europe. Mais voilà, le PYD est un enfant du parti frère turc, le PKK, qui a commis l'erreur stratégique majeure, en 2013, de reprendre la lutte armée contre Ankara. Dès lors, la Turquie va moins que jamais tolérer un Rojava autonome le long de sa frontière qui, selon elle, servira de base de repli au PKK.

Peu importe qu'aucun coup de feu n'ait été tiré contre la Turquie depuis le Rojava. Peu importe que nombre de militants kurdes se soient employés à « syrianiser » leur combat, à le distinguer du PKK, à affirmer leur singularité syrienne. Dès que Donald Trump lui a donné son feu vert, en octobre 2019, Recep Tayyip Erdogan a poursuivi son offensive dans le Nord-Est syrien. Ses supplétifs arabes syriens, des voyous islamistes, chassent les Kurdes de certaines de leurs places fortes, volent, pillent, terrorisent.

L'objectif d'Ankara est de « dékurdiser » la région frontalière pour s'assurer de la profondeur stratégique dans le combat contre le PKK ; celui de Damas est d'en revenir exactement à la Syrie « d'avant », qui traitait les Kurdes en sous-citoyens. Les uns et les autres écrasent des expériences menées ici et là par des Kurdes tels que Leïla Mustapha qui, ignorant le marxisme-léninisme dogmatique des origines du mouvement, entendent aujourd'hui pratiquer la démocratie municipale, la réconciliation arabo-kurde, l'égalité femmes-hommes.

« La reconstruction de Rakka, je la mène non au nom de l'autonomie du Kurdistan, mais au nom de la Syrie de demain », dit-elle. Prudence politique, peut-être. Mais ce qui mériterait d'être soutenu par l'Europe ici, à Rakka, c'est cette volonté, que l'on a connue ailleurs au début de la révolte syrienne, d'imaginer une autre Syrie, de refuser l'alternative « BB » – « Bachar ou les barbus ». À Rakka, menacée de toutes parts, Leïla Mustapha poursuit l'expérience. Mais jusqu'à quand[1] ?

10 avril

L'après-Covid-19 : à gauche toute ?

Rôle renforcé du gouvernement dans la vie économique. Retour probable des nationalisations ou prises de participation publiques dans nombre de secteurs d'activité. Revalorisation comme jamais de l'importance des investissements publics. Mise entre parenthèses, sans doute durable, de toute limite aux déficits budgétaires et relative indifférence à l'explosion de la dette. Importance accrue attachée à l'environnement. Extension des domaines dits stratégiques à la santé publique et à l'agroalimentaire. Prise de conscience, s'il en était besoin, de l'importance vitale des métiers dits « petits » – et de l'obscénité de leur niveau de rémunération. Dans les pays occidentaux, la lutte contre le Covid-19 nous tire à gauche.

La question est de savoir s'il s'agit simplement de la réponse conjoncturelle à un choc économique historique ou bien s'il s'agit de l'amorce d'un de ces changements en profondeur qui ponctuent la vie du capitalisme. Les historiens de l'économie diront s'il a fallu qu'une chauve-souris transmette un sale virus à un pangolin, destiné à finir dans l'assiette de gastronomes chinois, pour qu'on puisse dater le passage d'une ère économique à une autre : la fin de quarante années de néolibéralisme en Europe et aux États-Unis et l'esquisse du début d'autre chose. Mais quoi ?

---

1. Printemps 2021, Leïla Mustapha est de passage à Paris, où un film, signé Xavier de Lauzanne, *9 Jours à Raqqa*, lui est consacré. Entre la menace turque, celle des islamistes et celle du régime, elle poursuit son travail à la tête de la municipalité.

Face à la catastrophe, l'acteur principal, c'est l'État-providence, pas le marché. Laissons de côté, un moment, la question des libertés publiques, que malmène la priorité accordée à la santé, pour ne considérer que la vie économique et sociale. L'heure est au retour massif de la puissance publique. Le gouvernement n'est plus le « problème », comme on disait au temps du thatchéro-reaganisme, mais la « solution ». La pensée dominante qui anime, aux États-Unis comme en Europe, les recettes avancées pour lutter contre la catastrophe appartient à la famille sociale-démocrate. Paradoxe ou ruse de l'histoire : il reviendra le plus souvent à des gouvernants de droite ou de centre droit d'appliquer ce programme commun – ou presque – de la gauche !

Tabous brisés

On ne se risquera pas à signer la mort de la « mondialisation », ou alors seulement d'un certain type de globalisation économique. La mondialisation se régionalise sans doute. La part des échanges extérieurs dans la création de richesse diminue depuis plusieurs années déjà. Mais, portée par la technologie, la fluidité des échanges restera. L'ouragan Covid-19 le montre : le monde n'a pas fini d'être « global ».

Entre les lignes, ce que dessinent les programmes destinés à contrer la dévastation économique provoquée par le nouveau coronavirus, c'est la quête d'une « nouvelle rationalité économico-écologique », espère Hubert Védrine dans une note du centre de réflexion Terra Nova. L'accent est mis sur la redistribution et les infrastructures, le souci de l'environnement. Les « règles » changent. On étudie des politiques jusqu'ici considérées comme suicidaires – un endettement public hors limites – ou farfelues – le revenu minimum universel – ou encore passéistes – la recherche d'une certaine autosuffisance dans les domaines de la santé et de l'agroalimentaire.

Changer le profil du capitalisme ? Ouvrir une phase plus régulée du capitalisme ? Ou plus immédiatement – devant l'impérieuse nécessité d'une reprise pour sauver l'emploi et empêcher une hausse massive de la pauvreté – s'assurer du retour le plus rapide à la croissance ? Mais le retour à « l'avant » n'est plus possible, dit l'ancien ministre des Affaires étrangères à Terra Nova. « Ce n'est plus défendable [...] car la situation n'était pas "normale" avant, écrit Védrine. On ne va pas revenir à cette "normalité" – là – impréparation, multidépendance, insécurité financière, fragilité collective, irresponsabilité écologique. »

Les immenses sommes d'argent public injectées dans l'économie en Europe et aux États-Unis visent des objectifs à court terme : sauver l'emploi autant que possible en facilitant la survie des entreprises. Aux États-Unis, une majorité bipartisane a voté une relance de plus de 2 000 milliards de dollars (soit plus de 1 836 milliards d'euros). En Europe, les gouvernements nationaux sont tous massivement engagés. L'Union européenne va agir dans le même sens. Comme les autres grands instituts d'émission, la Banque centrale européenne (BCE) fait marcher la planche à billets. Tabous brisés et dogmes violés de l'« ancienne économie » (avant-Covid-19) ne se comptent plus. On est dans la médecine d'urgence.

Au lendemain de la crise de 2008, l'État, aux États-Unis comme en Europe, est venu au secours du secteur financier – qui en avait besoin. Alors que des millions de gens perdaient leur emploi ou leur logement, nombre d'entreprises du secteur financier se sont, certes, redressées (bonne chose) et ont intégralement remboursé l'État. Mais pas seulement. Rebondissant sur l'appui initial apporté par le contribuable, elles ont, dans la foulée, versé de confortables dividendes à leurs actionnaires et aussi racheté leurs actions – pour augmenter les revenus de leurs dirigeants. Le remède apporté à la crise a conforté les inégalités.

Cette fois, l'aide publique est la plupart du temps conditionnelle. Les entreprises qui en bénéficient ne peuvent ni verser de dividendes ni, si elles sont cotées en Bourse, racheter leurs actions. La question sociale est au cœur de cette crise. Les femmes et les hommes de la ligne de front, on les connaît : c'est l'armée des sans-grades qui, dans la tourmente du coronavirus, font tenir nos sociétés. On ignore de quoi l'« après-Covid-19 sera fait ». On sait seulement qu'il sera indigne si rien ne change dans la hiérarchie des valeurs sociales et de leur rétribution.

9 mai

Les populistes, leurs modèles et le virus

Pour les populistes au pouvoir, la crise due au Covid-19 se solde par une débâcle. Qu'ils exercent en démocratie ou qu'il s'agisse d'autocrates confirmés, le résultat est le même : ils affichent un bilan désastreux. Ils ont manifesté une incapacité à gouverner de proportion historique. Les dirigeants populistes avaient l'occasion – en vrai, en réel, en travaux pratiques – de manifester leur supériorité proclamée sur les « élites » traditionnelles. L'échec est patent et devrait servir de leçon.

Prenons, à titre tout à fait fortuit, bien sûr, deux des héros de la Française Marine Le Pen et de l'Italien Matteo Salvini : Donald Trump et son homologue brésilien, Jair Bolsonaro. La chef du Rassemblement national et le patron de la Ligue du Nord ont chanté les louanges de Trump et de Bolsonaro quand ces derniers arrivèrent au pouvoir. Marine Le Pen s'est précipitée à New York au lendemain du 8 novembre 2016. On se souvient d'elle faisant le pied de grue dans le hall de la Trump Tower, espérant, vainement d'ailleurs, un rendez-vous avec son grand homme. De même s'était-elle perdue en compliments à l'automne 2018 pour saluer l'élection de Bolsonaro, représentant d'une droite extrême qui ne cachait pas sa nostalgie de l'époque de la dictature militaire au Brésil.

À Washington comme à Brasilia, dans la plus puissante des démocraties occidentales et dans la plus grande d'Amérique latine, nos deux protestataires européens voyaient l'avènement d'une nouvelle ère politique. Leurs champions, Trump et Bolsonaro, incarnaient des valeurs partagées : nationalisme identitaire, diabolisation des élites, prétention au monopole de la représentation du « peuple », assurance d'incarner un pouvoir « fort ». L'histoire soufflait du côté du camp nationaliste. C'était la fin des compromis avec la mondialisation. L'État reprenait le « contrôle » et les frontières. L'échelon « national », c'est évident, était le cadre de solutions simples à tous les problèmes. On allait voir ce qu'on allait voir.

On a vu. Dans la réponse au SARS-CoV-2, les démocraties arrivent en ordre dispersé : certaines prises de court, d'autres mieux armées. Les régimes autoritaires n'ont pas fait mieux : les uns compétents, les autres dépassés. Mais les grands dirigeants populistes ont échoué « plus encore que les autres », dit le politologue américain Yascha Mounk à notre confrère des *Échos* (22 avril). À la première crise sérieuse, ils ont montré leurs limites. Elles sont congénitales, font partie de leur ADN politique. Exploitant le malheur économique et social des classes ouvrières et moyennes, le populisme conquiert le pouvoir sur la dénonciation des « élites », la désignation de boucs émissaires (mondialisation, Union européenne [UE], euro, immigration) et la formulation de « y a qu'à ».

Face à la complexité de l'ennemi Covid-19, Trump s'est décomposé. Le cocktail trumpiste – cet étonnant et détonant mélange d'ego démesuré et de complexe d'infériorité intellectuelle – s'est révélé un poison : son « je sais tout mieux que tous les autres » a conduit Trump à mépriser cette partie des « élites » que sont les médecins. Résultat ? Incompétence et inaptitude à l'exercice du moindre leadership.

On retrouve chez son émule brésilien, Bolsonaro, « le Trump des tropiques », le même mépris de la science. Là où Trump parlait d'une grippe passagère, jurait le « miracle » à venir au printemps, puis esquissait l'éventualité de l'injection massive de détergents dans le corps des malades, Bolsonaro, lui, mettait son point d'honneur à faire le contraire de ce que ses ministres recommandaient au pays. Il avait confiance dans son corps d'« athlète », disait-il, pour tenir le Covid-19 à distance. Sur fond d'effondrement économique, de démission de certains des principaux membres du gouvernement et d'enquête sur le comportement de ses proches, Bolsonaro flirte aujourd'hui avec une procédure en destitution. Un désastre, sanitaire et politique.

Pouvoir se défausser

Reste le troisième « homme fort » et chouchou des Le Pen, Salvini et autres populistes de l'ultradroite (et gauche) européenne. Vladimir Poutine appartient à la famille autocrate (à tendance expansionniste). Plus nationaliste que populiste, à vrai dire, l'homme du Kremlin a été fidèle à sa ligne : la Russie avant les Russes, l'obsession du statut du pays sur la scène internationale avant celle du bien-être de ses concitoyens à l'intérieur. Au début, le « grand stratège » de la steppe eurasiatique a flairé un bon coup à jouer pour humilier l'UE et les démocraties libérales, ces régimes « obsolètes ». Son pays n'ayant rien à craindre du virus – « il n'y a pas d'épidémie en Russie », dit encore le Kremlin le 26 mars –, il dépêche, en fanfare, de l'aide médicale (et des espions) en Italie et aux États-Unis…

Puis, le Covid-19 gagnant la Russie, l'état de la santé publique dans le plus vaste pays du monde apparaît pour ce qu'il est : médiocre au mieux. Comme Poutine, quelques semaines plus tôt, a voulu défier l'Arabie saoudite dans une guerre des prix sur le marché du pétrole, l'effondrement des cours qui s'est ensuivi provoque une grosse dépression économique. Les 144 millions de Russes paient au prix fort l'expansionnisme poutinien.

Les héros de Marine Le Pen et de Matteo Salvini ont ceci en commun qu'ils ont besoin d'un ennemi. Ils s'épanouissent en s'opposant, en pointant une menace. Ils vivent dans un monde où tout doit pouvoir entrer dans la catégorie « ami » ou « ennemi », « pour » ou « contre nous ». Règle de base de la politique du bouc émissaire : pouvoir se défausser. Ce simplisme n'a pas de sens contre le Covid-19. Populistes façon Trump et Bolsonaro ou nationalistes à la Poutine, les « modèles » de la droite protestataire européenne ont échoué face au virus. Nous sommes prévenus.

29 mai

La dialectique des « frugaux » et des flambeurs

Avant de les vouer aux poubelles de l'histoire, section rapiats d'honneur, examinons la situation des quatre ou cinq pays qui, au sein de l'Union européenne (UE), sont courtoisement appelés les « frugaux ». Ceux-là rechignent à aider les autres, et notamment leurs gros voisins du Sud, qui ont été les plus touchés par l'épidémie de Covid-19. Des « frugaux » ? Des égoïstes, plutôt. Des pingres, des sans-cœur, des coincés du porte-monnaie, ces Autrichiens, Danois, Néerlandais, Suédois et autres riches Nordiques ? Pas si simple.

Les voilà aujourd'hui face au tournant historique que proposent Berlin, Paris et la présidente de la Commission, Ursula von der Leyen. Il s'agit, rien de moins, d'une manière de saut fédéral. Le temps de passer le plus gros de la récession post-Covid, l'UE se doterait d'une capacité d'emprunt singulière – un instrument exceptionnel de dette mutualisée –, à charge pour la Commission de collecter des ressources propres pour en assurer le remboursement – sous forme de taxes diverses. Montant proposé pour ce fonds de relance, mercredi 27 mai, par Ursula von der Leyen : 750 milliards d'euros, dont 500 de subventions et 250 de prêts.

Emprunt émis au nom des Vingt-Sept, donc, et remboursement au nom des Vingt-Sept ensemble, y compris par ceux d'entre eux qui ne profiteront pas directement du fonds : c'est ce qu'on appelle des transferts budgétaires. Les plus aisés aident les moins fortunés. L'UE met à la disposition de ses membres, et notamment des plus visés par la crise économique et sociale qui s'annonce, des montants d'aide que la plupart d'entre eux seraient, seuls, bien en peine de réunir. L'histoire retiendra que l'Allemagne est au rendez-vous à ce moment clé de l'aventure européenne.

Les quatre « frugaux » ont d'abord dit non. Aujourd'hui, ils hésitent. Ils veulent bien d'un emprunt collectif, mais principalement pour distribuer des prêts, pas des subventions, remboursables par les bénéficiaires. Il ne faut pas s'y tromper : les « frugaux » sont de bons Européens. Ils respectent les disciplines budgétaires, ce qui ne les empêche pas de disposer, chacun, d'un État-providence accompli (supérieur à celui de la France), et, surtout, financé par l'impôt, pas par la dette. Ils laissent peu de leurs ressortissants au bord de la route.

Lâchés par leur parrain

Leurs économies sont très compétitives. Souvent, ils enregistrent des taux de croissance un peu supérieurs à la moyenne des Vingt-Sept – comme s'il y avait une relation entre la faiblesse du poids de la dette publique d'un pays et son dynamisme économique. À un moment ou à un autre, ils ont été généreux (plus que la France) en matière d'asile politique (ce fut le cas de l'Autriche pendant les guerres des Balkans). Ils sont, pour les Scandinaves et les Pays-Bas, les plus respectueux des libertés publiques (beaucoup plus que la France). Bref, dans l'incarnation du modèle social européen, les « frugaux » sont en pole position, loin devant les flambeurs du Sud.

On dira, à juste titre, qu'ils sont les premiers à profiter du marché unique, qui leur est essentiel. On observera qu'ils ne pèsent guère pour donner à l'UE un semblant de politique de puissance. De 17 millions pour le plus grand (les Pays-Bas), à 6 millions d'habitants pour le plus petit (le Danemark), ce sont des poids plume de la démographie européenne. Ils bénéficient, gratuitement, de l'effet de masse que les autres apportent à l'UE – taille du marché unique, attractivité de l'UE pour les investisseurs étrangers, poids de l'Union dans les négociations, etc.

Mais, sur le fonds de relance, les « frugaux » ont tort. Pour une fois, ils ne prennent pas la mesure de l'enjeu et vont à l'encontre de leurs intérêts. Signe de l'ampleur de la crise économique qui attend l'UE, les « frugaux » ont été lâchés par leur parrain. Sous la pression insistante d'Emmanuel Macron, qui en récolte bien peu de crédit, l'Allemagne s'est rangée aux thèses françaises. Pourquoi ? Angela Merkel l'a dit : la « cohésion » de l'UE est menacée par une fracture Nord-Sud qui met l'euro en péril et, à terme, plombera le projet européen.

Cette fracture a été accentuée par le fait que trois des grands de l'Europe du Sud – l'Espagne, la France et l'Italie – ont été les plus fragilisés par le Covid-19. Il se trouve qu'ils figurent aussi parmi les plus endettés, ce qui diminue d'autant leur capacité de relance par l'investissement public national, sauf à dégrader plus encore leur situation financière. Les vrais partisans de lord Keynes sont au Nord, chez les « frugaux » : ils ont maîtrisé l'évolution de leur dette et disposent aujourd'hui, quand le besoin s'en fait sentir, d'une force de frappe de relance très supérieure à celle du Sud.

Avec des taux d'endettement inférieurs à 70 % de leur PIB, relève Pierre-André Buigues, professeur d'économie à Toulouse, sur le site Telos, les quatre « frugaux » et l'Allemagne repartiront plus vite et plus forts que le sud de l'UE. D'où la nécessité des subventions du fonds de relance pour les grands pays de la façade méditerranéenne du continent. Cela s'appelle la solidarité et elle est essentielle pour empêcher une relance asymétrique entre le nord et le sud de l'UE.

Si les projets mis sur la table par Berlin, Paris et Bruxelles finissent par convaincre l'ensemble des membres de l'UE (il faut l'unanimité), les 750 milliards de l'emprunt européen viendront s'ajouter aux 540 milliards déjà mobilisés par les Vingt-Sept et aux 1 000 milliards de création monétaire dus à la Banque centrale européenne. Inexistante face à la crise sanitaire, l'UE s'impose, plus nécessaire que jamais, face aux conséquences économiques de la crise liée au coronavirus. C'est bon pour le moral qui, comme chacun sait, commande l'économie[2].

5 juin

Jours de brume à Hong Kong

À chaque visite, on retrouvait cette ambiance si particulière : un morceau de monde chinois mâtiné d'État de droit à la britannique. En baie de Victoria, face à la province du Guangdong, et comme dans une sorte d'aboutissement miraculeux de la rivière des Perles, on respirait le parfum mélangé des libertés publiques et du génie chinois. Rien n'est parfait à Hong Kong – ni l'esquisse de démocratie pratiquée de 1997 à nos jours ni le niveau des inégalités sociales (géantes), pas plus l'obsession permanente de l'argent que le sort réservé à nombre de travailleurs immigrés.

Mais il y a un bonheur hong-kongais. Ce n'est pas seulement la beauté du lieu, ces rochers couverts de jungle qui tombent à pic dans la mer, cet urbanisme concentré, optimiste, fier de sa modernité, mais qui ménage la nature environnante et les îlots du Pacifique alentour. C'est aussi, flottant dans une chaleur lourde, le sentiment que ce lieu unique a donné sa chance à des cohortes de malheureux, réfugiés des tragédies de l'histoire, qui, par leur travail et leur créativité, l'ont transformé en puissant pôle de développement économique, technologique et financier.

On accepte volontiers d'être accusé de céder à un exotisme de pacotille ou à quelque nostalgie néocoloniale, mais, à chaque voyage, on avait ses habitudes : le gin tonic le soir, sur l'un des

2. Le fonds de relance post-Covid de 750 milliards d'euros a été voté sans qu'aucun État ne s'y oppose. Il est entré en vigueur à l'été 2021.

rooftop bars en bord de baie ; la lecture d'une presse locale libre sous les boiseries du Foreign Correspondents' Club ; et, le samedi, une visite au champ de courses hippiques de la bien nommée « Vallée heureuse », ne serait-ce que pour y admirer, au parking, un alignement rare de Rolls-Royce de tous âges.

Faut-il parler au passé ? Le président Xi Jinping a-t-il sifflé, jeudi 28 mai, la fin d'une exception chinoise, comme le redoutent nombre d'habitants de Hong Kong ? Est-ce le crépuscule de la formule « un pays, deux systèmes », qui a assuré jusque-là le maintien de cet îlot libéral qu'est Hong Kong – 7,5 millions d'habitants – dans l'ensemble de la masse continentale chinoise (1,4 milliard) ?

Lorsque les Britanniques ont décidé de rendre à la Chine cette colonie acquise au milieu du XIXe siècle, ils ont conclu un traité avec Pékin. De 1997, date de leur départ, à 2047, Hong Kong bénéficierait d'un statut à part : une autonomie de gouvernement poussée. Dotée d'une Constitution propre, l'île conserverait ses libertés publiques et, plus encore, sa justice indépendante. À Hong Kong, dans cet environnement juridique particulier que l'on appelle l'État de droit, n'importe qui, Chinois ou étranger, peut gagner un procès contre le gouvernement.

Le 28 mai, Pékin, violant l'esprit sinon la lettre du statut de Hong Kong, est intervenu directement dans les affaires de l'ex-colonie. Le pouvoir central a imposé aux autorités de la région administrative spéciale une loi de sécurité nationale. Elle est destinée à combattre toute menée « séparatiste, sécessionniste, subversive ou terroriste » – batterie de justifications généralement invoquées sur le continent pour écraser toute opposition. Les vieux et les jeunes militants prodémocratie de Hong Kong ne s'y sont pas trompés. On veut faire peur. On veut les faire taire, les soumettre.

Au nom de la lutte contre les violences qui ont émaillé, en 2014 et 2019, les manifestations sur l'île, le Parti communiste chinois (PCC) se donne les moyens d'étouffer et l'État de droit et les revendications démocratiques à Hong Kong. Il n'y aura pas de réactions internationales sérieuses : les États-Unis et l'Europe sont occupés ailleurs. Les sociétés occidentales, pour lesquelles Hong Kong est la porte d'entrée sur le marché chinois, resteront sur place. Économiquement, Hong Kong a perdu en importance : 2,7 % du produit intérieur chinois en 2019, contre 27 % en 1993.

Enjeu politique

La décision de Pékin est dans la suite logique de la politique menée par Xi Jinping depuis son arrivée au pouvoir en 2012-2013 : rogner progressivement le statut d'autonomie de Hong Kong. Le président s'attache à raffermir la prépondérance du PCC sur la Chine et à vanter les mérites du mode de gouvernement autoritaire en général – l'ensemble étant présenté comme la clé du succès économique dans la stabilité politique. Les contre-exemples de Hong Kong et de Taïwan, qui témoignent avec éclat de la réussite économique dans la démocratie, font désordre. Des antimodèles, à remettre sur la bonne voie – dans le giron communiste.

L'enjeu est politique avant d'être économique. « Vous ne pourrez pas avoir les succès économiques – de Hong Kong – sans les libertés de Hong Kong », dit au *Financial Times* Johannes Chan, juriste hongkongais. L'État de droit serait un élément clé du climat de confiance nécessaire à la réussite de l'économie de marché. Mais Xi Jinping entend justement prouver le contraire. Il veut même aller plus loin.

Hong Kong est aujourd'hui englobé dans un vaste projet avec le sud du continent – « Guangdong-Hong Kong-Macau Greater Bay Area » – destiné à devenir un gigantesque pôle de haute technologie. La « pensée Xi Jinping » est que l'autocratie n'empêche ni le développement économique – la Chine l'a prouvé – ni l'émergence d'une économie de la créativité scientifique et technologique. La répression féroce de tout esprit critique dans le champ politique serait compatible avec l'épanouissement d'une libre-pensée scientifique et technologique.

La date de 2047, fixée comme devant être le terme du statut autonome de Hong Kong, portait la marque des illusions occidentales. Elle tablait sur une sorte de convergence : la réussite économique de la Chine engendrerait une forme de libéralisation politique, laquelle rendrait tolérable l'ancrage de la démocratie à Hong Kong. Ce n'est pas exactement ce qui se passe.

12 juin

Quand Trump dévalue son pays

Petit dialogue sino-américain rapporté par le *Financial Times*. À un porte-parole du département d'État qui, la semaine dernière, à Washington, dénonçait les restrictions des libertés imposées à Hong Kong, un fonctionnaire du ministère chinois des Affaires étrangères, à Pékin, répondait d'un Tweet vengeur : « Je n'arrive plus à respirer. »

En deux mots, la réplique rappelait cette vérité : la politique étrangère, c'est de la politique intérieure – et *vice versa*. La capacité d'un pays à défendre ses intérêts et à promouvoir ses valeurs à l'extérieur dépend aussi de sa situation intérieure. Les images du policier blanc écrasant la nuque d'un homme noir, menotté et jeté à terre à Minneapolis, dans le Minnesota, avaient fait le tour du monde. La dernière phrase prononcée par George Floyd – « Je n'arrive plus à respirer » – avant de succomber sous la pression du policier était devenue le symbole universel de la persistance du racisme dans la société américaine. Le fonctionnaire chinois avait beau jeu de dire à son collègue du département d'État : vous n'avez pas de leçon de morale à nous donner.

L'image de Minneapolis l'emporte sur toute autre réalité. Elle gomme allègrement le fait que le policier va être jugé pour meurtre. Elle ne dit rien de l'indépendance de la justice (même si elle est perméable à l'argent), de la liberté de la presse ou du droit de manifester aux États-Unis – tout ce qui n'existe pas en Chine. Mais c'est ainsi, l'image commande. Elle va peser sur l'aptitude des États-Unis à incarner la démocratie et à dénoncer, chez les autres, l'autocratie. Elle va devenir l'un des éléments de la bataille que se livrent Pékin et Washington pour dominer le siècle. La politique étrangère américaine passe par Minneapolis. Et, en se désolidarisant de la grande vague de manifestations contre le racisme qui a suivi la mort de George Floyd, Donald Trump a dégradé un peu plus l'image de son pays – pour le plus grand plaisir de Pékin.

En son temps, un autre président républicain, Dwight Eisenhower, avait différemment réagi. C'était en 1957, à un moment clé de la lutte des Noirs américains pour l'égalité civique, rapporte l'historienne Mary L. Dudziak dans le *New York Times*. Là encore, l'épisode ne fut pas sans conséquences pour la politique étrangère américaine alors tout occupée à la guerre froide opposant les États-Unis à l'URSS. Gouverneur de l'Arkansas, l'un des États du sud du pays, le démocrate Orval Faubus refusait d'appliquer une décision de la Cour suprême sur l'interdiction de la ségrégation scolaire. Faubus avait mobilisé la garde nationale locale pour empêcher neuf écoliers noirs de faire leur rentrée au lycée public de la capitale de l'État, Little Rock. Image forte : des soldats blancs en armes contre des enfants noirs avec leur cartable.

À Moscou, la presse soviétique s'en empare, publie, commente, stigmatise. À l'ONU, le représentant des États-Unis, John Foster Dulles, s'inquiète : « Nous perdons des votes, notre politique étrangère est en ruines. » Les images de Little Rock – mais ce sera vrai durant toute la lutte des Noirs américains pour l'égalité civique, dans les années 1960 – ébranlent nombre de pays, particulièrement africains, que Washington veut rassembler dans le camp antisoviétique. Eisenhower réagit, renvoie la garde nationale dans ses foyers et dépêche des parachutistes de la 101e division aéroportée pour escorter les enfants noirs dans l'école.

Trump est incapable d'un pareil geste. Il a façonné l'image des États-Unis d'aujourd'hui : plus de 110 000 morts du Covid-19, des dizaines de millions de chômeurs, un président qui appelle l'armée à « dominer » la rue américaine théâtre de manifestations antiracistes. Dans la bataille idéologique en cours entre la Chine et les États-Unis, entre l'autocratie et la démocratie, le président offre à Xi Jinping, son homologue chinois, le portrait d'un pays affaibli, divisé, en proie à de vieux démons, ceux-là mêmes que Trump s'emploie à raviver à des fins électorales. L'impact stratégique n'est pas négligeable. Comme s'ils « sentaient » les États-Unis diminués, la Chine, la Russie et l'Iran ont multiplié ces trois derniers mois les provocations à l'adresse de Washington – en mer de Chine, à Hong Kong, en Méditerranée, au Venezuela.

Capacité de séduction

La diplomatie de l'image ne dit pas tout. Elle ne rend pas compte de la puissance intouchée des États-Unis – économique, technologique, monétaire, culturelle. L'économie américaine a créé 2,5 millions d'emplois en mai. À ceux qui gambergent sur le *soft power* perdu du pays, on rappellera que les chefs communistes chinois envoient leurs enfants à Harvard, où a étudié la fille de Xi Jinping, pas à Pékin, Moscou ni Téhéran.

Mais le lien entre les pathologies intérieures des États-Unis et leur aptitude à projeter leur pouvoir à l'extérieur demeure. Est-ce un hasard si, au plus fort des temps sombres que les États-Unis traversent au début des années 1970, quand se cumulent émeutes raciales et manifestations contre la guerre du Vietnam, la politique étrangère change ? Il y avait une priorité, le feu à la maison : la guerre froide glisse vers la détente (relative) avec l'URSS.

Barack Obama l'avait compris. Il pensait qu'il fallait réparer la démocratie américaine à l'intérieur avant d'en vanter les valeurs à l'extérieur. Il jugeait que la capacité de séduction d'un des pays les plus riches du monde dépendait aussi des performances de son système d'assurance santé. Le maintien du leadership des États-Unis sur la scène internationale, jugeait-il, supposait de panser certaines des plaies du pays. Donald Trump, son successeur, s'emploie, lui, à y verser du sel. Pour se faire réélire en novembre, il divise les États-Unis – la peur des uns contre la colère des autres.

10 juillet

La puissance chinoise et la force

Longtemps, les dirigeants chinois nous ont dit : « Dormez tranquilles. » La montée en puissance de leur pays se fera paisiblement. La réémergence de la Chine au premier rang des Grands sera une ascension harmonieuse. Comme dans un ballet de l'Opéra de Pékin, tout glissera dans la légèreté et l'élégance – une affaire quasi poétique en somme.

Forgée il y a presque vingt ans, en 2003, l'expression « montée en puissance pacifique » (« *peaceful rise* » en anglais), due à Zheng Bijian, l'un des pontes de l'École centrale du Parti communiste chinois (PCC), fait partie de la doctrine officielle. À maintes reprises, des diplomates chinois nous l'ont expliquée sur le mode de la leçon de morale. La Chine, sa stature parmi les nations retrouvées, ne se comportera pas comme les autres « empires ». Ni colonialisme européen, ni impérialisme américain, ni expansionnisme soviétique : la Chine se développera dans le respect absolu de la souveraineté des autres, nous disait-on.

Pour contenir une petite part de vérité, cette belle histoire n'a cependant jamais été tout à fait crédible. Et, s'il fallait une date pour en signaler la fin, le mois de juin (et le début de juillet) 2020 serait un bon marqueur. À l'instar de ce que fut l'avènement d'autres puissances dans le passé, l'arrivée du géant chinois ne se fait pas pacifiquement. Elle advient dans la confrontation avec les autres, les heurts, la menace, la gesticulation militaire. Elle est conflictuelle. Ces dernières semaines ont été une succession de démentis à la fable de la « montée en puissance pacifique ».

La fin juin a vu le sang couler dans l'Himalaya, à 4 200 mètres d'altitude, le long d'une zone contestée entre l'Inde et la Chine. À coups de poing, de planches à clous et de barres de fer, soldats chinois et indiens se sont affrontés des heures durant. Les morts se comptent par dizaines. Le conflit frontalier est loin d'être réglé, la Chine se refuserait à présenter sa carte de la ligne frontalière, l'Inde renforce son dispositif militaire.

Fin juin encore, l'Australie subissait une cyberattaque massive qui visait pêle-mêle services publics, entreprises privées, infrastructures critiques. Personne n'a revendiqué. Le Premier ministre, Scott Morrison, a dit que « seul un acteur étatique » pouvait être l'auteur d'une agression aussi large et sophistiquée. La Chine ? Canberra est en conflit avec Pékin pour avoir osé réclamer une enquête sur les origines de la pandémie de Covid-19.

Au même moment, la Chine imposait à Hong Kong une loi de sécurité nationale qui réduit à néant, ou presque, le principe « un pays, deux systèmes », négocié avec Londres lors de la rétrocession à Pékin de l'ex-colonie britannique. Fin juin toujours et début juillet encore, la chasse chinoise slalomait aux limites de l'espace aérien de Taïwan, cette entité chinoise autonome que la Chine revendique. Hong Kong, Taïwan : pour Pékin, toute population chinoise n'a d'autre destin que de passer un jour ou l'autre sous le joug du PCC – son « parrain » naturel… L'éventualité d'un affrontement armé entre la Chine continentale et Taïwan est évoquée à Pékin comme à Taipei.

L'été est chaud. En mer de Chine du Sud, la Chine impose par la force – poldérisation et militarisation d'îlots – sa souveraineté à nombre de pays riverains qui la contestent. Ses sous-marins zonent en mer de Chine orientale autour d'un autre groupe d'îles que revendique Pékin et qui est sous le contrôle du Japon. « Il y a trop de bateaux de guerre et d'avions dans les parages, dit un observateur à Pékin, les risques d'incidents armés sont chaque jour plus élevés. » On est loin de l'émergence irénique de la Chine telle qu'on la vante à l'École du parti à Pékin. On est dans le cas de figure classique d'une montée en puissance qui s'appuie sur la force : il n'y a pas, à cet égard, d'exception chinoise.

Affaires « intérieures »

La Chine montre ses muscles parce qu'elle est confiante dans ses capacités militaires. Son budget de la défense – moins de 200 milliards de dollars, soit 177 milliards d'euros – est encore assez loin des 700 milliards du Pentagone. Mais la marine chinoise ne cesse de progresser. Citant un rapport du Congrès, le *New York Times* (29 juin) écrit : « Dès la fin de l'an passé, la Chine semblait disposer d'au moins 335 bâtiments de guerre, plus que les 285 des États-Unis [...] et elle pose un défi majeur à la capacité de l'US Navy à contrôler les eaux internationales du Pacifique Ouest. »

Pékin argumente que les menées de la Chine sont purement défensives. Hong Kong et Taïwan sont des affaires « intérieures ». Les États-Unis n'ont rien à faire dans le bassin occidental du Pacifique, où la marine chinoise est « historiquement » chez elle. Le problème pour Pékin est que nombre de ses voisins ne sont pas d'accord. Ils vivent les revendications territoriales de la Chine comme autant d'agressions. Plus leur dépendance économique à l'égard de la Chine est grande, plus ils supplient les Américains de rester dans la région – en contrepoids rassurant.

Les voisins s'organisent. Les États-Unis, l'Inde, l'Australie, le Japon raniment un vieux forum stratégique quadrilatéral, le Quad, et y invitent le Vietnam, la Corée du Sud et la Nouvelle-Zélande. Delhi et Washington se rapprochent. Le Vietnam communiste est l'un des plus proaméricains de la région. Les camps se figent, se structurent, se testent. De part et d'autre, les dépenses militaires augmentent. Cité par Orville Schell, vétéran des affaires chinoises aux États-Unis, Zhao Qizheng, un haut responsable du PCC au début des années 2000, expliquait : « Dans la montée en puissance pacifique, le “pacifique”, c'est pour les étrangers, et la “montée en puissance”, c'est pour nous. » Tout le monde avait compris.

17 juillet

Sommes-nous trop nombreux ?

Dans la famille écologiste, la force politique montante en Europe, une branche flirte volontiers avec une vision apocalyptique du monde. Nous sommes trop nombreux, dit-elle, nous allons épuiser les richesses naturelles de la planète. Ressources finies pour population galopante : la catastrophe est dans les chiffres. À la nécessité de la décroissance économique s'ajouterait celle de la décroissance démographique. Vaste débat. Mais la prémisse est-elle juste ? Sommes-nous, allons-nous être, « trop » nombreux ?

La pandémie liée au coronavirus a mis une vérité en évidence : nous sommes vieux. La proportion de personnes âgées – catégorie la plus sévèrement touchée par le Covid-19 – dans la population mondiale n'a jamais été aussi élevée. Nous sommes vieux parce que nous sommes mieux nourris et mieux soignés. L'humanité connaît un allongement sans précédent de la durée de la vie. Parallèlement, l'humanité enregistre une diminution drastique du taux de mortalité à la naissance.

Population, épidémies : le terrain se prête à de multiples fantasmes. Malencontreusement publiés au moment du confinement, deux livres sur le sujet méritent d'être « déconfinés » pour animer les conversations de l'été. Le grand mérite du politologue Bruno Tertrais, de la Fondation pour la recherche stratégique (FRS), est d'avoir mouliné des tonnes de données pour en extirper un ouvrage court et clair : *Le Choc démographique* (Odile Jacob).

Dans cette discipline, on appelle la « transition » ce moment où une population passe d'un taux de mortalité et d'un taux de natalité élevés à un taux de mortalité puis de natalité faibles. L'humanité entre « dans l'âge adulte », écrit Tertrais. De 7,8 milliards d'habitants aujourd'hui, le monde doit passer, selon l'ONU, à 8,5 en 2030 et, sans doute, 9,7 en 2050. La transition démographique sera alors en voie d'achèvement, au niveau juste nécessaire au remplacement des générations.

Nous ne vieillissons pas tous au même rythme. Un planisphère du troisième âge – à colorer en vermeil – verrait les plus fortes concentrations de personnes âgées en Asie de l'Est et en Europe. Là, les indices de fécondité s'effondrent. C'est le cas en Chine et, plus encore, en Corée du Sud et au Japon, ces deux derniers étant les pays les plus âgés du monde. L'Europe, Russie comprise, représente quelque 700 millions d'habitants, qui prennent de l'âge. Les plus concernés par le vieillissement, et la diminution accélérée de leur population, sont la Russie, l'Europe centrale et orientale (cette dernière est appelée à perdre 15 % de ses habitants d'ici à 2050). Le sud du Vieux Continent n'est pas mieux loti, qui voit l'Italie, l'Espagne et le Portugal vieillir à grande vitesse et n'accroître leur population que grâce à l'immigration.

Le Moyen-Orient et le Maghreb sont en phase de transition démographique, les États-Unis maintiennent une bonne dynamique (pas seulement grâce à l'immigration). Partout, l'évolution est la même : urbanisation, baisse du taux de fécondité, vieillissement. On connaît les exceptions. L'Inde d'abord, qui devrait vite rejoindre puis dépasser la Chine (aujourd'hui, 1,3 milliard d'habitants). Mais « la dernière frontière démographique », dit Tertrais, c'est l'Afrique subsaharienne. Les pays les plus jeunes du monde sont là : âge médian le plus bas, taux de fécondité les plus élevés.

Réflexion stimulante

Seulement, l'Afrique n'échappe pas à l'urbanisation et connaîtra vite, à son tour, le même cycle que les autres continents : baisse du taux de fécondité, vieillissement, etc. Que se passera-t-il après les 9,8 milliards d'habitants que l'ONU annonce pour 2050, quand le monde entier prendra de l'âge ? « Ira-t-on, à très long terme, du vieillissement au dépeuplement ? » interroge Tertrais. « Oui », répondent deux chercheurs canadiens, Darrell Bricker et John Ibbitson, dans un livre qui va à l'encontre de la vulgate dans ce domaine : *Planète vide. Le choc de la décroissance démographique mondiale* (Les Arènes).

Comme Tertrais, Bricker et Ibbitson ne croient en rien à l'hypothèse de la « bombe démographique », ce niveau de population que nous ne pourrions ni nourrir ni soigner, et qui annoncerait la fin de notre espèce. Tous trois pourfendent la renaissance d'un néomalthusianisme porté par une certaine pensée écologique que résumerait le triptyque « déclinisme-collapsologie-apocalyptisme ». Ils replacent la question des flux migratoires dans la réalité de chiffres qui tordent le cou au scénario d'une « invasion » de l'Europe par l'Afrique. Mais, au terme d'un tour du monde de la démographie, les Canadiens vont plus loin que Tertrais. Ils se risquent à mettre en avant, et même à privilégier, l'hypothèse du dépeuplement progressif de la planète, voire « une élimination continue, au fil des générations, du troupeau humain ». Quand, transition démographique accomplie, le monde arrivera au terme du XXIe siècle, disent-ils, sa population commencera à décroître et poursuivra une décroissance régulière. La réflexion est stimulante, d'autant que, comme Bruno Tertrais, les deux Canadiens, pas langue de bois pour un sou, passent en revue les conséquences que la démographie peut avoir sur l'économie, la géopolitique et les régimes politiques.

Tout cela est rondement mené. Mais, en démographe du dimanche écoutant en boucle Dylan chanter « I Want You », on fera tout de même remarquer à Bricker et Ibbitson qu'il leur arrive aussi de céder au pessimisme. Ils évacuent l'hypothèse d'une reprise soudaine de la croissance démographique. C'est ignorer les aléas de l'amour et de la libido, qui, dans cette affaire, ont encore leur mot à dire.

18 septembre

La Chine s'installe au Moyen-Orient

Quelle grande puissance peut se targuer d'être célébrée dans tout le Moyen-Orient sans jamais froisser personne ? Se vanter d'être populaire en Iran comme en Arabie saoudite, les frères ennemis du golfe Arabo-Persique ? Être très bien accueillie chez les Israéliens sans être en mauvais termes avec les Palestiniens ? Appréciée à Ankara, mais aussi à Damas, alors que la Turquie s'est emparée d'une partie de la Syrie ? Disposer du luxe de n'attirer l'hostilité d'aucune des tribus libanaises ?

Les États-Unis ont choisi leur camp : ils sont le pilier de soutènement de l'axe Israël-pays arabes formé pour contrer l'expansionnisme de la République islamique d'Iran. La Russie aurait pu bénéficier d'une neutralité bienveillante dans la plupart des pays de la région. Mais la voilà pour longtemps plombée en Syrie, copropriétaire d'un pays qu'elle a largement contribué à démolir, incapable de le reconstruire, occupée à défendre son pré carré syrien face à l'Iran et à la Turquie, qui ne lui veulent pas du bien. N'en déplaise aux thuriféraires parisiens du grand génie stratégique Vladimir Poutine, il y a situation plus enviable.

Au moment où, pressés par l'« impérialisme » iranien, Israël et les pays arabes normalisent à petits pas leurs relations, une autre évolution profonde et durable se dessine au Moyen-Orient : l'émergence de la Chine. De la Méditerranée orientale aux rives du Golfe, la Chine n'a, ces dernières années, cessé de renforcer sa présence dans la région. Pour une raison simple : de toutes les grandes puissances, elle est la plus dépendante des hydrocarbures du Moyen-Orient. Le pétrole représente plus de 50 % de la « recette énergétique » chinoise. Sa consommation a explosé – et, pour 40 %, il s'agit de pétrole moyen-oriental. Premier importateur d'« huile » du monde, elle est le premier client de l'Iran et l'un des plus importants de l'Arabie saoudite.

Œcuménisme de bon aloi

Pour séduire la région, Pékin ne manque pas d'atouts. Ils ne sont pas que financiers ; ils sont politiques aussi. La Chine est totalement indifférente à la situation des droits de l'homme en général. Que l'on pende à plaisir en République islamique cependant que l'on décapite volontiers en Arabie saoudite ne gêne pas un pays où la peine de mort est libéralement appliquée.

La Chine conforte les régimes dictatoriaux, majoritaires au Moyen-Orient, en leur vendant les technologies de surveillance les plus avancées. Elle n'a pas d'opinion sur le conflit israélo-palestinien (elle suit la Russie à l'ONU). Elle ne prend pas parti dans la confrontation entre Téhéran et Riyad, qui nourrit le déséquilibre stratégique régional. La Chine achète aux uns et aux autres, elle investit chez les uns et les autres. En ces terres marquées par les trois grands monothéismes, la Chine marxisto-léniniste-confucianiste s'autorise un œcuménisme de bon aloi.

Cette attitude est payée en retour. Aucun pays du monde arabo-islamique n'émet la moindre critique sur le sort réservé aux minorités musulmanes en Chine et, tout particulièrement, aux Ouïgours. À Téhéran, Riyad ou Ankara, on estime qu'il n'y a qu'en Europe de l'Ouest, c'est bien connu, que l'islam serait maltraité – pas en Chine. Commodément, la Chine n'aspire pas à jouer la moindre médiation dans les conflits régionaux. La libre circulation des pétroliers est assurée par les États-Unis, notamment, et ils le font plutôt bien, juge-t-on à Pékin.

Tout cela explique les nombreux succès remportés par la Chine dans une politique soutenue et réfléchie d'implantation au Moyen-Orient. Son point d'appui le plus important est sans doute l'Iran, étape naturelle sur les « nouvelles routes de la soie », chères au président Xi Jinping. En réponse aux sanctions américaines contre la République islamique, Pékin et Téhéran ont préparé cet été un « partenariat » commercial et militaire avancé : coopération dans le domaine de la défense et 400 milliards de dollars (338 milliards d'euros) d'investissement chinois sur vingt-cinq ans en échange de pétrole iranien décoté.

Les Chinois avancent discrètement en Iran, sans rien proclamer encore, de peur que leurs sociétés ne tombent sous le coup des sanctions décidées par Donald Trump. Mais leur forte présence dans ce pays ne les empêche pas, selon la presse américaine, de développer une importante coopération nucléaire avec cet adversaire de la République islamique qu'est l'Arabie saoudite. Situation paradoxale : Riyad veut des infrastructures nucléaires chinoises, dans le domaine de l'extraction de l'uranium, pour être en mesure, si la situation l'exige, de faire pièce au programme nucléaire de la République islamique, grande alliée de la Chine dans la région...

La relation militaire sino-iranienne n'empêche pas non plus Israël – qui perçoit l'Iran comme son adversaire numéro un – de devenir un partenaire économique important de la Chine. En quête de capitaux nouveaux, le secteur high-tech israélien accueille à bras ouverts les investisseurs chinois. Cités par le professeur Ilan Berman, un spécialiste américain du Moyen-Orient, certains milieux officiels à Washington jugent que les Chinois dominent aujourd'hui près d'un quart d'une haute technologie israélienne souvent liée au secteur de la défense. On fronce les sourcils à Washington.

Comme ils le font ailleurs dans le monde arabe, les Chinois empochent de gros marchés d'infrastructures. Ils doivent participer à la modernisation d'Haïfa, le grand port israélien en Méditerranée où mouille souvent la flotte américaine. Les États-Unis apprécient modérément. Mais les Chinois ont cet atout majeur au Moyen-Orient : ils ne posent pas de questions. Ils s'installent.

16 octobre

Les charmes de Donald Trump

Dans les très bons jours, il flirte avec près de la moitié des Américains. Il a été élu avec 46 % des suffrages en 2016. Les sondages lui en accordent aujourd'hui plus de 40 %. À l'aube du scrutin présidentiel du 3 novembre, la popularité de Donald Trump ne s'est pas effondrée. Quatre ans de bruit et de fureur, quatre ans d'une carambouille politique où le mensonge a été quotidien n'y ont rien fait. Dans une Amérique ébranlée par le Covid et la récession, la magie trumpiste agit encore : personne ne se risque à miser à coup sûr sur la défaite du 45e président des États-Unis. Pourquoi ?

Trump n'ouvre pas un livre, mais il inspire journalistes et essayistes, tous occupés à mettre au clair les éléments d'une kitschissime réussite politique. Trop souvent oubliée, une bonne part de l'explication tient à l'économie dans son état pré-Covid-19. Les chiffres étaient bons et la confiance, celle des consommateurs et des investisseurs, au rendez-vous, rappelait *Le Monde* du 16 septembre. 3,5 % de taux de chômage, un record ; taux de pauvreté en déclin continu ; hausse des salaires ; revenu médian annuel au plus haut (68 703 dollars, environ 58 390 euros) ; Wall Street au sommet : avec pareil tableau de bord, on ne perd pas une élection.

Tonitruant promoteur de son propre « génie » – « Je suis un génie stable », dit-il –, Trump s'attribue le mérite de ces performances. Peu importe que l'économie américaine, remise sur les rails par le démocrate Barack Obama, « surfait » sur une expansion vieille de sept ans déjà quand Trump s'est installé à la Maison Blanche. Peu importe qu'une des bases électorales du trumpisme, les hommes blancs sans diplômes, plongés dans la pauvreté par la robotisation et la mondialisation, soit restée dans une misère que la consommation d'opioïdes ne soulage guère. Peu importe : le président sortant revendique la paternité de la situation économique quand elle est bonne – c'est la règle.

Dans leur *Amérique années Trump* (Gallimard), Jérôme Cartillier, correspondant de l'AFP à la Maison Blanche, et Gilles Paris, correspondant du *Monde* à Washington, explorent avec finesse un aspect du personnage peu souvent mis en avant : sa maîtrise des réseaux sociaux, son génie de bonimenteur de téléréalité, sa prescience de ce que pense son électorat. Même chez un homme dépourvu de tout sens moral et d'abord attaché à satisfaire un narcissisme aux dimensions pathologiques, on peut parler de talent politique.

Si Trump a allègrement violé une partie de la *doxa* économique républicaine, notamment sur les vertus du libre-échange, il a été fidèle au reste : baisse d'impôts pour les riches, déréglementation à tout-va, diminution du pouvoir syndical, enfin la Bourse érigée en jauge suprême du bien-être national. Les électeurs républicains ont été entendus. Et parmi eux, ils sont nombreux à n'être pas réductibles à une troupe de chrétiens fondamentalistes en 4 × 4 et en mal de théocratie. Mais le Covid a torpillé cet arrière-plan économique bienheureux.

Le Covid, c'est l'épreuve, le test révélateur du point faible de ces faussaires de la réalité que sont les populistes : l'incompétence. Politiquement, les 220 000 morts de la pandémie aux États-Unis auraient dû anéantir Trump. Mais d'autres piliers de soutènement du trumpisme ont joué. Trump s'est fait le porte-voix des peurs d'une Amérique blanche qui voit sa prépondérance submergée par les minorités ethniques. Il est le charlatan qui promet de ramener le pays à ce qu'il était dans les années 1950 : conservateur, blanc et chrétien, dit l'écrivain Douglas Kennedy dans le numéro de l'hebdomadaire *Le 1* consacré à Trump (30 septembre). Trump a saisi ce moment de nostalgie nihiliste qui, s'il inspire les géants de la musique country, fonde rarement une bonne politique.

Dans les États-Unis de 2016, « tout était en place » pour sa victoire, écrivent Cartillier et Paris. Dominant la scène médiatique, les réseaux sociaux popularisent les théories du complot chères à l'ultradroite américaine. La chaîne Fox News s'est dédiée, corps et âme, à la personne de Donald Trump. Des millions de Blancs, souvent âgés, déclassés de la mondialisation, ont le sentiment d'être méprisés par l'Amérique des villes et de toutes les radicalités. Ceux-là s'estiment menacés dans leur conception même de la patrie. Ils voient leur singularité ethnique et religieuse marginalisée par le discours de la période Obama sur un pays chaque jour plus multiracial et multiculturel.

Tribalisme

Trump ne s'est pas contenté d'entretenir les peurs de ses électeurs. Plus qu'aucun autre de ses prédécesseurs, il a nommé des centaines de juges ultraconservateurs. Il a garanti l'accès libre aux armes individuelles à tir rapide. Il s'est efforcé de multiplier les obstacles à l'avortement. Il a voulu imposer la prière et l'étude du créationnisme à l'école. Il a bien mérité du Parti républicain, dont les électeurs n'ont qu'à se féliciter de ce premier mandat. Enfin, à un pays épuisé par d'interminables guerres lointaines, il a promis une Amérique repliée dans sa forteresse.

Trump a soigné sa base politique, son noyau dur d'électeurs. Il ne s'est adressé qu'à eux durant quatre ans. Eux seuls représentaient la vraie « américanité », leur a-t-il seriné, eux seuls, la fidélité au drapeau et aux « valeurs » de l'Amérique – les autres Américains, ceux des grandes villes démocrates, étant des sortes de traîtres. Autocrate contrarié, sa pratique de la démocratie a relevé du tribalisme : une nation contre l'autre et la guerre civile en guise de débat public. Il n'a été le président que de l'une des deux Amériques.

6 novembre

Les colporteurs du trumpisme

Que l'expérience trumpiste s'arrête en janvier ou qu'elle se poursuive quatre ans de plus, elle ouvre une nouvelle ère : la démocratie au temps des réseaux sociaux. Donald Trump a plus gouverné avec Twitter et Facebook qu'avec l'élite administrative du pays – ceux que John Kennedy appelait « les meilleurs et les plus intelligents ». Il a passé plus de temps à tweeter qu'à recevoir des parlementaires. Sur Twitter, il est en campagne électorale depuis quatre ans, occupé à cultiver ses fidèles et à dénigrer ses adversaires.

Cela ne veut pas dire qu'il devrait son éventuel second mandat aux réseaux sociaux. Mais il s'en est servi pour façonner cette image d'« homme fort qui va protéger l'Amérique du monde extérieur » – pour reprendre la juste expression de la politologue Sylvie Laurent. C'est sur cet autoportrait qu'il a réuni l'électorat républicain – plus que sur un programme. Pas une voix républicaine ne lui a manqué. Dans l'exercice, les « réseaux » ont été à son service, plates-formes de relais complaisantes du fatras de « trumperies » qui forment l'univers mental de Donald Trump.

Il a menti dès les premiers jours de 2017. Mais le mensonge, dira-t-on, fait partie de la politique, même en démocratie. Dans la catégorie gros mensonges d'État, nombre de ses prédécesseurs, républicains ou démocrates, se sont distingués : Lyndon Johnson et Richard Nixon pendant la guerre du Vietnam ; George W. Bush sur les armes de destruction massive en Irak, pour ne citer que quelques exemples. Trump n'a commis aucune bourde de cette ampleur en politique étrangère. Sa pratique du mensonge est autre.

L'ère de la post-vérité

Le menteur sait qu'il ne dit pas la vérité. Pour Trump, la vérité n'existe pas, elle n'a pas de réalité autre que ce qu'il croit dans un moment donné et qui peut changer le lendemain. Dans son univers, il a gagné le vote populaire en novembre 2016 – c'est faux, il l'a perdu face à Hillary Clinton comme il le perd face à Joe Biden. Peu importe qu'une enquête officielle le contredise. Il a une machine à distiller, répandre, diffuser en masse ses fantasmes, mensonges et autres calembredaines. Trump dispose d'un puissant projecteur de sa représentation du monde : les réseaux sociaux, qui, eux, ne vont pas le contredire.

Il refuse le mot de « mensonge », il parle de « vérités hyperboliques » et ses porte-parole de « faits alternatifs ». Mais celles-ci et ceux-là ne prennent de l'importance que par la grâce des réseaux. Sans Twitter et Facebook, notamment, les (gros) problèmes de Trump avec la vérité ne relèveraient que du dérangement psychologique individuel. Ce n'est pas le mensonge politique qui est nouveau, c'est l'échelle à laquelle il est reproduit qui en change la nature. Elle gomme la frontière entre le réel et la fiction ; le vrai et le faux ; le fantasme et la réalité. Trump s'épanouit dans l'ère de la post-vérité qu'installe le numérique. Il a des millions de fidèles pour l'entendre et, encore une fois, personne pour le contredire. Tout passe : ses diverses théories conspirationnistes ; ses insultes à l'adresse de ses opposants ; ses campagnes sur la « vraie » nationalité de « Barack Hussein Obama », comme il dit en insistant sur le « Hussein » ; ses remèdes pour soigner le Covid-19 ; ses délires sur les trucages électoraux. Tout passe, et prospère, grâce aux réseaux.

Trump n'a pas créé le phénomène, il l'exploite. Il profite de la perméabilité de cette fraction de l'opinion qui, n'accordant plus confiance aux médias professionnels, accusés d'élitisme partisan, pas forcément à tort, s'informe sur les « réseaux » – pour n'y lire que ce qui conforte son opinion. Twitter et Facebook accentuent la polarisation de la vie politique. Chacun dans son monde, chacun dans sa tribu. Citée par le *Financial Times*, une étude du centre de réflexion The German Marshall Fund indique que le volume de fausses nouvelles absorbées par les Américains sur leurs réseaux sociaux a plus que triplé depuis 2016.

Pour fonctionner, la démocratie a besoin d'un minimum de références communes : un certain nombre de vérités factuelles partagées au-delà de la diversité des opinions. Dans l'ère de la post-vérité, « quand le partage du vrai et du faux devient insignifiant au regard de l'efficacité du faire croire », écrit la philosophe Myriam Revault d'Allonnes, quand s'installe « l'indifférence à la vérité factuelle », l'édifice social est fragilisé.

Il faut lire ou relire son remarquable *La Faiblesse du vrai* (Seuil) en pensant à Donald Trump. L'ère de la post-vérité accouche d'une société de la défiance, écrit-elle ; « elle porte atteinte aux vérités de fait », ramenées au statut d'opinions. Par « l'effacement du partage entre le vrai et le faux » – caractéristique des trumperies –, ce qui est aboli, c'est « la valeur normative de la vérité », et ce qui est ébranlé, c'est « la possibilité d'un monde commun » (détribalisé).

La diffusion virale des fausses nouvelles par le biais des réseaux – activité trumpiste par excellence – porte atteinte à la pratique de la démocratie. Jack Dorsey (patron de Twitter) et Mark Zuckerberg (patron de Facebook) sont aujourd'hui pris de remords tardifs. Depuis quelques semaines, ils censurent les conspirationnistes qu'ils ont longtemps promus. Mollement, ils chassent les fausses informations de Trump, qu'ils ont longtemps colportées. Ils prennent conscience que la majorité des 18-24 ans ne s'informent que sur les réseaux.

Marque de l'époque : la technologie a permis aux « faits alternatifs » et autres « vérités hyperboliques » à la Trump de circuler facilement. Conséquence : Dorsey et Zuckerberg sont devenus les arbitres du débat, sinon du jeu, démocratique aux États-Unis (et ailleurs). Mais qui leur a confié pareil mandat ?

13 novembre

Où est passée l'« âme » de l'Amérique ?

L'enjeu était spirituel, paraît-il. C'était une élection pour sauver ou pour restaurer « l'âme de l'Amérique », assurait-on. Le 3 novembre, aux États-Unis, les électeurs devaient dire lequel des deux candidats à la présidence incarne au plus près l'ADN national. Ce n'était pas une question de programme, mais une affaire identitaire qui devait être tranchée au fond des urnes. Voilà ce que l'on affirmait dans les deux camps, chez les sympathisants du vainqueur, le démocrate Joe Biden, comme chez celui du perdant, le républicain Donald Trump.

Si tel était bien l'enjeu, alors personne n'a gagné. À l'heure actuelle, les scrutins du mardi 3 novembre ne révèlent qu'une seule chose de l'« âme » du pays : elle est tourmentée. Barack Obama, le prédécesseur de Joe Biden, constate sobrement : « Les résultats des élections montrent que le pays reste profondément et amèrement divisé. » En gros, les États-Unis sont à peine plus « démocrates » que « républicains ».

L'opinion est plus polarisée que jamais : Trump, en bon démolisseur des pratiques de la démocratie américaine, s'y est employé avec succès. Des mois déjà avant le 3 novembre, le président sortant avait décrété qu'il ne perdrait qu'en cas de fraude massive. Trump s'offre une dernière satisfaction : 70 % des électeurs républicains estiment que le scrutin n'a été « ni honnête ni libre ». Ils doutent de la légitimité du président Biden – et tant pis si les juges finissent par leur donner tort.

Il y a beau temps que les États-Unis sont une nation divisée. Les libraires entassent les ouvrages savants sur la polarisation de l'opinion. Deux Amériques se font face, idéologiquement incompatibles. L'une jure que le credo républicain est le plus fidèle aux idéaux fondateurs. L'autre assure que l'ambition réformatrice démocrate colle à l'un des éléments clés de l'ADN national : l'ouverture au changement. Au fil des ans, ce qui n'était que différences programmatiques est devenu différend existentiel, identitaire – très largement du fait du sectarisme républicain. « On dirait une guerre civile froide, une guerre de religion », écrit l'historien Simon Schama. Deux visions de ce que le pays doit être s'opposent, totalement contradictoires.

Plus grave encore, poursuit M. Schama dans le *Financial Times* (du 31 octobre), « chaque camp est convaincu que la victoire de l'autre signifie la fin de la République ». Pour Newt Gingrich, ancien président de la Chambre des représentants, prince des ténèbres du fondamentalisme républicain, devenu intellectuel trumpiste, la politique est un jeu à somme nulle : « L'Amérique de Trump, d'un côté, et la société postaméricaine de la coalition anti-Trump, de l'autre, assène-t-il, ne peuvent pas coexister. Il n'y a pas de place pour un compromis. » (*The Observer*, du 8 octobre.)

Les électeurs n'ont pas tranché. Biden l'emporte en votes populaires et au collège des grands électeurs – même en cas de recompte ici et là, on voit mal comment Trump le rattraperait. Mais les républicains ont vécu un bon 3 novembre. Ils rognent un peu sur la majorité démocrate à la Chambre ; ils sont bien placés pour garder leur majorité au Sénat. La composition du futur Congrès ne marque aucun virage « à gauche ». En l'état, Biden n'a pas de majorité pour imposer son programme : hausse de l'impôt sur les sociétés, plan « vert », investissement dans les infrastructures, extension de l'assurance santé. Rois de l'obstructionnisme nihiliste, les républicains l'arrêteront au Sénat, comme ils ont bloqué Obama. C'est l'appartenance tribale qui prime.

Une leçon pour les démocrates

Alors qui a perdu ? Le bombardement médiatique sur la force résiliente du trumpisme que manifesterait ce scrutin masque une réalité : Trump essuie un échec personnel. Il est le premier président, depuis 1892, à n'avoir jamais réuni une majorité d'électeurs sur son nom au collège populaire, c'est-à-dire au suffrage universel direct (perdant en 2016 et en 2020). Il est aussi le premier président sortant depuis trente ans à n'être pas réélu. Le Parti républicain se porte bien, le démocrate Joe Biden aussi qui, chaque jour, voit son avance plus prononcée. Qu'ont voulu dire les électeurs ?

Le talent de Trump est d'avoir fédéré une coalition de satisfaits et de mécontents. Le portrait du trumpisme en vaste mouvement de protestation populaire contre le « système », souvent dressé à Paris, paraît quelque peu exotique. Il y a un trumpisme fiscal et économique qui, bénéficiant d'un mouvement de croissance amorcé sept ans plus tôt, a réuni tous ceux qui ont profité des baisses d'impôts (cela va de Wall Street aux petits entrepreneurs) et des hausses de salaires (notamment des bas salaires) consécutives à une exceptionnelle situation de l'emploi. Nombre d'économistes y voient le résultat mécanique de la politique ultralibérale menée par le secrétaire au Trésor, l'ancien de Goldman Sachs Steven Mnuchin – priorité à la Wall Street et déréglementation générale. Trump en Robin des bois ? Le spectre de ses sympathisants est beaucoup plus large.

Un tiers de l'électorat latino et 10 % des électeurs noirs ont voté Trump. C'est une leçon pour les démocrates qui ont cru que l'avenir leur appartenait du fait de l'évolution démographique du pays. Mais il n'y a aucune raison pour que Latinos, Asiatiques et autres ne se reconnaissent pas largement dans les valeurs du Parti républicain : travail, famille, responsabilité individuelle, « loi et ordre ». Le trumpisme, c'est vrai, agrège aussi la foule des délaissés de la mondialisation, ce pays d'entre les deux côtes, séduits par le bras d'honneur que Trump adresse au « système », à un « establishment » qui n'a jamais payé pour 2003 (l'Irak) ni pour 2008 (la crise), et semble insensible au désarroi, économique et culturel, de la classe moyenne. L'« âme » de l'Amérique n'est pas près d'être apaisée.

11 décembre

Biden entre droits de l'homme et realpolitik

Joe Biden veut ramener les droits de l'homme sur la scène internationale. Le président démocrate élu ne signera pas de « chèque en blanc » à ses alliés stratégiques à tendance dictatoriale. Il entend restaurer le « leadership moral » des États-Unis. Vaste et difficile programme, où l'affichage des ambitions se cogne à la réalité de l'exercice diplomatique : l'absolue nécessité de passer des compromis avec ceux qui n'ont pas nos valeurs.

Emmanuel Macron devait y penser, lundi 7 décembre, recevant l'Égyptien Abdel Fattah al-Sissi à Paris. La tyrannie qu'exerce celui-ci sur son pays est l'une des plus impitoyables de la région : 60 000 prisonniers politiques ; conditions de détention atroces ; pratique fréquente sinon systématique de la torture et tabassage des détenus ; police et justice aux ordres. Le prétexte est toujours le même : lutter contre l'islamisme politique. Mais la répression s'abat sur tout ce qui bouge dans la société égyptienne, et particulièrement sur les défenseurs libéraux et laïques des droits de l'homme – comme Ramy Shaath, inlassable et admirable militant des libertés publiques et, à ce titre, détenu depuis près de deux ans.

À Washington comme à Paris, le discours, partiellement fondé, est identique : l'Égypte est un pays clé pour la stabilité régionale, central pour la lutte contre le djihadisme, incontournable par son poids démographique, essentiel à la paix entre Israël et les Arabes. Cela requiert-il de dérouler le tapis rouge, à l'Élysée comme à la mairie de Paris, à un homme qui, juste avant de nous rendre visite, a fait exécuter 57 personnes entre octobre et novembre ? Cela impose-t-il de devenir, comme l'est la France, l'un des principaux pourvoyeurs d'armes de l'Égypte ? Entre soutien en fanfare et nécessaire relation de travail, où est le bon équilibre ?

À destination des Occidentaux, Al-Sissi reprend la vieille antienne des autocrates de la région : c'est moi ou les islamistes. Ce qui, bien sûr, impose, pour rester dans cette configuration, d'embastiller tous les libéraux… Alliée des États-Unis, tout comme l'Arabie saoudite de Mohammed ben Salman (MBS), l'Égypte d'Al-Sissi va tester les ambitions « morales » de la nouvelle diplomatie américaine.

Donald Trump avait réglé à sa façon la délicate question du rapport que la diplomatie doit entretenir avec les droits de l'homme. Il ne croyait pas dans l'exceptionnalisme américain – cette mission qui incomberait aux États-Unis, nés des Lumières anglaises et françaises, d'être, par l'exemple et l'influence, les promoteurs de la démocratie libérale. « Nous avons tué beaucoup de monde nous aussi », disait Trump en 2016, et cela interdit aux Américains de faire la morale à quiconque. Il ne cachait d'ailleurs pas un gros faible pour ses pairs autocrates. Al-Sissi était son « dictateur préféré ». Le Nord-Coréen Kim Jong-un lui adressait des lettres d'« amour ». Mohammed ben Salman était comme un filleul, Xi Jinping fut, longtemps, un « ami » et Vladimir Poutine, « un modèle de leadership ».

Trump rejoignait ici les critiques de gauche de l'ordre libéral international ou de cette *Pax americana* née au lendemain de la Seconde Suerre mondiale. Ceux-là faisaient valoir que cet ordre assura la liberté et la paix en Europe de l'Ouest, mais qu'il toléra ou favorisa ailleurs, au nom de la guerre froide, massacres collectifs et crimes de guerre – de l'Indonésie au Vietnam en passant par le Guatemala et le Chili – puis, au titre de la lutte contre l'islamisme, la dévastation de l'Irak.

La Chine, un problème singulier

Biden, lui, reprend le thème de la vocation missionnaire, relancé au lendemain de la disparition de l'URSS. « L'engagement des États-Unis en faveur des valeurs démocratiques et des droits de l'homme, assure le président élu, sera une priorité même dans nos relations avec nos alliés de sécurité les plus proches » – c'est-à-dire l'Égypte d'Al-Sissi, l'Arabie saoudite de MBS, la Turquie de Recep Tayyip Erdogan. Le secrétaire d'État désigné, Antony Blinken, affirme qu'il faut enrayer « la récession démocratique » que connaît l'époque et qu'exploitent Moscou et Pékin.

Dans l'équilibre à trouver entre les nécessités de la diplomatie et la défense des valeurs démocratiques, la Chine pose un problème singulier – différent de l'URSS d'hier ou de la Russie d'aujourd'hui. Puissance conquérante, la Chine fait partie de nos vies quotidiennes en Europe. Économiquement, technologiquement, la Chine est à la maison : cela se chiffre en investissements et en emplois. Mais, puissance idéologique à l'offensive, elle défie les démocraties libérales, elle récuse l'universalité de leurs valeurs et entend interdire qu'on critique les siennes. L'Union européenne la qualifie de « concurrent stratégique » et d'incontournable « partenaire » sur les grandes questions de l'heure. Faut-il être discret au premier chapitre pour préserver le second ?

« Si l'on veut se faire respecter, il ne faut jamais se taire », dit l'ambassadeur Jean-Maurice Ripert, qui, pour avoir été en poste à Pékin, Moscou ou Islamabad, où l'on pratique peu le modèle de gouvernance scandinave, sait de quoi il parle. Biden a confié cette semaine au *New York Times* que sa priorité concernant la Chine serait de définir une « stratégie cohérente » avec ses alliés européens. Y compris sur l'agressivité stratégique de Pékin à ses frontières et sur le respect des droits de l'homme ?

Après quatre ans de trumpisme, où se mêlaient unilatéralisme brutal et copinage avec nombre d'autocrates, les Européens se réjouissent de retrouver une diplomatie américaine sensible aux valeurs de la démocratie libérale. Mais il n'est pas sûr que l'idée d'un front commun pour « contenir » la Chine les enthousiasme. Morale et diplomatie forment un couple difficile.

26 décembre

La nature floue du cyberespace

Le secrétaire d'État américain accuse la Russie : « Une évidence », dit Mike Pompeo. Jusqu'à présent, le président est resté silencieux : Donald Trump a toujours ménagé Vladimir Poutine. Mais des conseillers de la Maison Blanche pointent, eux aussi, une responsabilité « russe ». Joe Biden, le président élu, sans nommément accuser quiconque, évoque la nécessité d'une réplique.

Découverte ces derniers jours, l'affaire d'espionnage informatique dont les États-Unis ont été victimes risque fort d'empoisonner plus avant les relations entre Moscou et Washington. L'ampleur exceptionnelle qui lui est prêtée en ferait un des plus gros coups du siècle en matière de renseignement. Seul un État a pu mener une pareille opération, ou alors une des mafias vedettes du cybercrime, dit Nicolas Mazzucchi, de la Fondation pour la recherche stratégique (FRS).

C'est une affaire de geeks. On est loin de l'univers tourmenté des maîtres espions qui peuplent les romans de John le Carré. De nos jours, les agents ne passent plus guère d'une frontière à l'autre, morale ou géographique. Ils opèrent dans le cyberespace, ce « lieu » hors limites, immatériel, et qu'aucune règle ne semble régir. Aujourd'hui, George Smiley, l'un des héros mythiques de le Carré, serait programmeur en chef. Tourmenté, il s'interrogerait : peut-on tout faire dans le cyberespace ? À quel moment l'espionnage débouche-t-il sur l'agression pure et simple ?

Des millions de données

L'honnêteté commande la prudence. « On ne parle jamais des incursions occidentales dans les systèmes chinois ou russes », dit le politologue américain Robert Dujarric. À Washington, ceux qui fournissent des informations à la presse ont leurs raisons, poursuit-il : augmenter la part d'un budget public, vanter les mérites d'une société de sécurité informatique.

Comme l'explique Martin Untersinger dans *Le Monde* du 20-21 décembre, les pirates sont passés par un fournisseur de logiciels américain, SolarWinds. Firme de gestion de systèmes informatiques, elle a pour clients une bonne partie du gouvernement fédéral, dont le Pentagone, et nombre de grandes sociétés américaines. Les pirates ont piégé l'un des programmes courants de SolarWinds. En cliquant sur la fenêtre « mise à jour », les clients, privés et publics, laissaient entrer un virus espion de la plus méchante espèce. Cela s'est passé en mars. Les pirates ont eu dix mois pour examiner des millions de données.

Et sans doute faudra-t-il « des mois sinon des années pour établir l'ampleur des dégâts », poursuit Nicolas Mazzucchi. « Encore ne peut-on se fonder que sur les déclarations des victimes », dit-il, qui, pour préserver un cours de Bourse ou la réputation d'un service public, peuvent avoir intérêt à sous-évaluer. SolarWinds relèverait de l'espionnage, pas du sabotage. Dans les années 2010, Américains et Israéliens ont utilisé un logiciel de destruction, Stuxnet, pour démanteler une partie du programme nucléaire iranien. C'était un acte de guerre.

Mais où s'arrête l'espionnage et où commence l'agression ? Dans le cyberespace, les limites sont floues. Les données saisies par les pirates peuvent être détruites, échangées. L'activité du gouvernement fédéral peut être altérée par cette intrusion pendant longtemps. La paralysie momentanée d'une administration, privée ou publique, peut tuer – une opération chirurgicale reportée, un secours retardé.

« La pyramide de la douleur »

La quête de l'auteur n'est pas moins ardue que l'évaluation des dommages du piratage. « On cherche une manière de coder, un type de programme, les ordinateurs utilisés, on appelle ça remonter la pyramide de la douleur », explique

M. Mazzucchi, l'un des auteurs du livre *Gagner les cyberconflits* (Economica). Le pifomètre est de la partie. On a repéré que tel virus malveillant n'était activé que pendant les heures de bureau de Moscou et de Saint-Pétersbourg.

Des États pauvres, comme la Russie, ferment les yeux sur l'activité de mafias informatiques locales. En contrepartie, celles-ci remplissent d'autres « missions » : les pirates se transforment en corsaires. L'hypothèse le plus souvent avancée dans l'affaire SolarWinds est celle d'une opération réalisée par les pirates du groupe russe APT29 pour le compte d'un des services de renseignement de Moscou.

La nature trouble de cet espace sans frontières qu'est le cyberespace, virtuel et bien réel à la fois, rend le piratage de plus en plus dangereux. Si elle est avérée, à quelle situation répondrait une attaque de l'ampleur de celle qui a touché SolarWinds : état de guerre ou état de paix ? Un jour viendra où un État répliquera par du conventionnel à une attaque informatique. Aucun texte international ne régit les relations entre États dans le cyberespace.

À la fin des années 2000, l'ONU a constitué un « groupe des experts » pour réfléchir à un projet de traité. En 2015, le groupe a décidé que le droit des conflits armés s'applique au cyberespace – comme dans l'air, sur terre et en mer. Il n'est pas allé plus loin, observe M. Mazzucchi, faute de pouvoir s'entendre sur une série de mesures de confiance entre les États les plus concernés. Mais l'affaire SolarWinds relance le débat sur la nécessité d'un code de conduite international entre États, un accord qui ressemblerait aux textes sur le désarmement nucléaire conclu durant la guerre froide.

« Avant, il y avait une différence, peut-être banale, entre la paix et la guerre ; une différence entre le national et l'international ; une différence entre le virtuel et le réel », confiait, le 3 octobre, Alex Younger au *Financial Times*, avant de prendre sa retraite de patron du MI6, les services de contre-espionnage britanniques. Mais dans le cyberespace, « tout ça n'existe plus, nous sommes tout à la fois dans l'hybride, l'ambigu et le conflit ». Paroles de maître espion.

- 2021 -

12 février

Que faire des droits de l'homme ?

Reçu au Kremlin, à Moscou, le 21 juin 1984, François Mitterrand dit tout haut ce que les « Occidentaux » n'osaient alors pas dire en ces lieux : dans les relations entre États, les droits de l'homme, ça compte.

S'adressant à son hôte, Konstantin Tchernenko, président du présidium du Soviet suprême de l'URSS, le chef de l'État français évoque le sort du plus célèbre des dissidents soviétiques de l'époque, Andreï Sakharov – coupé du monde, en résidence surveillée, interdit de téléphone et de visite, dans la ville de Gorki. Le président Mitterrand cite les accords d'Helsinki (août 1975) dont l'URSS est signataire et qui comprennent une « corbeille » droits de l'homme et libertés fondamentales. À ce titre, « nous vous parlons parfois des cas de personnes dont certaines, poursuit-il, atteignent une dimension symbolique. C'est le cas du professeur Sakharov ». La seule mention de ce nom au Kremlin, devant la crème de la *nomenklatura* soviétique, brisait un tabou. Le lendemain, les propos de François Mitterrand étaient censurés dans la presse moscovite.

Alexeï Navalny n'est pas Andreï Sakharov. La Russie d'aujourd'hui n'est pas celle de l'URSS : la marge de liberté politique y est plus large – même si Vladimir Poutine s'emploie, chaque jour un peu plus, à la réduire à néant. Pourtant, par son courage, sa ténacité devant l'acharnement du régime contre sa personne, Navalny a atteint « la dimension symbolique » qu'évoquait François Mitterrand.

Violation des accords d'Helsinki

Dénoncer le sort réservé au principal opposant russe ne relève pas de l'ingérence dans les affaires intérieures du pays. C'est pointer une question de politique étrangère : la violation par le Kremlin des accords d'Helsinki ou de la Convention européenne des droits de l'homme – textes qui portent sa signature. Quels que soient ses manquements propres, passés ou présents, l'Europe ne peut y être indifférente, sauf à renier tout ce qu'elle entend incarner. Navalny est une affaire de politique étrangère européenne.

La question des droits de l'homme fait partie des relations entre États. Elle ne peut être rangée dans un tiroir classé « humanitaire » qui l'isolerait du reste des rapports interétatiques. Le régime russe détermine en partie la qualité de ses relations avec ses voisins. François Mitterrand tentait de l'expliquer à Konstantin Tchernenko ce soir de printemps 1984 : « La France est une démocratie. [...] Elle croit à ses principes et elle pense qu'ils constituent la plus forte garantie de la paix. » Mais jusqu'où les droits de l'homme peuvent-ils altérer les liens qu'imposent la géographie, l'économie, le climat, les équilibres stratégiques ? Vaste sujet.

L'Europe est au cœur de la bataille idéologique de notre temps. Sur la scène internationale, un État défend ses intérêts matériels mais aussi politiques au sens où il s'efforce de promouvoir, pacifiquement, des valeurs conformes aux siennes. Les autocraties russe et chinoise sont, l'une et l'autre, attachées à assurer à leur mode de gouvernement une légitimité internationale au moins aussi forte que celle de la démocratie libérale.

Xi Jinping et Vladimir Poutine combattent l'universalité de la conception occidentale des droits de l'homme – en gros, celle de la charte de l'ONU. Ils voient dans cette conception une affaire « culturelle » et, ce qui compte encore plus, une menace existentielle pour leurs régimes. Ils dénigrent les « valeurs occidentales » et s'interrogent : au nom de quoi les États-Unis, qui ont mis l'Irak à sac en 2003, par exemple, ou l'Europe, qui fut celle des crimes de la colonisation, parmi d'autres, donneraient des leçons de morale à quiconque ?

Donald Trump partageait leur avis, celui d'une « équivalence morale » entre régimes politiques. L'ancien président ne croyait pas que les États-Unis d'Amérique, parce que nés sous les auspices bienfaisants des Lumières européennes, devaient défendre les droits de l'homme sur la scène internationale.

Joe Biden pense le contraire. Il souligne les manques passés et présents de son pays, ses ratages et ses contradictions en la matière, mais il remet les droits de l'homme dans la panoplie diplomatique américaine. Il dénonce le sort fait à Navalny et à ses partisans. Il veut placer la Chine de Xi face à ses responsabilités au Xinjiang, au Tibet, à Hong Kong, en mer de Chine et dans le cyberespace. Certes. Mais entre le brutal cynisme trumpien, indifférent à la nature des régimes, et le droit-de-l'hommisme intégriste, pour qui tout en dépend, quel est le bon dosage de politique étrangère ?

Réfléchissant à l'action diplomatique dans un monde interconnecté, la secrétaire d'État Hillary Clinton avait défini sa « ligne » en janvier 2009 : « Dans nos relations avec des pays comme la Chine, les droits de l'homme ne peuvent pas faire obstacle à la coopération sur des sujets tels que l'économie, le changement climatique et la sécurité. »

La bataille idéologique entre autocraties et démocraties s'arrêterait là où commencent les intérêts partagés des uns et des autres. Il y aurait un champ pour les sanctions, un autre pour la coopération. Exemple : au moment où Biden prend la défense de Navalny, il renouvelle avec Poutine un accord bilatéral sur les armes nucléaires.

Mais la jurisprudence Clinton n'est pas toujours aussi simple à mettre en pratique. Peut-on à la fois parler de pratiques « génocidaires » au Xinjiang, comme l'a fait Biden, et accepter que les États-Unis participent en 2022 aux Jeux olympiques d'hiver en Chine ?

L'expérience des relations avec Moscou et Pékin livrerait au moins une leçon. Il ne faut jamais se taire sur les droits de l'homme. Parce que les régimes autocratiques sont plus sensibles qu'on ne l'imagine à la critique extérieure – mais on ne l'apprend que plus tard.

19 février

D'Abraham Lincoln à QAnon

C'est l'histoire d'une régression, comme il en arrive ailleurs. Longtemps, le Parti républicain américain s'est présenté comme une grande maison – une « grande tente », disait-on, par goût du plein air. Plusieurs tendances y cohabitaient : le compromis passait pour une qualité politique. C'est fini. Le Parti républicain, l'un des piliers de la démocratie américaine, se comporte, depuis plusieurs années déjà, comme une secte : il veut exclure les non-croyants.

La présidence de Donald Trump a accentué cette dérive. On dira qu'il s'est trouvé samedi 13 février sept sénateurs républicains pour voter la destitution de Trump, au motif que celui qui était encore président le 6 janvier a inspiré l'assaut lancé ce jour-là contre le Congrès des États-Unis. Il aurait fallu dix voix républicaines de plus pour condamner l'incendiaire et le rendre à jamais inéligible. Dans une partie de la hiérarchie républicaine, la révolte anti-Trump gronde. Sans doute trop tard. À l'ombre des palmiers de Mar-a-Lago, son refuge hispano-mauresque de Floride, Trump compte son magot – 175 millions de dollars de donations politiques à sa disposition, dit le *New York Times*. Il va s'en servir pour punir les dissidents républicains, ceux qui ont osé voter sa destitution ou ceux qui, en janvier, ont entériné la victoire du démocrate Joe Biden – que Trump, sans le début d'une preuve, a qualifiée de « vol ». Trump financera des candidatures contre les « traîtres » lors des primaires républicaines de novembre 2022. Le chef exige allégeance à sa personne, comme dans un culte religieux.

Tournant intégriste

Pour l'heure, une majorité d'électeurs républicains se dit toujours fidèle à Trump. « Le Parti républicain est à Donald Trump et à personne d'autre », lance Marjorie Taylor Greene, nouvelle élue républicaine de Géorgie, ex-membre de la secte QAnon – un groupe de suprémacistes blancs qui défend une thèse originale : Trump aurait été choisi par Dieu pour combattre un complot mondial ourdi contre l'Amérique par une bande d'adorateurs de Satan pédophiles réfugiés au sein du Parti démocrate. Trump n'a jamais dénoncé la secte QAnon. L'élection de Taylor Greene est un marqueur dans l'évolution du parti : d'Abraham Lincoln (1809-1865), premier président du Parti républicain moderne, à QAnon... Que s'est-il passé ?

Trump est venu apporter sa « touche » aux « valeurs » défendues par le parti depuis les années 1980 : conservatisme sociétal à forte tendance religieuse, défiance à l'adresse de l'État fédéral, désarroi devant la montée des minorités ethniques, méfiance à l'égard de la science (climat, vaccins, théorie de l'évolution), le tout porté par un patriotisme revendiqué haut et fort, justifiant un soutien sans faille au budget de la défense. Mais la vaste « tente » républicaine s'accommodait d'une famille passablement disparate : les milieux d'affaires ; les religieux conservateurs ; les ultranationalistes ; une faction libertaire ; des intellectuels néoconservateurs.

Le programme n'avait rien d'un catéchisme. Même le plus idéologue des présidents républicains, Ronald Reagan (1980-1988), s'arrangeait volontiers, comme ses prédécesseurs, avec des majorités démocrates au Congrès. « Reagan parlait en blanc et en noir, mais gouvernait en gris », écrivent Peter Baker et Susan Glasser dans leur excellente biographie du secrétaire d'État James Baker (*The Man Who Ran Washington*, Doubleday, 2020, non traduit).

Le tournant intégriste, quand le programme devient la Bible et l'adversaire démocrate, l'ennemi, quand le débat politique relève de la guerre civile, est pris dans les années 1994, sous la tutelle du père du Parti républicain contemporain, Newt Gingrich. Pour ce prince noir du nihilisme en politique, trumpiste de la première heure, la vie publique n'est pas affaire de compromis, elle est un jeu à somme nulle : on gagne ou on perd (tout).

La forme compte plus que le fond

Trump va réécrire le programme sur deux points. En économie, il est d'accord avec la *doxa* des baisses d'impôts pour les riches mais il sonne la fin du libre-échangisme cher à Reagan. En politique étrangère, il a mis les alliances des États-Unis sous le boisseau et a radicalisé la confrontation avec la Chine. La forme compte plus que le fond. Trump porte le mensonge au sommet. Il crée une sorte de « réalité alternative » qui séduit sa base et intimide les élus. Il récuse le savoir des experts, se moque de la science, insulte les élites. Millionnaire paresseux, né avec une cuiller en argent dans la bouche, sa pratique du débat tient surtout de la gestuelle : le bras d'honneur permanent à l'« establishment ». On sait les ressorts de ce registre politique – inégalités économiques, démographiques, culturelles. On sait comment la condescendance politiquement correcte d'une certaine gauche urbaine a aussi nourri le trumpisme.

À l'arrivée, il y a une formation soumise à un seul homme. Sa popularité dans l'électorat républicain terrorise les élus. Son objectif est de gagner les élections de mi-mandat, rarement favorables au parti au pouvoir. Sa tactique sera de s'opposer à Biden, sur tout. 56 % ou 58 % des Américains souhaitaient voir Trump destitué par le Sénat. Mais le système électoral est structurellement favorable aux républicains – par le biais du fédéralisme et du découpage des circonscriptions. Le Parti républicain n'a pas besoin d'élargir son électorat pour gagner.

À la Chambre, les égéries trumpistes se savent protégées par Mar-a-Lago. Marjorie Taylor Greene a dû s'excuser pour avoir, avant d'être élue, appelé à l'assassinat de Nancy Pelosi, la présidente démocrate de cette assemblée. Mais, nouvellement élue du Colorado, Lauren Boebert, autre trumpiste de choc, entend assister aux débats avec son pistolet à tir rapide Glock à la ceinture. Pauvre Abraham Lincoln !

12 mars

Le Moyen-Orient après le conflit israélo-arabe

Le 8 mars, une étonnante formation aérienne a sillonné le ciel du Moyen-Orient. Deux bombardiers stratégiques américains, des B-52H, étaient en exercice de démonstration de force. C'est l'accompagnement qui a retenu l'attention : des chasseurs F-15 israéliens, puis saoudiens et qataris. Le Pentagone a parlé d'une « patrouille multinationale » – américano-israélo-arabe.

La même semaine, Thomas Friedman, l'un des chroniqueurs du *New York Times*, relevait ce chiffre : depuis octobre 2020, et l'annonce de la normalisation des relations entre Israël et l'État des Émirats arabes unis (EAU), 130 000 Israéliens ont visité Abou Dabi, la capitale des EAU. Le vol El Al Tel-Aviv-Abou Dabi ne désemplit pas. Les ressortissants de l'un et l'autre pays sont dispensés de visa. Les puissants fonds financiers émiratis envisagent des participations dans la haute technologie israélienne.

Signataire avec l'EAU des « accords d'Abraham » – sur l'établissement de liens officiels avec Israël –, le micro-émirat de Bahreïn fait appel, poursuit le *New York Times*, à l'Israel's Mekorot National Water Company pour désaliniser l'eau.

« La diplomatie d'Abraham », prophète œcuménique, n'aurait pas eu lieu sans le feu vert de l'Arabie saoudite. Elle a été approuvée par la Ligue arabe – en dépit des protestations des Palestiniens. Initiative de l'administration Trump, elle a été saluée aux États-Unis bien sûr, républicains et démocrates à l'unisson, mais aussi en Europe, à Moscou et à Pékin, chacun ânonnant un vague couplet sur la question palestinienne.

Après une longue brouille de nature politico-idéologique, l'émirat du Qatar se réconcilie, un peu, avec la maison des Saoud, mais sans suivre encore la ligne abrahamique. Cependant, à la demande d'Israël, le Qatar achemine régulièrement une assistance humanitaire à Gaza, ce territoire palestinien que contrôle le Hamas, rappelle Gilles Kepel dans son dernier livre – *Le Prophète et la pandémie* (Gallimard).

Échec du nationalisme arabe

Premier État arabe à ouvrir une ambassade à Tel-Aviv (en 1979), l'Égypte du maréchal Abdel Fattah al-Sissi coopère aujourd'hui avec l'armée israélienne contre les réseaux gangstéro-islamistes du Sinaï. La Jordanie – qui a suivi l'exemple de l'Égypte en 1994 – entretient, depuis, les meilleures relations avec Tsahal.

Comme le remarquait dès l'automne 2020 le journaliste Guy Sitbon, savant vétéran des aventures du Moyen-Orient, « personne ne l'annonce, mais la guerre est finie ». Pour une majorité d'États arabes – on ne parle pas de l'opinion arabe –, l'état de guerre avec Israël, motivé par l'affaire palestinienne, c'est terminé.

On dira que cette situation ne date pas d'hier, mais les « accords d'Abraham » l'officialisent. Il y a des évidences qui gagnent à être expressément formulées. Ces accords « enterrent le conflit israélo-arabe comme facteur structurant le Moyen-Orient », écrit Kepel. L'histoire a besoin de marqueurs : « On tourne la page de la résolution [de la Ligue arabe] de Khartoum, dont les signataires, au lendemain de la guerre de juin 1967, s'engageaient » à observer une règle dite des trois « non » : « refuser à Israël toute paix, toute reconnaissance ou toute négociation ».

Les raisons qui expliquent la marginalisation de la question palestinienne sont nombreuses : fin de la guerre froide ; échec du nationalisme arabe ; moindre importance du pétrole moyen-oriental ; coupable complaisance américaine et européenne pour la colonisation israélienne ; division du mouvement national palestinien ; explosion du radicalisme djihadiste.

On s'arrêtera sur l'une d'elles : l'expansionnisme iranien dans le monde arabe. Agressée dès sa naissance par les régimes arabes – auxquels, il est vrai, elle promettait le pire –, la République islamique, née en 1979, avait bien des raisons de vouloir une ligne de défense au-delà de ses frontières.

Au fil des ans, des guerres et des interventions américaines, notamment, Téhéran va constituer son « croissant chiite » – cette sorte de dominion arabe où, par milices chiites locales interposées, l'Iran contrôle pour partie le pouvoir en Syrie et vassalise l'Irak et le Liban. Chacune de ces situations a son histoire et sa singularité. La théocratie iranienne, portant haut et fort la cause palestinienne et mettant en doute la pérennité d'Israël, a su, parfois, s'attirer les sympathies de l'opinion arabe.

Mais cet expansionnisme iranien, durable et prédateur, exercé par un pays aux desseins nucléaires pour le moins ambigus, est aujourd'hui vécu comme une provocation pour une partie de l'opinion arabe et comme une menace quasi existentielle pour les régimes en place – à Riyad comme à Jérusalem. L'impérialisme « perse » a déclassé la question palestinienne et a fait naître l'alliance israélo-arabe.

Les trois puissances non arabes de la région – l'Iran, Israël et la Turquie – y jouent aujourd'hui un rôle prépondérant. Leurs interactions façonnent le Moyen-Orient. Les Israéliens confortent leur alliance anti-iranienne avec les Arabes. Les Iraniens s'accrochent à leur « croissant chiite ». La Turquie de Recep Tayyip Erdogan joue sur tous les tableaux, pour satisfaire un furieux tropisme de *revival* néo-ottoman.

Les États-Unis restent la puissance stratégique dominante au Moyen-Orient. Profitant des guerres de Syrie, la Russie a retrouvé sa place. La Chine s'impose économiquement et déploie un réseau portuaire de plus en plus dense. L'Europe n'est pas absente. Mais la fin du conflit israélo-arabe a autonomisé la région. Kepel parle joliment d'un « Moyen-Orient désinhibé par rapport aux grandes puissances ». Une autre histoire a commencé.

26 mars

Le complexe de supériorité chinois

Comment dit-on « hubris » en mandarin ? La Chine officielle traverse une épidémie d'autosatisfaction aiguë. Oublieuse des mérites de l'autocritique, elle exulte de joie, toute à la contemplation narcissique de sa puissance retrouvée. La Chine pense qu'elle gagne la course à la prépondérance mondiale et ce sentiment commande son comportement. À l'intérieur de ses frontières comme sur la scène internationale.

Vous n'avez pas de leçon de morale à nous donner, nous parlons d'égal à égal, votre système de gouvernement ne suscite plus l'envie du monde. Tout était dit dans la réplique des Chinois, jeudi 18 mars, à Anchorage (Alaska), aux reproches que formulaient leurs hôtes américains : Ouïgours, Hong Kong, Taïwan, cyberespionnage, mer de Chine et autres manifestations d'une Chine répressive à l'intérieur et agressive à l'extérieur. Le même sentiment de superpuissance assumée explique les sanctions prises par Pékin à l'encontre de parlementaires et d'essayistes européens. Ils sont visés non pour ce qu'ils ont fait – ce ne sont pas des acteurs gouvernementaux –, mais pour ce qu'ils disent de la Chine.

L'Orient est en phase ascendante et l'Occident sur la pente du déclin. Le jugement serait du président Xi Jinping, cité sur un site gouvernemental, rapporte le *New York Times*, le 5 mars. Devant la session de l'Assemblée populaire début mars, Xi aurait confié : « La Chine peut maintenant regarder le monde dans les yeux. » Pékin ne le dit pas encore, mais les dirigeants chinois sont convaincus que l'équilibre du pouvoir sur la scène internationale penche maintenant en leur faveur. Aux dépens des États-Unis.

Pour assurer sa suprématie, la Chine compte sur la puissance de son économie et sur sa créativité technologique – les voies du pouvoir au XXIe siècle. Elle n'entend pas rivaliser avec le réseau d'alliances militaires des États-Unis ni avec le budget du Pentagone. Selon les conseillers de Joe Biden, Pékin développe une diplomatie de la dépendance : établir des situations plaçant nombre de ses partenaires sous tutelle économique ou technologique.

Pouvoir réprimer librement

L'objectif est la conquête d'une influence politique par le biais des réseaux chinois. Toute la puissance des entreprises de high-tech du pays, massivement subventionnées par l'État, est au service d'une stratégie d'expansion politique. Créer dans le monde entier de la dépendance aux technologies et à l'économie chinoises doit permettre à Pékin d'accroître son leadership. À un moment ou à un autre, un pays en affaires avec la Chine ne peut sans conséquences se brouiller politiquement avec elle. L'Australie paie cher – le boycottage de ses exportations – d'avoir osé demander une enquête sur les origines du Covid-19.

Pour assurer son avenir et parce qu'il est sincèrement convaincu d'avoir permis le renouveau du pays, le Parti communiste chinois (PCC) veut une scène internationale plus favorable à l'autocratie. Il ne cherche pas la confrontation avec les États-Unis. Il entend pouvoir réprimer librement à l'intérieur, renier ses engagements à Hong Kong, menacer militairement Taïwan, s'emparer d'îlots contestés en mer de Chine ou de territoires disputés dans l'Himalaya et se livrer à l'espionnage dans le cyberespace – sans que cela entrave en rien son expansion économique. Les liens de vassalisation économique créés ici et là, à des degrés divers, doivent servir à installer, à l'ONU et ailleurs, des majorités favorables à l'ordre chinois.

Dans la mondialisation sinisée, succédant au système international imposé par les États-Unis en 1945, la démocratie libérale n'est pas plus légitime que l'autocratie. L'interprétation des « valeurs » inscrites dans la charte de l'ONU doit permettre de légitimer le mode de gouvernement autocratique, notamment la suppression de la liberté d'expression. La Chine pratique aussi « la diplomatie des valeurs » – les siennes.

Pour assurer leur leadership mondial, les présidents John Kennedy, en 1961, puis Ronald Reagan, dans les années 1980, entraînèrent l'URSS dans la course à la suprématie spatiale. Joe Biden promet de lancer les États-Unis dans une compétition féroce avec la Chine pour les technologies de pointe de l'époque – semi-conducteurs, intelligence artificielle et autres – en embrigadant ses alliés dans l'aventure. Mais, contrairement à JFK et à Reagan, Biden engage la bataille non plus avec un Empire soviétique décati, mais avec la deuxième économie de la planète.

L'hebdomadaire *The Economist* rappelle cette semaine le poids de l'économie chinoise dans celle des États-Unis. Il souligne cette réalité du business : aucune société américaine n'a envie de quitter la Chine, où, indifférents à l'environnement politique, les grands de Wall Street, de Morgan Stanley à Goldman Sachs, guettent toutes les possibilités d'investissement. C'est un hommage rendu à la diversité et à l'importance du marché chinois, devenu l'un des éléments structurants de l'économie mondiale. L'État de droit, notamment l'indépendance des juges, passait pour être un atout dans le succès de la place financière de Hong Kong. Le PCC vient d'abolir l'indépendance du gouvernement de la province : aucune grande banque occidentale n'a quitté Hong Kong, où la Bourse s'épanouit comme un nénuphar géant dans une pièce d'eau royale.

La Chine n'en fait pas moins peur à tous ses voisins. Elle est plus impopulaire que jamais dans l'opinion américaine et probablement européenne aussi. Mais on n'isole pas la deuxième économie du monde. *In fine*, la réponse au défi chinois dépendra des capacités des démocraties libérales à redevenir le modèle d'efficacité et de liberté qu'elles ont su incarner.

23 avril

L'honneur des Biélorusses

La Biélorussie est ce pays où le seul fait d'afficher des chaussettes rouge et blanc peut vous conduire en prison. Si vous filmez l'interpellation d'une jeune femme portant ces couleurs, c'est aussi la prison. Ou si vous êtes surpris à chanter et danser dans la rue quand vous ne devriez ni chanter ni danser dans la rue. Pourtant, jour après jour, des Biélorusses manifestent[1].

Les peines tombent : de plusieurs mois à quatre voire six ans d'emprisonnement ferme pour troubles graves à l'ordre public ou atteinte à la sécurité d'un régime qui n'aime pas les chaussettes de couleur. Dans son bureau de l'Assemblée nationale, à Paris, ce jeudi 15 avril, Frédéric Petit tient les comptes : « Deux cent cinquante jours déjà et pas une semaine sans que, d'une façon ou d'une autre, des Biélorusses n'entretiennent le mouvement de protestation né le 9 août dernier. » « Ils sont inventifs », ils créent et recréent les signes extérieurs de leur opposition au régime dans un climat de répression continue, dit le député de la 7e circonscription des Français de l'étranger (Europe centrale et orientale). Frédéric Petit est un polyglotte, passionné, amoureux de son « terrain ».

Retour en arrière. Le 9 août 2020, Alexandre Loukachenko, 65 ans, dont vingt-cinq de dictature, ancien militaire mais portant encore volontiers la casquette soucoupe volante des généraux de l'Armée rouge, est « réélu » à la tête de ce pays de 9,5 millions d'habitants : 80,2 % des suffrages. Inconsolable nostalgique de l'URSS, Loukachenko est prudent : quelques mois avant le vote, il a jeté en prison l'un de ses principaux opposants, le courageux blogueur Sergueï Tikhanovski. Mais

1. Avec l'appui enthousiaste de son voisin russe, le régime de Minsk poursuivait en 2022 une répression aussi cruelle que brutale contre des jeunes gens, femmes et hommes, qui n'avaient pas renoncé à défendre légalement leur idéal.

la femme de celui-ci, Svetlana Tikhanovskaïa, paisible mère de famille de 37 ans, a pris le relais et suscité un immense enthousiasme populaire – que ne traduit pas son score officiel (9,9 %).

Morts, arrestations, tabassages

Unanimement perçu comme le résultat d'une fraude monstrueuse, le scrutin a provoqué des semaines de manifestations massives, d'une ville à l'autre, réprimées avec une particulière brutalité : 6 morts, des dizaines de milliers d'arrestations, tabassage des détenus et, selon un rapport de l'ONU, au moins 450 cas de torture avérés. Andreï Vaitovich, tout jeune journaliste franco-biélorusse, aujourd'hui installé à Paris, dénonce la probable intervention de mercenaires ukrainiens, encagoulés, venus de la région du Donbass, où la Russie entretient une « république » sécessionniste.

L'emblème du mouvement d'opposition est l'ancien drapeau de la Biélorussie : rouge et blanc – d'où l'arrestation de la jeune femme aux chaussettes. Aucune des manifestations n'a donné lieu au moindre signe de violence. Pas une voiture brûlée, pas un élément de mobilier urbain endommagé, pas une vitrine brisée. Opérant souvent masquée, la soldatesque au service du dictateur a agressé, et agresse toujours, des Biélorusses dont l'exemplaire civilité reste la marque : une profession de foi citoyenne face à l'exercice dictatorial du pouvoir.

Justice rendue absurde

Les manifestations de masse ont disparu. « Il faut bien vivre, on n'a qu'une vie », dit Andreï Vaitovich, comme pour s'excuser. Mais, menant une « sorte de guérilla politique », observe Frédéric Petit, des Biélorusses, semaine après semaine, s'arrangent pour mettre en garde Loukachenko : le mouvement n'est pas mort. La répression continue aussi. « Chaque jour il y a des procès et plus personne n'est épargné », dit Vaitovich.

Petit échantillon du mélange d'absurde et de cruauté qu'est la « justice » rendue au temps de Loukachenko. Aliaksandr Vaitseshyk, militant des droits de l'homme, détenu pour avoir pris la photo d'un prévenu au tribunal. Konstantin Svidunovich, journaliste de télévision, détenu pour avoir participé à une manifestation « dansante ». Ihar Losik, arrêté en juin 2020, administrateur de messagerie, père d'une petite fille de 2 ans, dans un état fragile après une grève de la faim et une tentative de suicide. David Zbaranski, étudiant, 17 ans, emprisonné depuis quatre mois, pour avoir manifesté. Ivan Datsyshyn, étudiant, 21 ans, condamné à quatre ans de prison pour avoir manifesté. Le manifestant Mika Tikhanovskaïa, 16 ans, lycéen, épileptique, envoyé pour cinq ans en « colonie pénale ». Les jeunes journalistes Daria Tchoultsova et Katerina Bakhvalova purgent deux ans de prison ferme pour avoir enquêté sur ce qui est arrivé au peintre Roman Bondarenko, 31 ans, tabassé à mort, début novembre 2020, dans un fourgon de la police.

Le mouvement civique biélorusse est singulier à bien des égards. À l'état brut, « ce n'est pas une revendication politique, économique ou sanitaire » (contre le coronavirus, Loukachenko conseillait la vodka). Dans ce pays russophone et russophile, le mouvement n'est pas pro ou antirusse, explique Vaitovich : « Il incarne l'exigence de la vérité face au mensonge, pris comme une insulte à notre égard, une atteinte à notre dignité. » Le mensonge de trop, et une seule revendication : un dialogue avec le pouvoir pour organiser de nouvelles élections. « Nous ne tentons pas un coup d'État, nous ne voulons pas diviser le pays. Nous voulons un dialogue politique », dit la grande Svetlana Alexievitch. L'écrivaine biélorusse, prix Nobel de littérature, harcelée, menacée par les sbires du régime, a dû quitter son pays – comme des milliers de ses compatriotes depuis l'été 2020.

Le député Petit et le journaliste Vaitovich ont saisi toute l'exemplarité de la protestation biélorusse. Elle dépasse le dictateur de Minsk. En ces temps de manipulations de l'information, des femmes et des hommes vont en prison pour défendre la frontière entre le vrai et le faux. Le moins qu'on puisse faire pour eux est de ne pas les oublier.

9 juillet

Hong Kong et les 100 ans du PCC

Le 24 juin, l'un des derniers bastions de la liberté à Hong Kong, le quotidien *Apple Daily*, est tombé. Les locaux bouclés par la police, les responsables de la rédaction et l'un des principaux éditorialistes arrêtés, les comptes bloqués, le matériel saisi. C'est la fin de vingt-six ans de journalisme indépendant, impertinent, créatif, outrancier, et ce dernier bouclage, cette dernière édition, qu'on s'est arrachée en ville, tout cela n'avait qu'une signification : la fin de Hong Kong – un événement dont on sous-estime la portée.

Quelques jours plus tard, le 1er juillet, le président Xi Jinping, portant beau dans un élégant costume Mao gris perle, célébrait, à Pékin, le centième anniversaire de la création du Parti communiste chinois (PCC). Dans son discours, Xi dressait le portrait d'un parti prométhéen, sans lequel la Chine ne serait pas ce qu'elle est devenue : la deuxième puissance économique du monde, un pays de 1,4 milliard d'habitants qui a éradiqué la grande pauvreté et l'analphabétisme.

En apparence, la concomitance de ces deux événements doit tout au hasard du calendrier ou aux aléas de la répression à laquelle Pékin soumet ce confetti de Chine qu'est Hong Kong – 7,5 millions d'habitants, une bourgade à l'échelle du pays. Mais voilà, l'histoire est passée par là, qui a donné à ce rocher couvert de jungle et surplombant une baie lumineuse un statut singulier.

Arraché à la Chine au milieu du XIXe siècle par les Britanniques, Hong Kong a été rendu à la mère patrie en 1997.

Londres et Pékin en avaient décidé ainsi en 1984 après de longues négociations. Dans une « déclaration conjointe », les deux parties ne fixaient pas seulement la date de la rétrocession. La Chine garantissait que l'île conserverait jusqu'en 2047 son mode de gouvernement particulier : libertés publiques, parlement local, justice indépendante, presse sans entraves.

Les Chinois, qui ont le sens de la dialectique, appelaient cela « un pays, deux systèmes ». Ce mélange d'État de droit à la britannique et de génie entrepreneurial chinois a fait le succès de Hong Kong et, en dépit de bien des pathologies sociales, son inimitable charme – un de ces lieux où, déposant la valise, on se dit que ce pourrait bien être pour toujours…

La norme continentale

Augurée en 2012-2013, l'ère Xi Jinping, marquée par une volonté de rétablir ou d'établir le contrôle absolu du PCC sur tout ce qui est chinois, s'annonçait mal pour les enfants terribles de Hong Kong. Une loi dite « de sécurité nationale » est imposée, du continent, en 2020. Elle va mettre l'ancienne colonie au pas. Le prétexte ? Un mouvement d'approfondissement de la démocratie hongkongaise qui, de 2014 à 2019, défiant Pékin, s'est souvent traduit par des violences de rue.

Tout ce qui faisait la spécificité de Hong Kong – en gros, l'État de droit – est supprimé, écrasé, criminalisé. Le territoire doit se soumettre, être aligné sur la norme continentale, laquelle installe le monopole du PCC sur l'exercice du pouvoir exécutif, législatif et judiciaire (lire l'article de Florence de Changy dans *Le Monde* du 1er juillet). Hong Kong sombre chaque jour un peu plus.

Pourquoi cet acharnement ? La réponse est dans le discours de Xi du 1er juillet : à cause du symbole. Tout à sa volonté d'imposer le PCC comme l'incarnation la plus aboutie de la nation chinoise, le président n'était pas homme à tolérer longtemps qu'un morceau de Chine, fût-il tout petit, échappe au système central. Impossible d'accepter que 7,5 millions de Chinois donnent l'exemple d'une éclatante réussite hors l'emprise du PCC – il en va de même pour Taïwan, qui, a dit Xi, devra être réuni par des voies pacifiques. L'histoire a un sens, explique Xi, et le parti en est le moteur.

Dans un discours qui porte la marque d'un idéologue convaincu, pas celle d'un pragmatique opportuniste, le président déifie le parti. Le PCC est « la clé pour mener à bien les affaires chinoises » ; « sans lui, il n'y aura pas de renouveau de la nation chinoise » : le parti se confond avec la nation. Mais cette obsession à vouloir que toutes les « affaires chinoises » soient sous la souveraineté absolue du PCC conduit à l'étouffement intellectuel qui caractérise la Chine de Xi (lire l'article de Frédéric Lemaître dans *Le Monde* du 2 juillet).

Le président entend promouvoir « les sciences et les technologies chinoises », a-t-il rappelé le 1er juillet, et aussi « leur autonomie ». Autrement dit, on « découple », on fait sans les États-Unis, on se dote des moyens d'une forte indépendance techno-scientifique – l'opposition actuelle de Pékin aux introductions en Bourse à New York d'entreprises de high-tech chinoises va en ce sens. Le problème est de savoir si une société de créativité scientifique et technologique peut naître dans un climat de surveillance léniniste.

La Chine a apporté un démenti à l'expertise libérale : elle a prouvé que le développement d'une économie de consommation avancée ne débouche pas forcément sur une libéralisation du système politique. Mais promouvoir une économie de l'innovation dans des universités étroitement policées, où toute influence « occidentale » est combattue ? Tolérer une génération d'entrepreneurs mégalomanes dans un régime qui se méfie des personnalités hors norme ? Xi maltraite le type même d'entreprises et d'entrepreneurs dont il a besoin pour concurrencer les États-Unis.

Hong Kong a été un lieu de création et d'innovation, jusque-là. Peut-être parce que ce flamboyant territoire échappait à l'impérialisme du PCC.

3 septembre

Afghanistan : ci-gît le *nation building*

Dans les larmes et le sang, l'injustice et le chaos, Joe Biden a sonné la fin d'une époque. Le 46e président américain a clos, en cette fin d'été, vingt ans d'interventionnisme armé occidental en terres orientales. Bilan amer.

Le retour des talibans à Kaboul est l'ultime épisode du choix stratégique fait par Washington pour répondre aux attentats du 11 septembre 2001 : refaçonner le « Grand Moyen-Orient » (du monde arabe à l'Afghanistan), disait-on à Washington. En Irak comme en Afghanistan, la guerre contre un régime ou contre les groupes djihadistes s'accompagnait du *nation building*. L'une n'allait pas sans l'autre, contrairement à ce qu'on affirme aujourd'hui à la Maison Blanche. Le militaire avait un pendant humanitaire : favoriser l'émergence d'États plus solides et de sociétés plus tolérantes.

Il faut resituer le *nation building* dans son époque. L'attaque des djihadistes d'Al-Qaida, le 11 septembre 2001 (3 000 morts), a lieu dans le moment unipolaire de l'après-guerre froide. Les États-Unis ont le monopole de la puissance mondiale – militaire, économique, technologique, culturelle. Influente dans l'administration de George W. Bush, l'école néoconservatrice pose comme principe que le terrorisme islamiste est l'enfant des régimes faillis du Grand Moyen-Orient. La réponse à Al-Qaida, c'est d'implanter la démocratie dans la région – par la force, s'il le faut.

« Façonner la réalité »

Aux commandes à Kaboul depuis 1996, les talibans, par complicité idéologique, hébergent et protègent Al-Qaida. L'intervention occidentale en Afghanistan, l'hiver 2001, chasse les talibans, mais laisse filer Oussama ben Laden. Les États-Unis auraient alors pu remettre les clés du gouvernement à l'opposition armée aux talibans, regroupée dans ce qu'on appelle l'Alliance du Nord (puis le Front uni). Après tout, ces milices ont été l'élément au sol de la campagne de l'OTAN et, en ce mois de novembre 2001, elles contrôlent le pays. Mais les États-Unis ont fait le choix du *nation building* : on reste. On sollicite une armée d'ONG humanitaires, on va reconstruire l'État afghan, transformer la société afghane, implanter quelques graines de démocratie au pied de l'Hindu Kush. Nous sommes en mesure de « façonner la réalité », dit-on dans l'équipe Bush. Nous allons faire à Kaboul et à Bagdad ce que nous avons fait en Allemagne (de l'Ouest) et au Japon en 1945, glisse le vice-président, Richard Cheney.

Beaucoup a été accompli. L'Afghanistan de 2021 (38 millions d'habitants) est toujours l'un des pays les plus pauvres de la planète, mais tous les indicateurs de développement humain sont en hausse : santé publique, éducation, droits des femmes, notamment. Ce n'est pas rien et cela rend le retour des talibans – et la barbarie théocratique qui leur tient lieu de pratique du pouvoir – d'autant plus insupportable.

Mais le *nation building* a aussi révélé ses failles, une manière de vice structurel qui en a miné la pertinence. Fort de ses quarante ans de longues vadrouilles afghanes, le journaliste américain Edward Girardet souligne l'obsession d'établir un pouvoir central fort dans la capitale – sans doute une erreur ; l'essentiel d'un effort consenti en faveur de Kaboul et non des communautés rurales où vivent 70 % des Afghans ; une manne financière occidentale qui a fait exploser la corruption.

Pourquoi ? Parce que, dit Girardet, aujourd'hui rédacteur en chef de l'excellente publication *Global Geneva*, « l'Occident s'est efforcé de créer à grande vitesse un Afghanistan "nouveau" et "démocratique" à sa propre image ou conforme à ses propres représentations ». Quand il aurait fallu tenir compte de la complexité et de la diversité de ce pays. La réalité s'est vengée.

Questions subsidiaires : où s'arrête le *nation building*, où commence ce qu'il faut bien appeler une forme de néo-colonialisme ? comment concilier le temps, forcément long, du *nation building* avec le rythme, hystérique, de la démocratie américaine ?

Dans le *New York Times*, le journaliste et blogueur américain Ezra Klein décrit une Amérique qui, convaincue d'incarner le bien, « ne comprend pas assez ces autres pays qu'elle s'essaie à reconstruire selon ses propres idéaux ». Exemple : fallait-il vraiment dépenser des dizaines de milliards de dollars pour apprendre aux Afghans à faire la guerre dans un pays où ce savoir-faire paraît assez largement partagé ? Américaniser une armée afghane qui, dès lors qu'elle a été privée, du jour au lendemain, de la logistique dernier cri des États-Unis, n'était plus en état de se battre contre des hordes de talibans en savates ?

Klein cite sa compatriote politologue Emma Ashford : « L'Amérique est sans conteste le plus puissant pays du monde mais ce à quoi nous n'avons cessé d'assister depuis plusieurs années, c'est notre incapacité à obtenir les résultats que nous souhaitions. Qu'il s'agisse de l'Afghanistan, de la Libye, des sanctions contre la Russie, du Venezuela[2], nous n'arrivons pas à nos fins et je crois que c'est du fait d'une sorte de surestimation de nous-mêmes – parce que nous sommes très puissants, nous nous fixons des objectifs qui ne sont pas atteignables. »

À un moment, l'opinion américaine se lasse. Les « guerres lointaines », celles que l'Amérique ne gagne plus jamais, deviennent taboues dans l'électorat. La pression politique intérieure s'impose aux décideurs de la politique étrangère. Les exigences de la bataille électorale l'emportent sur toute autre considération, chez les démocrates comme chez les républicains. Et c'est ainsi que la débandade de Kaboul doit tout autant à la paix hâtivement signée par Donald Trump avec les talibans, en février 2020, qu'à l'impréparation de Joe Biden en ce sinistre mois d'août.

---

2. La politique de sanctions économiques menée par les États-Unis (et souvent par l'Union européenne) n'a jamais eu de réel impact ni sur le comportement de Vladimir Poutine ni sur celui du dictateur vénézuélien Nicolas Maduro, pas plus qu'elle n'a réussi à apaiser l'éternelle guerre des clans qui déchire la Libye.

24 septembre

Pacifique : le mufle, la brute et le perdant

Des mésaventures du Shortfin Barracuda dans le Pacifique, zone des gros poissons, on peut tirer au moins trois leçons sur les relations Chine – États-Unis – Europe.

Première leçon. La « débâcle de Kaboul » n'a aucunement affaibli la crédibilité stratégique des États-Unis. Le départ précipité, et peu glorieux, des troupes américaines d'Afghanistan et le retour des talibans aux commandes du pays, une défaite en somme, tout cela n'a guère impressionné les Australiens. Face à une Chine de plus en plus agressive dans son environnement du Pacifique, Canberra a choisi de se placer sous la protection de l'Amérique – pas de la France. L'Australie a préféré l'offre américano-britannique – huit sous-marins à propulsion nucléaire à l'horizon 2040 – au partenariat conclu avec Paris – douze Shortfin Barracuda d'ici à 2030.

Même dans l'univers des ventes d'armes, où tous les coups sont permis, Canberra a procédé de façon minable à l'égard des Français. Mais cette muflerie ne doit pas masquer la signification profonde de l'épisode. Ce n'est pas une affaire de qualité de sous-marins. C'est un grand pas en avant dans l'affrontement sino-américain.

Après Kaboul, le pacte Aukus – Australia, United Kingdom, United States – confirme la priorité stratégique des États-Unis : la Chine. L'Australie était un allié depuis longtemps. Elle devient un partenaire rapproché des États-Unis, un élément avancé en Asie-Pacifique du dispositif américain destiné à contrer la volonté de domination chinoise dans la région. Quitte à prendre un très gros risque de dissémination nucléaire.

En l'espèce, Pékin a tout fait pour précipiter Canberra dans les bras de Washington. La Chine militarise à tout-va les îlots – territoires disputés avec ses voisins – dont elle s'est emparée par la force dans le Pacifique occidental. Elle a multiplié opérations d'espionnage et d'influence politique à Canberra.

Pour punir l'Australie d'avoir osé demander une enquête internationale sur l'origine de la crise du Covid, les Chinois ont déclaré une impitoyable guerre commerciale aux Australiens. Signe des temps : Aukus a été salué partout en Asie, à Tokyo, à Delhi, à Taipei.

Deuxième leçon, Barack Obama, le président du « pivot » de l'engagement américain vers l'Asie, était relativement indifférent aux affaires européennes. Donald Trump affichait son hostilité à l'Union européenne (UE) et ses doutes sur l'utilité de l'OTAN. Le président Joe Biden dit des mots gentils à ses alliés mais les traite avec une humiliante désinvolture. Propos aimables, comportement méprisant : à l'adresse de l'Europe, la doctrine Biden, c'est l'école « brutaliste ».

En juin, Biden force l'OTAN, dont la zone de compétence est l'Atlantique Nord, à faire figurer la Chine dans les préoccupations de sécurité de l'organisation. Les Européens acquiescent, Allemagne et France de mauvais gré. Dès lors, on aurait pu penser que Washington aurait eu à cœur de tenir l'OTAN au courant du projet Aukus. À tort. Cette entente triangulaire, impliquant deux membres de l'OTAN – Londres et Washington –, a été concoctée dans le dos d'un troisième – la France. Délicieuse ambiance entre alliés !

Mais il y a allié et allié, tous ne sont pas traités de la même façon. En Europe, le tropisme anglosphère joue toujours en faveur de Londres. Peut-être parce que Boris Johnson – refusant, par exemple, l'accès du Royaume-Uni à l'entreprise chinoise Huawei pour la 5G – s'aligne sans réserve sur la posture américaine : confrontation ouverte avec la Chine. Les Vingt-Sept de l'UE sont plus hésitants, solidaires de Washington, certes, mais soucieux de ménager Pékin, peu enclins à rejouer une guerre froide.

La France, allié solide au sein de l'OTAN, devrait s'interroger sur le traitement de faveur dont bénéficie l'Allemagne. Berlin fait le minimum en matière de défense, entretient une relation unique avec la Russie et il est l'un des plus gros partenaires économiques de la Chine. Tout en étant traité à Washington comme l'allié le plus chéri parmi les Vingt-Sept de l'UE.

Réflexion sur la puissance : la force économique se traduit mécaniquement en marge d'autonomie politique. La France n'a pas fini d'éprouver le coût politico-diplomatique de son décrochage d'avec l'économie allemande.

Troisième leçon. L'épisode Aukus devrait confirmer la ligne d'Emmanuel Macron : en ces temps de réorientation des priorités états-uniennes, l'UE doit plus que jamais acquérir un minimum d'autonomie stratégique. Elle doit notamment se doter des moyens de résister à la pression revancharde de la Russie de Vladimir Poutine et d'exister dans un monde de blocs. C'est ce qu'on appelle l'Europe de la défense.

Mais, même sous la forme d'un pilier européen de l'OTAN, nos partenaires – par ailleurs indifférents aux affaires du Pacifique – rechignent. Ils craignent qu'une telle perspective n'amène les États-Unis à s'éloigner plus encore du Vieux Continent. Quant aux Américains, ils semblent, politiquement, psychologiquement, génétiquement, incapables de soutenir une autonomie stratégique européenne, serait-elle limitée. Cette orientation serait pourtant conforme à leur nouvel axe stratégique : priorité à l'Asie-Pacifique, parce qu'ils estiment que c'est là, face à la Chine, que se joue le maintien de leur leadership mondial.

L'Europe de la défense supposerait un minimum de regroupement dans des industries d'armement nationales qui se livrent à une concurrence féroce sur tous les marchés. En l'espèce, Naval Group l'a emporté sur l'allemand ThyssenKrupp. En confessant notre ignorance abyssale du monde des sous-marins d'attaque, peut-on tout de même poser cette question : la France n'aurait-elle pas été en meilleure position dans cette affaire si Naval Group et ThyssenKrupp s'étaient associés pour répondre à la demande australienne ? Impensable aujourd'hui, hélas.

1er octobre

L'ONU en instrument du pouvoir chinois

La Chine aime l'ONU, qui le lui rend bien. Les Nations unies sont l'un des relais de la puissance chinoise – en toute légitimité, mais pas seulement. En visioconférence, Xi Jinping a manié, la semaine dernière, devant l'Assemblée générale de l'organisation, la plus parfaite des langues de bois onusiennes : « Nous devons bâtir un nouveau type de relations internationales basé sur le respect mutuel, l'équité, la justice sociale et la coopération. » « Gagnant-gagnant », bien sûr, a ajouté le président chinois.

Derrière la bien-pensance de ce morceau de jargon diplomatique se cache une stratégie politique qui est celle d'une puissance décidée à imprimer sa marque sur les affaires du monde. L'idée serait de façonner un « ordre chinois » comme il y eut – il y a toujours ? – un « ordre américain » ; d'imposer une *Pax sinica* pour prendre la suite de la *Pax americana*. Pareil ajustement collerait au sens de l'histoire contemporaine, marqué par la perte de la centralité de l'Occident devant ce que l'orientaliste Gilles Kepel appelle l'« irrésistible sinisation du monde ».

Ce glissement progressif du pouvoir d'Ouest en Est, Pékin entend le traduire aux Nations unies. Pourquoi ? Parce que l'ONU est universelle – la quasi-totalité des États en sont membres – et cette universalité fonde son importance : l'ONU représente la légitimité internationale. Elle en a le monopole. Elle fait partie de cet édifice institutionnel bâti par les États-Unis au lendemain de la Seconde Guerre mondiale : l'ONU et ses agences spécialisées, mais aussi le Fonds monétaire international et la Banque mondiale.

On a appelé cela l'« ordre libéral international », qui, trop souvent, ne fut ni « libéral » ni pacifique. Dans le sillage de la Chine appuyée par la Russie de Vladimir Poutine, nombre de pays jugent aujourd'hui que le « système des Nations unies », tel qu'il a été conçu, ne sert qu'à perpétuer l'hégémonie occidentale. « Un tel système ne représente plus la volonté de la communauté internationale », dit le ministère des Affaires étrangères chinois. Il faut le réviser.

La volonté de Pékin de peser sur l'ONU n'a rien d'illégitime. Elle fait partie du jeu d'une grande puissance, elle est le pendant de l'influence prépondérante longtemps exercée par les Américains aux Nations unies. La Chine veut toute sa place en ce lieu central de l'exercice du « multilatéralisme » – expression barbare qui signifie que la norme internationale doit être décidée dans ce cadre-là. Encore faut-il comprendre ce que signifie le « multilatéralisme » aux caractéristiques chinoises.

La bataille que mènent la Chine et ses alliés à l'ONU porte d'abord sur le concept de souveraineté : un État est maître chez lui. Pékin a une conception intégriste, extrémiste et absolutiste de la souveraineté. Dans la vision chinoise de la vie internationale, la paix entre les nations, « dans le respect mutuel et l'équité », comme dit Xi Jinping, passe par l'interdiction de toute ingérence dans les affaires intérieures des pays membres. À ce titre, il faut gommer, jeter dans l'East River, qui borde le bâtiment de l'ONU à New York, ce qui fut esquissé au lendemain de la guerre froide : un devoir d'intervention internationale dans les affaires d'un État qui viole manifestement la charte de l'ONU.

La nature d'un régime ne relève pas des compétences de l'ONU, dit la Chine. Le traitement qu'un État réserve à ses ressortissants n'est pas une affaire internationale. Pékin renvoie les États-Unis à leur soutien à nombre de dictatures durant la guerre froide. Les droits de l'homme, tels qu'ils figurent dans la Déclaration ajoutée en 1948 à la charte de l'ONU ? La Chine estime que l'interprétation qu'en font les Occidentaux relève d'une manière d'impérialisme culturel qu'il convient de dénoncer – et qui limite singulièrement la portée desdits droits. Le traitement réservé à ses minorités ethniques, aux habitants de Hong Kong, aux dissidents ? Une affaire de culture, vous dit-on !

Un poids énorme à l'ONU

Reste le droit international en général, celui qu'a codifié l'ONU, sous forme de traités et de résolutions, et qui est censé s'imposer sur la scène internationale. La Chine se comporte ici comme les États-Unis et les autres puissances. Elle pratique le respect à géométrie variable, selon ses intérêts. Où est le « respect mutuel » dû aux États voisins de la Chine en mer de Chine méridionale ? Pékin s'impose par la force, tant pis pour le droit. Comme s'y employèrent feu l'URSS et les États-Unis, avec plus ou moins de succès selon l'époque, Pékin déploie son influence à l'ONU à des fins hégémoniques.

Ce qui donne toute son importance au poids politique dont la Chine dispose aujourd'hui aux Nations unies. Il est énorme. Il correspond à sa démographie et à son rang économique. Pékin est le deuxième contributeur au budget de l'ONU (derrière Washington) et l'un des premiers fournisseurs de Casques bleus. La Chine est à la tête de quatre des quinze agences spécialisées de l'organisation et à la direction de sept autres. Elle use de toute sa puissance économique pour dégager des majorités en faveur des solutions qui lui conviennent dans les domaines les plus variés, des télécommunications aux droits de l'homme en passant par la santé.

Cette logique d'influence globale s'appuie sur les succès chinois et la séduction ainsi exercée auprès de nombre de pays membres, particulièrement chez les anciens colonisés. « Non qu'ils ignorent les risques de tomber sous une nouvelle domination », écrit Jean-Marie Guéhenno dans son remarquable *Le Premier XXIe siècle. De la globalisation à l'émiettement du monde* (Flammarion). « Mais, à tout prendre, l'attrait de la puissance chinoise l'emporte dans beaucoup de pays en développement sur la peur qu'elle pourrait inspirer. » La « sinisation » du monde passe par l'ONU.

8 octobre

L'ancien play-boy qui parraine les talibans

Longtemps, il a couru les boîtes de nuit londoniennes. Dans les années 1970, celles de sa jeunesse dorée, on le croisait chez *Tramp*, sur Jermyn Street, à Mayfair, ou, non loin, chez *Annabel's*, au 46 Berkeley Square, deux des établissements les plus « chics » de la ville. Là copinaient membres de l'aristocratie amateurs de fiestas nocturnes, rockeurs à la mode, mannequins, politiques et vedettes de cinéma dans un cadre très « manoir anglais », mais avec, en sous-sol, pour animer la piste de danse, des DJ sachant faire chauffer une platine.

Imran Khan était, à l'époque, l'un des plus grands joueurs de cricket du monde, aussi à l'aise à la batte qu'au lancer, un *all rounder*, dit-on dans le jargon de cette étrange activité sportive. Pakistanais, capitaine de l'équipe de son pays quand elle remporta la Coupe du monde en 1992, Khan, taillé en athlète, visage buriné au soleil des stades, est alors une légende sur la planète cricket. Bon musulman et sportif sérieux, il boit peu d'alcool, mais est chéri de la page people des magazines de mode, qui lui prêtent nombre de conquêtes, avec, semble-t-il, une préférence pour les jeunes femmes cultivées, libérées et sportives de la « gentry » anglaise.

On repensait à ce profil de play-boy éclairé, et passé par Oxford, en lisant, ces jours-ci, le sort que les talibans réservent aux femmes d'Afghanistan – avec l'approbation tacite d'Imran Khan. Celui qui fut la terreur des wickets – les petits piquets de bois que le lanceur doit faire tomber et que le batteur s'efforce de protéger – est, depuis l'été 2018, Premier ministre du Pakistan. Il s'est félicité du départ des Américains de Kaboul. Dans un entretien accordé, fin septembre, à l'hebdomadaire anglophone *Newsweek*, il appelle la « communauté internationale » à collaborer activement avec l'« émirat islamique d'Afghanistan ». Partisans d'un islam figé dans le rigorisme et la violence, les talibans afghans sont des amis d'Islamabad.

Comme tous ses prédécesseurs, Khan – à juste titre réputé pour son intégrité dans un monde politique pakistanais massivement corrompu – a protégé les talibans afghans. Ceux-là sont depuis longtemps l'invention et l'instrument des services secrets de l'armée pakistanaise, l'Inter-Services Intelligence (ISI). Sans leurs refuges dans les zones tribales du nord-ouest du Pakistan, les talibans n'auraient pu mener la guerre de vingt ans qu'ils ont remportée cet été. L'ambition stratégique de l'armée pakistanaise est de disposer d'un régime ami à Kaboul. Objectif : bénéficier de la « profondeur stratégique » que lui procurerait l'Afghanistan en cas de guerre avec l'ennemi de toujours, l'Inde, unique obsession des généraux pakistanais.

Aucun chef de gouvernement du Pakistan – plus de 200 millions d'habitants – n'a osé s'opposer à l'armée dans cette affaire. Les militaires sont les patrons de la politique étrangère à Islamabad. Comme ses prédécesseurs, Khan, l'ancien de Berkeley Square, l'ancien mari de Jemima Goldsmith, la fille de feu sir James, fantasque milliardaire des années 1980-1990, s'est transformé en parrain des talibans. Rien n'illustre mieux la tutelle d'Islamabad sur l'Afghanistan qu'une photo prise le 4 septembre dans l'un des salons de l'hôtel Serena, à Kaboul. En blazer de bonne coupe et pantalon « chino » du week-end, Faiz Hameed, le chef de l'ISI, rendant visite à ses obligés, affiche l'air satisfait et un tantinet suffisant de l'homme fort du moment.

Le sobriquet de « taliban Khan »

Cependant, les talibans, dans un pays au bord du drame humanitaire, s'occupent, ces jours-ci, à leur tâche prioritaire : la répression des femmes. Juges, enseignantes, fonctionnaires, toutes ont été chassées de leur poste. Et renvoyées à la maison. La porte des écoles secondaires s'est refermée sur les jeunes filles, celle des universités sur les étudiantes – toutes également interdites de sport. Pour autant, pas d'état d'âme chez celui qui fut le chevalier servant des belles de Mayfair : raison d'État, affaire de realpolitik, Kaboul n'est pas Londres, dirait Imran Khan. Alors, tant pis pour les Afghanes, il en va, n'est-ce pas, des intérêts de sécurité du Pakistan, puissance nucléaire !

Khan entre en politique en 1996, sur un thème courageux : la lutte contre la corruption. Il vient alors d'inaugurer un centre ultramoderne de traitement du cancer, financé par des contributions privées collectées sur sa seule renommée de prince du cricket. Mais, dès la création de son parti, le Mouvement pour la justice, les soupçons sont là : ce fils de la bourgeoisie de Lahore, père et mère d'origine pachtoune, comme la majorité des talibans, est d'une complaisance manifeste avec les islamistes.

Khan s'est toujours opposé à l'intervention de l'OTAN en Afghanistan. Il y voit la source de tous les maux de ce pays, et, en partie, de ceux du sien. Mais son discours antiaméricain a souvent flirté avec une rhétorique ouvertement protalibane qui, chez ses critiques, lui vaut le sobriquet de « taliban Khan ». Le retour des talibans à Kaboul est un succès pour Khan et l'État profond pakistanais (armée et ISI). À condition que les talibans veuillent et puissent empêcher que l'Afghanistan ne devienne la base logistique arrière d'un groupe terroriste ultraviolent qu'Islamabad affronte depuis des années sur son territoire – les talibans pakistanais. C'est comme sur un terrain de cricket, rien n'est simple et l'on peut être dépassé par les monstres que l'on a contribué à engendrer.

Sur les droits humains, et notamment ceux des femmes, Khan, compréhensif, dit qu'il faut donner du temps aux talibans. Combien ? Au *Washington Post*, il confiait, en juillet 2005 : « La vérité cachée sur les fondamentalistes (musulmans), c'est que quand ils arrivent au pouvoir, ils se transforment en modérés. » Si seulement !

19 novembre

Biélorussie : un angélique appel à la Russie

Sur un sujet au moins, la clameur parisienne qui monte de la campagne électorale, à l'extrême droite comme à l'extrême gauche, en passant par la vieille droite de gouvernement, fait entendre la même rengaine. À nos difficultés de politique étrangère, un seul recours : le président russe, Vladimir Poutine. L'incantation relève de la magie noire ou du vaudou car, le plus souvent, elle revient à prendre pour remède la source de nos problèmes. Ce qu'illustre parfaitement l'affaire biélorusse.

Pacifiquement mais résolument contesté au lendemain d'un scrutin à l'été 2020, le dictateur biélorusse, Alexandre Loukachenko, parangon de violence brute, s'accroche au pouvoir par la force. Il écrase le moindre geste de défi et, dans l'exercice, il dispose du plein soutien de la Russie. Non pas que Poutine ait le moindre respect pour Loukachenko, qu'il méprise, mais sa chute pourrait entraîner le glissement de la Biélorussie vers le camp occidental.

Inacceptable dans l'univers poutinien, où le souci premier est de reconstituer au maximum l'« étranger proche » de l'ère soviétique –, une vaste zone de sécurité aux marches de la Russie. Là, dans cet entre-deux, un pays ne dispose que d'une souveraineté limitée et, au minimum, se voit interdire tout arrangement avec l'Union européenne (UE). À ce souci stratégique se mêle l'hostilité fondamentale de Poutine à l'UE. Ce ne sont pas les sanctions qu'a pu prendre l'Union contre la Russie qui sont en cause, encore qu'elles jouent un rôle. La crainte du Kremlin, c'est l'idée même d'une entité européenne qui pourrait voir le jour et s'imposerait dans le rapport de force avec Moscou.

Il faut partir de cette réalité : la Russie de Poutine, c'est son droit, est hostile au projet européen. Elle cherche à lui nuire. Elle a défendu le Brexit et elle soutient les partis europhobes au sein de l'UE. Elle traite Bruxelles avec mépris. La Russie n'a peut-être pas aidé Loukachenko à monter l'attaque hybride contre l'Union à laquelle il se livre en instrumentalisant l'immigration. Mais les services russes n'ont pas pu en ignorer les préparatifs. Comme dit l'Espagnol Josep Borrell, le haut représentant de l'UE pour les affaires étrangères : « Loukachenko agit comme il le fait parce qu'il est appuyé massivement par la Russie, même si elle le nie. »

Il n'empêche, « sautant sur leurs sièges comme des cabris », dirait Charles de Gaulle, nombre de postulants à l'élection présidentielle occupent les plateaux de télévision pour psalmodier ce vieux mantra français : « la Russie, la Russie, la Russie ». Un dialogue approfondi, ou, mieux encore, exclusif avec Poutine, réglerait bien des problèmes – de l'Ukraine à la Syrie, de la Biélorussie à l'obsolescence de l'architecture de sécurité en Europe, disent-ils. Ceux-là prétendent encore incarner la realpolitik, source de solutions, et dénoncent le droit-de-l'hommisme angélique de leurs contradicteurs, source d'illusions.

Mais la realpolitik commanderait de considérer d'abord la réalité de la Russie de Vladimir Poutine et de poser au moins deux questions à son sujet : est-elle intéressée par un pareil dialogue ? Conçoit-elle une négociation comme un échange de concessions ? Dans cette affaire, les « angéliques » ne sont pas ceux qu'on croit. D'abord, et à raison, on parle à la Russie, beaucoup, mais souvent dans le vide. Les deux pays ont un dialogue institutionnel, au niveau des ministres de la Défense et des Affaires étrangères. On parle Syrie, Géorgie, Ukraine, nucléaire iranien, exportation de gaz. On ménage la sensibilité russe : la France et l'Allemagne mettent leur veto à l'entrée dans l'OTAN de la Géorgie et de l'Ukraine. Les deux pays entretiennent, là encore à raison, nombre de coopérations.

Un ennemi : l'Occident

Mais il faut s'interroger sur l'échec de tous ceux, Français compris, qui ont tenté une vraie relance d'un dialogue stratégique substantiel avec Poutine. Barack Obama s'y est employé.

Sans succès. Plus qu'aucun autre peut-être, Emmanuel Macron s'y est essayé : invitation à Versailles (mai 2017) ; discours de Saint-Pétersbourg (mai 2018) ; retour de Moscou au sein du Conseil de l'Europe (printemps 2019) ; invitation à Brégançon (août 2019) – sans compter nombre de coups de téléphone. Résultat ? Pas la moindre concession russe sur l'Ukraine, sur la Syrie ; au contraire, campagnes antifrançaises en Afrique, manœuvres anti-UE dans les Balkans, sans parler de l'affaire biélorusse. Pourquoi ?

Parce que le président Poutine n'est pas intéressé. Ce qui l'occupe prioritairement, ce qui façonne sa perception des intérêts de sécurité de son pays, c'est la nécessité de réinstaurer le statut de superpuissance de la Russie. Pour ce faire, il faut un ennemi : l'Occident. Vladimir Poutine cultive à l'intérieur le thème d'un Occident systématiquement hostile à la Russie – à ses valeurs, à ses intérêts, à son histoire.

Il saisit toutes les occasions de revenir sur « l'ordre de sécurité né sur les vestiges de la guerre froide », dit le politologue François Heisbourg. Il ne veut pas du *statu quo* hérité de 1990, il veut regagner une forme de tutelle sur son étranger proche, qui se trouve aujourd'hui aux marches de l'UE, explique le politologue Nicu Popescu, du European Council on Foreign Relations.

La Russie veut bien discuter contrôle des armements nucléaires de portée intermédiaire avec Joe Biden, pas avec les Européens. À l'égard de ces derniers, Poutine renouvelle les objectifs de la diplomatie soviétique : diviser les Européens et, si possible, les séparer des États-Unis. Dès lors, difficile de négocier avec un interlocuteur peu intéressé ou qui considère qu'il n'a aucun tort, ne menace personne et n'a donc aucune concession à faire. À tout le moins, le champ du dialogue possible est limité.

26 novembre

Iran : le sentiment d'un grand gâchis

C'est plus dur que négocier un tapis au bazar de Téhéran et sans doute plus nécessaire que jamais : les palabres sur le nucléaire iranien reprennent le 29 novembre à Vienne. La République islamique pense négocier en position de force face aux États-Unis. À l'intérieur, pourtant, la situation est différente. La photo qui émerge est celle d'un régime aujourd'hui figé dans un conservatisme stérile – et le sentiment est celui d'un grand gâchis.

L'Iran a, en partie, raison : tout est la faute de Donald Trump. En 2018, le président américain sort de l'accord conclu le 14 juillet 2015 à Vienne. Il renie la signature des États-Unis. La mécanique de Vienne était simple. Le programme nucléaire de Téhéran était placé sous surveillance internationale. En contrepartie, les sanctions auxquelles l'Iran était soumis – pour violation de ses obligations en matière nucléaire – étaient progressivement levées. Au lieu de quoi, Trump a écrasé l'économie iranienne sous de nouvelles sanctions et la République islamique s'est libérée des contraintes de l'accord de Vienne. Tout le monde perd.

Désigné plus qu'élu – l'opposition n'a pas pu se présenter –, le président conservateur Ebrahim Raïssi boucle ses cent premiers jours à la tête du gouvernement. Il court les provinces et découvre un paysage économique dévasté. Les sanctions Trump ne sont pas seules en cause ni même les va-et-vient du cours des hydrocarbures. La tragique gestion de l'économie par la République islamique a sa part de responsabilité. Corruption, monopoles, passe-droit, inégalités, surinvestissement politico-militaire à l'étranger, sous-investissement à domicile.

La souffrance des Iraniens

Le mécontentement social est plus aigu que jamais. L'inflation dépasse les 45 % ; le chômage explose ; la fuite des cerveaux s'accélère. L'Iran est le pays le plus touché par le Covid-19 dans la région. En juin, le Guide Ali Khamenei, chef suprême de l'usine à gaz institutionnelle qu'est le régime, a interdit l'importation de vaccins en provenance de l'Occident – parce que l'Occident, c'est le Mal. Les Iraniens, eux, souffrent.

« En Iran, Trump a rendu les pauvres misérables, il a paupérisé la classe moyenne et enrichi plus encore les riches », ceux qui profitent du « système », dit Farid Vahid, l'un des contributeurs de la Fondation Jean-Jaurès. Conclusion : pour soulager le pays, le président Raïssi a urgemment besoin d'une levée rapide des sanctions, donc d'un nouvel accord à Vienne.

Mais le Guide serait sur une ligne différente. Il ne serait pas pressé, lui. La Chine a commencé à importer massivement du brut iranien. Les Arabes du Golfe reprennent, tout doucement, contact avec Téhéran. Admirateur de la Corée du Nord, Ali Khamenei entretient un fantasme : doter l'Iran, un pays de 83 millions d'habitants, d'une économie de guerre autosuffisante. Toutes les positions de pouvoir, du Guide au Parlement, ont beau être aux mains des conservateurs, ceux-là n'ont pas les mêmes intérêts. La République islamique n'arrive plus à dégager un consensus en son sein, à faire des choix, à suivre une ligne pragmatique.

Cette situation est admirablement décrite par le professeur Bernard Hourcade dans une publication du CNRS, *Iran, paradoxes d'une nation*. Dans ce texte, empreint d'une profonde affection pour ce pays, l'auteur analyse la double impasse à laquelle le régime ferait face. Les équilibres stratégiques changent dans la région, mais la République islamique n'arrive pas « à tourner la page d'un activisme » pseudo-révolutionnaire qui est l'un des éléments de son identité. Le Guide ne veut pas, ou ne sait pas, renoncer à cet « axe de la résistance contre Israël » ânonné à chaque prière du vendredi pour justifier la mainmise sur les affaires du Liban, de l'Irak ou de la Syrie.

À l'intérieur, la peur de l'Occident tenaille le Guide et ses alliés. Ceux-là voient se profiler le risque de l'« agression culturelle occidentale » derrière toute ouverture économique. Tant pis pour le marasme actuel, le *statu quo* leur convient, ils veulent le préserver. À l'extérieur, en faisant traîner les négociations de Vienne. À domicile, en renforçant un insupportable contrôle social sur la population, par le biais de ces « normes islamiques d'un autre âge » qui accablent les Iraniens et, d'abord, les Iraniennes.

Le règne de la tyrannie

Le désaveu vient de cette classe moyenne, où les femmes sont souvent l'élément le plus dynamique, qui s'est constituée ces quarante dernières années – à la fois grâce et en dépit du régime. Elle est jeune, bien éduquée, riche de talents les plus divers. Elle est d'origine populaire, elle n'a connu que la République islamique et a émergé sans pour autant « renier son héritage islamique et national », écrit Bernard Hourcade.

L'Iran est ce pays où 95 % de la population est alphabétisée ; où les femmes « sont parmi les plus éduquées et les plus actives du monde musulman » – et se voient condamnées, toutes, au tchador, sauf à risquer le pire ; où le nombre d'étudiants n'a cessé d'augmenter ; un pays de cinéastes, d'architectes, d'ingénieurs ; où la richesse en hydrocarbures est immense et qui accueille, généreusement, près de 4 millions de réfugiés afghans. Mais la tyrannie règne : la moindre critique conduit en prison, voire à pire ; grèves et manifestations de rue sont réprimées dans le sang.

Faute d'opposition possible ou crédible, quel refuge pour cette société profondément transformée par quarante-deux ans de régime islamique ? L'exil, l'individualisme, la lutte pour la survie économique ? Chaque année, dit encore Hourcade, près de 2 millions de jeunes Iraniens arrivent sur le marché du travail. La République islamique n'a pas ou plus de réponse collective à avancer.

3 décembre

Peng Shuai, une histoire pleine d'effets

Un court instant, quelques minutes, l'empire a été sur la défensive. Une petite jeune femme défiait le parti. La très masculine direction chinoise a dû s'inquiéter. On ne prend pas à partie l'un de ses membres, surtout quand il s'agit de vie privée. Secret d'État. Il en va de l'image, régulièrement sanctifiée par Xi Jinping, d'un groupe dirigeant qui, personne n'en doute, n'a qu'une préoccupation : la grandeur de la Chine.

L'histoire de Peng Shuai ressemble à l'un de ces contes populaires, comme il y en a sûrement en Chine, où le faible s'attaque au puissant sans qu'on sache au départ quelle en sera la fin. À bien des égards, cette histoire est exemplaire de la Chine du président Xi. Elle illustre les paradoxes du « modèle chinois » – et, incidemment, elle dit quelque chose du tennis professionnel d'aujourd'hui.

Rappel des faits. Le 2 novembre, sur son compte Weibo, Peng Shuai, 35 ans, qui a talonné les dix premières places du tennis mondial, accuse l'un des grands pontes du Parti communiste chinois, aujourd'hui retraité, d'agression sexuelle. Si elle n'a pas de « preuves » à apporter, elle assure ne plus pouvoir garder pour elle une histoire qui la hante. Son post reste dix minutes en ligne avant d'être censuré, mais il a fait l'objet de nombreuses captures d'écran : le texte de la jeune femme ne passe pas inaperçu à l'étranger.

Deux semaines durant, on ne sait plus rien d'elle. Assignée à résidence ? Interrogée par la police ? Le milieu du tennis s'inquiète. Les plus grands champions, femmes et hommes, demandent des nouvelles. Le pouvoir chinois est sommé de réagir. Il n'a pas pour habitude de céder à la pression extérieure. Seulement, les Jeux olympiques d'hiver 2022, hébergés par la Chine, sont dans deux mois.

Alors, sans doute pilotées et mises en scène, des nouvelles arrivent, mi-novembre : un message écrit puis des clips filmés de Peng Shuai, enfin une conversation de l'ex-championne avec Thomas Bach, l'Allemand qui préside le Comité international olympique (CIO). Message ainsi relayé : Peng Shuai va bien, elle est à la maison, elle aimerait qu'on la laisse tranquille...

Quoi qu'on pense de ces « témoignages », un fait est là : le parti a dû répondre. Il n'a pas pu ignorer la pression extérieure. Il en allait de la réputation de la Chine-grand-pays-ouvert-sur-l'extérieur, de son image de superpuissance accueillant certaines des plus importantes manifestations sportives du siècle. Pas question de risquer un boycottage sportif, les Jeux approchent.

En général, une machine répressive sans faille « gère » la contradiction qui est au cœur du modèle chinois : économie dynamique et autocratie tyrannique. Ces derniers jours encore, Wall Street se bousculait pour investir sur le marché chinois en dépit des tensions entre Pékin et Washington. La singularité de la Chine réside dans ce mélange d'effervescence économique (et technologique) et de fermeture politique (et policière).

Dans l'excellente revue *Books* (juillet-août), l'historien américain Jeffrey Wasserstrom cite le romancier Yan Lianke : « Vivre en Chine aujourd'hui a quelque chose de déroutant, parce qu'on a l'impression d'être à la fois en Corée du Nord et aux États-Unis. » Le « mélange chinois », c'est « goulags et magasins Gap », dit Wasserstrom ; camps de rééducation dans le Xinjiang et tournois de tennis sur la côte sud. Cette étonnante synthèse doit beaucoup à l'assentiment occidental. Parce qu'on ne peut ignorer le marché chinois, on se plie à l'environnement politique.

De temps en temps, il y a un « bug », un raté. Celui-là s'appelle Peng Shuai, sportive de fière allure : deux grands chelems en double (Wimbledon et Roland-Garros) ; demi-finaliste à l'Open des États-Unis en 2014 et 14e joueuse mondiale cette année-là ; 10 millions de dollars (8,24 millions d'euros) de gains. Fille d'un policier du Hunan, dans le centre de la Chine, Peng Shuai, un bloc de volonté souriante, a développé un tennis de classe : puissant jeu de fond de court, coup droit et revers à deux mains, à la façon de Monica Seles ; réflexes de karatéka au filet.

Grosse erreur

Peng Shuai a une héroïne en tête, la championne Li Na, celle qui, un samedi de juin 2011, en remportant Roland-Garros, a fait flotter sur le stade de la porte d'Auteuil le drapeau rouge à étoiles d'or de la République populaire de Chine. Depuis, grâce en soit rendue au dernier des grands partis marxistes-léninistes, le tennis a explosé au pays de Mao, qui, avec 15 millions de joueurs, représente un quart des pratiquants dans le monde (87 millions), juste derrière les États-Unis. Une grande nation tennistique s'annonce.

En principe, le régime aurait dû rapidement étouffer l'affaire Peng Shuai, comptant, comme à l'accoutumée, sur la lâche mais active complicité du CIO et sur celle du business du tennis professionnel. Grosse erreur. De Novak Djokovic à Serena Williams, de Chris Evert au sommet du tennis féminin actuel, les champions se sont mobilisés. Ils ont exigé des nouvelles de Peng Shuai. La WTA, qui gère les intérêts du tennis féminin, les a suivis. Son patron, le courageux Steve Simon, a annoncé, mercredi 1er décembre, la suspension de l'ensemble des tournois se déroulant sur le sol chinois, constatant que Peng Shuai « n'est pas autorisée à communiquer librement et a, semble-t-il, subi des pressions pour revenir sur ses allégations d'abus sexuels ».

Le geste est d'autant plus méritoire que les onze tournois du circuit chinois représentent plus du tiers des recettes de la WTA, notamment le Masters final. Pour l'heure, le Covid-19, sous ses diverses « incarnations », bouleverse, sinon condamne, une partie du calendrier de la saison tennistique. Mais si la détermination de la WTA – qui tranche sur la soumission des organisations sportives en général – reste la même, l'affaire Peng Shuai est loin d'être finie. Le « modèle chinois » s'est enrayé sur une petite balle de feutrine.

10 décembre

Dans le Golfe, luxe et avions de chasse

Dans le monde arabe, il y a la première classe, ou plutôt la classe « affaires ». Du Koweït à Oman, monarchies et principautés du Golfe alignent musées, architectures futuristes au bord de l'eau, laboratoires high-tech, hôtels étoilés et paradis fiscaux. À quoi il faut ajouter... des avions de chasse dernier cri, par dizaines – comme ces Rafale français vendus, vendredi 3 décembre, aux Émirats arabes unis (EAU). La richesse matérielle masque l'inquiétude stratégique.

Le long de l'ancienne côte des pirates, c'est sérénité, luxe et volupté, à l'image des prospectus des compagnies aériennes. « Des oasis de calme, de prospérité et de stabilité politique » dans une région moins que jamais apaisée, écrit Denis Bauchard, vétéran de la diplomatie française, dans un livre aussi savant que précis : *Le Moyen-Orient au défi du chaos. Un demi-siècle d'échecs et d'espoirs* (Maisonneuve & Larose/Hémisphères).

La nature a mal fait les choses. Elle a distribué les richesses là où les hommes ne sont pas. De Koweït la capitale à Oman, un exceptionnel concentré d'hydrocarbures assure le bonheur des quelques millions de résidents du Golfe : 35 millions en Arabie saoudite ; 10 millions aux EAU ; plus de 5 millions à Oman ; 4,2 millions pour le Koweït ; 2,8 millions pour le Qatar ; 1,7 million pour Bahreïn. Encore faut-il préciser que, bien souvent, les « nationaux » ne représentent que 10 % de ces chiffres.

Mais, à l'exception de l'Irak et de l'Algérie, les pays arabes les plus peuplés n'ont pas cette bonne fortune pétrolière ou gazière. Le Machrek – Irak, Syrie, Liban – est dans l'adversité des après-guerres : misère économique et instabilité politique. L'impitoyable dictature du maréchal Abdel Fattah al-Sissi croit pouvoir redonner un peu de ses ambitions passées à l'Égypte. Les jeunes du Maghreb – Libye, Tunisie, Algérie, Maroc – pensent à l'immigration.

Une vieille bataille

Le luxe des microcités du Golfe ne fait pas oublier l'environnement stratégique. Il est dangereux, instable, comme un méchant vent de sable qui soufflerait d'est en ouest, et pourrait bien amener la guerre. Le golfe Arabo-Persique est en première ligne de l'affrontement qui oppose son leader, le régime saoudien, à la grande puissance de la rive orientale, la République islamique d'Iran.

C'est une vieille bataille à composantes multiples – Perses contre Arabes, musulmans chiites contre musulmans sunnites, « révolutionnaires » contre monarchies – et dont l'enjeu est la prépondérance sur la région. Schéma classique : à Riyad comme à Téhéran, on prétend n'avoir que des préoccupations défensives. Les Iraniens parce qu'ils ont été agressés par l'Irak, soutenu par les États du Golfe, en 1980 ; les Saoudiens parce qu'ils assument d'être à la tête d'une coalition destinée à contrer l'expansionnisme galopant de la République islamique.

Pour assurer leur sécurité face au géant iranien (84 millions d'habitants), les émirs ont longtemps compté sur leurs pétrodollars et, plus encore, sur les États-Unis, qui restent sans conteste la grande puissance stratégique de la région. Mais, depuis des années, les États de la rive occidentale du Golfe achètent aussi de grosses quantités d'armes. Des pays comme l'Arabie saoudite, le Qatar ou les EAU ont sans doute les dépenses militaires par tête les plus élevées du monde. Quatre-vingts Rafale pour les EAU, dont la population qui compte donc à peine plus d'un million de « nationaux », cela donne un ratio avion de chasse par citoyen émirati assez élevé. L'armée de l'air française dispose de quelque 150 Rafale.

Oublieuse de sa volonté de remettre une pincée de droits de l'homme dans son « mix » diplomatique, le gouvernement de Joe Biden s'apprête à livrer pour 650 millions de dollars (environ 570 millions d'euros) de missiles défensifs à l'Arabie saoudite – laquelle a accepté, de son côté, d'augmenter sa production de pétrole pour faire baisser les prix à la pompe aux États-Unis. Tant pis pour la mémoire de Jamal Khashoggi, le pacifique journaliste dissident saoudien, dont le meurtre, en 2018, a été commandité, selon la CIA, par le prince héritier, Mohammed ben Salman.

Aujourd'hui, les émirs ont peur d'un éventuel retrait américain. Le départ d'Afghanistan des États-Unis ne les a pas rassurés. Ils ont également peur du programme nucléaire iranien : à Vienne, les négociations destinées à placer de nouveau ce programme sous tutelle internationale sont dans l'impasse.

Cette posture – risque de moindre investissement américain et perspective d'un Iran au seuil de l'arme nucléaire – a conduit les régimes sunnites de la rive arabe du Golfe à former une coalition stratégique avec Israël face à leur ennemi commun : l'Iran. Avec le feu vert de Riyad, les EAU et Bahreïn ont été jusqu'à établir, en 2020, de pleines et entières relations diplomatiques avec l'État hébreu – au terme de ce qu'on a appelé les « accords d'Abraham ».

Ce front israélo-arabe face à la République islamique ne fige pas – pas totalement – les positions des uns et des autres. En dépit des sanctions, les Arabes du Golfe commercent avec leur grand voisin oriental. Les ponts ne sont pas rompus, Riyad a amorcé un dialogue avec Téhéran, et les EAU ont rehaussé le niveau de leur représentation diplomatique en Iran. Comme s'il fallait compenser les « accords d'Abraham » ?

Ces conversations pourraient faciliter la fin de l'atroce guerre du Yémen, sous-produit de la confrontation irano-saoudienne : déjà quatre ans de malheurs et de destructions massives. Mais c'est d'abord de Vienne que viendront, pour les Arabes du

Golfe, les bonnes ou les mauvaises nouvelles. Un échec des négociations en cours redonnerait corps à la perspective d'une attaque israélienne sur les installations nucléaires iraniennes. L'onde de choc se fera sentir du Koweït à Oman.

- 2022 -

7 janvier

Une guerre en 2022 ?

Europe, Asie, Moyen-Orient : dans ces trois régions, la possibilité d'une guerre, comme dirait Michel Houellebecq, menace l'année 2022. Que les compagnies d'assurances nous pardonnent à l'avance, mais, s'il fallait un classement par ordre de plus grande probabilité, on conduirait ce tour d'horizon des conflits potentiels en partant de l'Ukraine pour aller du côté de l'Iran et finir au large de Taïwan. Voyage en zones à risque.

Ukraine

En Europe, Vladimir Poutine impose son tempo. Son message est simple : après avoir annexé une région de ce pays, la Crimée, organisé la sécession d'une autre, le Donbass, le président russe se dit prêt à aller à Kiev et à soumettre l'ensemble de l'Ukraine. Auparavant, il a pris soin de manifester avec éclat la puissance militaire retrouvée de son pays : tirs de missiles dernier cri, capacité de destruction dans l'espace, manœuvres géantes aux frontières de l'Ukraine. Des généraux ukrainiens disaient récemment au *New York Times* qu'ils ne résisteraient pas plus de quatre jours à l'armée russe. Après, ce sera affaire de guérilla populaire.

L'ambition russe a été publiquement affichée le 17 décembre 2021. Poutine veut une nouvelle « architecture de sécurité en Europe » – en fait, revenir, autant que possible, à la zone d'influence russe existant du temps de l'URSS. L'OTAN doit être neutralisée et fermer ses portes à tout nouvel impétrant. L'objectif est de consigner l'ensemble en bonne et due forme au terme d'une négociation bilatérale entre Américains et Russes qui s'ouvre les 9 et 10 janvier à Genève. Bien sûr, on ne parle qu'entre grandes puissances militaires : Moscou a expressément exclu les Européens de la discussion.

« Négociation » est un grand mot. Le Kremlin a pris soin de tracer publiquement ses « lignes rouges » à l'avance, comme s'il souhaitait se lier les mains et rendre difficile la moindre concession de sa part – qui ressemblerait alors à un recul. La Maison Blanche a répliqué en faisant valoir que nombre des prétentions russes étaient inacceptables.

Peu importe que les Russes aient tort ou raison quant au sérieux de leurs griefs antioccidentaux et peu importe qu'ils y croient ou pas eux-mêmes. Là n'est plus le problème. La Russie s'est placée dans une posture qui l'oblige à agir si elle n'obtient pas satisfaction sur ses « lignes rouges ». C'est cette situation qui compte, et qui nous rapproche de la guerre.

Iran

Entre la République islamique, d'un côté, les États-Unis, de l'autre – avec les Européens en médiateurs –, les pourparlers ont repris, à l'hiver 2021, à Vienne, sur le programme nucléaire iranien. Il s'agit de s'assurer que Téhéran n'accède jamais à l'arme nucléaire. De rares progrès ont été enregistrés : les inspecteurs de l'ONU sont de retour sur le principal site d'enrichissement de l'uranium iranien. Mais l'espace de compromis est des plus limités.

Les Iraniens n'ont pas oublié le président Donald Trump. Celui-ci a unilatéralement quitté en 2018 l'accord international conclu par les États-Unis en 2015, du temps de Barack Obama, sur le contrôle du nucléaire iranien. Parallèlement, Trump a soumis l'Iran à d'impitoyables sanctions économiques. Prévenus, les Iraniens formulent aujourd'hui deux préalables.

Ils veulent que les États-Unis s'engagent à ne pas revenir sur ce qui sera négocié dans une deuxième version de l'accord de Vienne et ils exigent que nombre de sanctions soient levées avant le terme des pourparlers.

En attendant, ils ont pulvérisé les limites que leur fixait l'accord de 2015 en matière d'enrichissement de l'uranium. Ils enrichissent à un taux de 60 % quand Vienne en 2015 leur autorisait 3,7 %... De 60 % à 90 %, taux jugé nécessaire à l'exploitation militaire du minerai, il faut un mois, jugent les experts. C'est ce petit mois qui nourrit la tentation israélienne ou israélo-américaine d'une frappe de précision au cœur du projet nucléaire de la République islamique.

Cette dernière estime disposer d'un arsenal dissuasif. Pareille frappe ne resterait pas sans réponse. Depuis le Liban et peut-être aussi depuis la Syrie, le Hezbollah libanais, aux ordres de Téhéran, répliquerait en tirant une bordée de missiles sur les villes israéliennes. Le Moyen-Orient basculerait à nouveau dans la guerre.

Taïwan

Courant décembre 2021, le secrétaire américain à la Défense, Lloyd Austin, livrait son diagnostic sur les manœuvres répétées de l'armée chinoise visant Taïwan. Elles ont tout l'air d'une répétition avant l'invasion, disait-il. Sans insister particulièrement sur ce point, le président chinois, Xi Jinping, n'exclut pas l'option militaire. Tout en reconnaissant l'unité de la Chine, les États-Unis se sont engagés en 1979 à fournir à l'île, qui s'auto-gouverne depuis 1949 de façon autonome, les moyens de se défendre. Cela n'oblige pas les États-Unis à intervenir militairement eux-mêmes, mais le président américain, Joe Biden, laisse courir une manière d'ambiguïté. À tout le moins, Pékin s'interroge sur la nature de la réaction américaine en cas d'assaut sur Taïwan. L'hypothèse de l'invasion ne semble pas d'actualité immédiate. Xi Jinping a un rendez-vous politique important à l'automne 2022 : le 20e congrès du Parti communiste chinois qui doit renouveler son mandat (éternellement ?) à la tête de la Chine.

De ce trop rapide tour d'horizon, on retient une leçon. Les États-Unis, la Chine et la Russie sont des puissances qui conservent l'hypothèse de la guerre dans les rapports de force entre nations. Cela fait partie de la panoplie des Grands. Le seul bloc de puissance qui, structurellement, par impotence sinon par philosophie, s'interdit, en tant que tel, cette option, c'est l'Union européenne. Comme si l'Union européenne écartait la possibilité de la guerre à ses frontières ou renonçait à se donner les moyens de la dissuader.

21 janvier

Poutine veut « son » Ukraine

Vladimir Poutine n'a pas peur de l'OTAN, laquelle ne va pas attaquer la Russie. Les bruits de bottes russes aux frontières de l'Ukraine n'ont pas pour objet d'empêcher ce pays d'adhérer à l'organisation militaire du Pacte atlantique – ce n'est pas au programme. Moscou sait tout cela. Le président russe redoute autre chose. Mais quoi ?

Poutine se sent suffisamment fort, militairement, pour imposer à nouveau une sphère d'influence russe. Dans cet « étranger proche », zone de sécurité physique et idéologique, les pays concernés ne sont pas libres de leurs orientations stratégiques. C'est la manière du Kremlin de tenir à distance ce « monde occidental » que le président russe, cultivant une posture victimaire qui lui va mal, accuse de tous les maux – et, plus particulièrement, d'être, de manière obsessive, occupé à nuire à la Russie.

La hantise de Poutine est que son grand voisin du Sud, l'Ukraine, la nation slave sœur, russophone, que mille liens rattachent à la Russie, se coule avec succès dans le moule démocratique « à l'occidentale ». Le cauchemar, ce n'est pas une attaque, à peu près inimaginable, mais la contamination idéologique, un contre-modèle aux portes de la nation mère. Au minimum, l'ambition est d'obliger Kiev, au nom de la protection des russophones du pays, à reconnaître un droit d'ingérence russe dans ses affaires. L'Ukraine ne trouvera la paix que dans la souveraineté limitée : qu'elle puisse privilégier ses liens avec l'Union européenne (UE) – avec laquelle elle a noué un partenariat économique – est déjà une agression, aux yeux du Kremlin.

Cédant à l'intimidation, les Occidentaux ont offert, mi-janvier, de négocier sur l'ensemble de la sécurité européenne, notamment sur la question des missiles de portée intermédiaire. Conclusion russe au terme de trois jours de conversations : le sujet ne nous intéresse pas vraiment. Moscou veut débattre d'un Yalta *bis* sur le Vieux Continent : l'interdiction de l'extension de l'OTAN à de nouveaux membres ; un retrait des forces otaniennes de Pologne et des pays baltes ; l'arrêt de la coopération militaire occidentale avec l'Ukraine.

Moment d'« hubris »

Inacceptables, au moins dans la forme, pour la partie adverse, ces revendications n'étaient pas un point de départ, plutôt un menu à prendre ou à laisser. Le Kremlin menace maintenant de faire parler les armes. Poutine a annoncé une campagne de « mesures technico-militaires » contre l'Ukraine – dont dix ministères ont fait l'objet d'une cyberattaque dès l'échec des réunions de Genève, Bruxelles et Vienne. Si Moscou avait réellement souhaité des pourparlers sur la sécurité en Europe, avec un jeu de compromis de part et d'autre, il eût été facile d'habiller ces rencontres en négociations à venir – et en succès diplomatique pour la Russie. Mais Poutine rêve de défaire le passé, ambition autrement plus vaste.

Au lendemain de la guerre froide, les ex-pays membres de feu le bloc soviétique, sans doute indifférents aux charmes de la domination russe, ont voulu rejoindre l'« Occident », sous la forme d'une adhésion à l'OTAN. L'Est passait à l'Ouest. À qui la faute ? Peut-être les États-Unis et leurs alliés auraient-ils pu alors imaginer une autre architecture de sécurité en Europe. Sans doute peut-on incriminer un moment d'hubris à Washington. Mais accompagnant l'élargissement de zone otanienne, ils se sont engagés à ce qu'il n'y ait pas de déploiement durable de forces ou d'armes de l'OTAN chez les nouveaux membres. Promesse tenue jusqu'à ce que la Russie, en 2014, annexe la Crimée puis suscite la sécession armée du Donbass, l'Est ukrainien. Enfin, l'OTAN a admis en 2008 que l'Ukraine et la Géorgie puissent, un jour, rejoindre le club, mais la procédure d'adhésion n'a jamais été ouverte.

Autocratie brutale

Dans l'univers poutinien, les pays de l'ex-bloc soviétique sont, en réalité, « orphelins » de la Russie, selon le mot de Sergeï Lavrov, le ministre des Affaires étrangères russe. S'ils sont sujets à un déplorable tropisme « occidental », c'est qu'ils sont manipulés par des « agents de l'étranger » (au service des États-Unis, bien sûr).

La « révolution de Maïdan », à Kiev, en 2013-2014, n'a certes pas été exempte de coups fourrés. Mais, à chaque élection, depuis, les Ukrainiens ont clairement confirmé un choix pro-UE ou pro-occidental que l'agression russe ne fait qu'accentuer.

Un néoconservateur américain juge que les États-Unis ne sont eux-mêmes fidèles à leurs valeurs que lorsqu'ils exportent activement la démocratie. Poutine, lui, estime qu'il a une mission devant l'histoire : préserver le statut de grande puissance de la Russie, justifiant le maintien ou le rétablissement de sa sphère d'influence. Après tout, depuis deux siècles et le président James Monroe (1758-1831), les États-Unis ont bien la leur sur le continent américain, où ils ne se sont pas privés d'intervenir.

Besoin de sécurité stratégique ou besoin de sécurité politico-idéologique ? Défense de la Russie ou nécessité de tenir à distance la contamination démocratique ? Protection du pays ou protection du système Poutine ? De quoi parle-t-on ? « Poutine a défini la Russie en opposition à l'Occident », dit l'historien britannique Mark Galeotti. Conséquence : dans son « étranger proche », le Russe ne tolère que des régimes similaires au sien, une autocratie chaque jour un peu plus brutale. En Biélorussie, Moscou maintient au pouvoir le dictateur Loukachenko pour une seule raison : il éloigne le danger de la démocratie. En Ukraine, le président russe veut sinon un changement de régime, du moins un changement d'orientation stratégique. Jusqu'où ira-t-il pour l'obtenir ?

4 mars

Non, ce n'est pas l'OTAN

« C'est la faute de l'OTAN. » Le pacte militaire euro-atlantique serait responsable des bombardements sur l'Ukraine ! « L'Occident coupable », comme toujours, ânonnent les thuriféraires de Vladimir Poutine. On veut bien condamner le matraquage de Kiev – déplaisant, certes – mais, dans le même souffle, on dénonce le « projet d'annexion de l'Ukraine » par l'entité maléfique OTAN – États-Unis. Manière implicite d'excuser partiellement le crime perpétré par la Russie contre l'un de ses voisins.

Est-ce si difficile de dire les choses comme elles sont ? Un dictateur, en mal de reconstitution d'un empire perdu, cette URSS effondrée sous ses propres contradictions, agresse un pays indépendant. Objectif : le casser pour le soumettre ; le terroriser pour l'assujettir à nouveau, « comme avant ». Poutine, l'ordonnateur de l'assaut sur l'Ukraine, appartient à cette génération de Russes venus des services de sécurité, écrit le politologue Ivan Krastev dans le *New York Times*, qui n'ont jamais digéré la fin de l'URSS : « Construire le futur ne les intéresse pas, ils veulent refaire le passé. »

Ce qui traumatise Poutine dans l'Ukraine d'aujourd'hui, ce n'est pas la lointaine perspective de sa possible appartenance à l'OTAN, c'est la volonté de ce pays de rejoindre « l'Ouest » – le monde démocratique et libéral. Il faut ramener la traîtresse « à l'Est », à la maison Russie à laquelle elle appartient. Vladimir Poutine l'a écrit : il n'y a pas de peuple ukrainien. Pourquoi ne voir que figure de rhétorique dans le propos des autocrates ?

Occasions ratées

La Russie a de légitimes intérêts de sécurité. Américains et Européens lui ont ouvert tous les forums possibles pour en débattre. Le président russe n'est pas intéressé. Il accomplit une mission historique pour, selon ses mots, « dénazifier » et « démilitariser » l'Ukraine. Dans cette folie, que vient faire l'OTAN, qui, sans exclure que ce pays puisse un jour faire partie de ses membres, ne lui a jamais ouvert de procédure d'adhésion ?

Les années de l'hyperpuissance américaine, celles qui ont suivi l'implosion de l'URSS, n'ont pas manqué d'occasions ratées pour imaginer une architecture de sécurité intelligente en Europe. L'exercice ne relevait pas d'une discussion de colloque académique : cette histoire s'est écrite dans le chaos. De la part des États-Unis et de leurs alliés, elle a comporté des gestes arrogants et humiliants à l'encontre d'une Russie traumatisée par la perte d'un empire sans lequel elle a, à l'évidence, bien du mal à vivre.

Ces années-là comptent des moments peu glorieux – du bombardement de Belgrade à l'agression contre l'Irak. Mais, du côté de la Russie, pays qui n'a jamais hésité à humilier les nombreux peuples qu'elle a soumis, la clairvoyance et la sagesse ont rarement été au rendez-vous.

La première grande question de sécurité a été celle de la dissémination des milliers de têtes nucléaires possédées par l'URSS et réparties dans quatre de ses Républiques : Russie, Ukraine, Kazakhstan et Biélorussie. Le président George H. W. Bush était d'accord avec Mikhaïl Gorbatchev : ces armes doivent toutes être remises à la Russie. Ce qui fut fait, Washington finançant le démantèlement de ces engins avant leur transport. L'Ukraine, qui prend son indépendance en 1991, détenait le troisième arsenal nucléaire mondial. Pour prix de son renoncement, elle obtint une aide financière américaine massive et la garantie par Moscou de son indépendance et du respect de ses frontières...

L'Allemagne réunifiée, en 1990, doit-elle rester dans l'OTAN ? Gorbatchev est contre : « ce serait recréer une ligne de confrontation » en Europe. Le chancelier Helmut Kohl et Bush sont pour et tordent le bras des Russes. En « contrepartie », il est décidé qu'aucune troupe et aucun armement de l'OTAN ne seront durablement déployés dans l'ex-RDA, la partie orientale du pays. À ce jour, cet engagement a été tenu. Dans les négociations, le propos du secrétaire d'État américain James Baker sur la non-extension du pacte atlantique « à l'est » semble ne concerner que l'Allemagne. Pour une bonne raison : l'URSS et le bloc soviétique existaient encore.

Le pacte de Varsovie, qui liait à l'URSS les pays d'Europe centrale et orientale arrachés par Moscou au lendemain de la Seconde Guerre mondiale, se dissout en 1991. Quelques mois plus tard, ce sera le tour de l'Union soviétique. Dans l'administration de Bill Clinton, qui succède à George H. W. Bush, on s'interroge : faut-il accéder à la demande de ces pays d'adhérer à l'OTAN ? Car l'initiative vient de la Hongrie, de la Pologne et de la République tchèque, pas de Washington. Les experts et les ministres de Clinton sont divisés. George Kennan, le père de la doctrine de l'endiguement de l'URSS durant la guerre froide, est résolument contre. Ce serait un geste provocant à l'adresse de Moscou, dit-il.

Soucieux de ménager l'orgueil blessé des orphelins de l'Empire soviétique, Clinton hésite, propose une formule floue, le Partenariat pour la paix, avant de céder aux présidents Vaclav Havel, le Tchèque, Lech Walesa, le Polonais, et Arpad Göncz, le Hongrois, tous trois venus le supplier ensemble à Washington. Ils se méfient de l'avenir, lui disent-ils, ils veulent l'OTAN. Acceptée en 1994, l'adhésion de ces trois pays a lieu en 1997 – notamment suivie plus tard par celle des trois pays baltes. Mais l'organisation ne déploiera de troupes chez les nouveaux membres qu'en 2014 et à une fin précise : répondre à l'annexion de la Crimée par Poutine.

Celui-ci s'attache à reconstituer l'imperium de Moscou sur son étranger proche. Pas par peur de l'OTAN, mais dans un mélange de sentiments complexes, où se mêlent désir de puissance incontrôlé et volonté de revanche sur l'histoire.

Chronologie établie par la documentation du *Monde*

2014

FÉVRIER

18 – La police ukrainienne lance l'assaut sur Maïdan à Kiev. Au moins 25 morts, dont 16 civils. Le 22, fuite et destitution du président Viktor Ianoukovitch.

MARS

1er – Vingt-neuf personnes sont assassinées à Kunming, dans la capitale du Yunnan, des djihadistes ouïgours revendiquant l'attentat.

16 – Rattachement de la Crimée ukrainienne à la Russie par « référendum ». Le 18, Vladimir Poutine signe un traité rattachant Sébastopol et la Crimée à la Russie, avec effet immédiat. L'ONU condamne cette « annexion ».

AVRIL

14 – Enlèvement au Nigeria de 276 lycéennes par la secte islamiste Boko Haram.

MAI

10 – La chanteuse autrichienne transgenre Conchita Wurst remporte la finale de l'Eurovision.

16 – Victoire des nationalistes hindous de Narendra Modi au détriment du parti du Congrès de la dynastie Nehru-Gandhi aux élections législatives.

21 – L'ancien président égyptien Hosni Moubarak est condamné à trois ans de prison pour corruption.
29 – Création de l'Union économique eurasiatique entre la Russie, le Kazakhstan et la Biélorussie.

JUIN
2 – Abdication du roi espagnol Juan Carlos Ier, 78 ans, au profit de son fils le prince Felipe (46 ans), qui devient Felipe VI le 19 juin.
10 – Les djihadistes de l'État islamique en Irak et au Levant prennent Mossoul, la deuxième ville d'Irak.
27 – Signature d'un accord d'association entre l'Ukraine et l'Union européenne.

JUILLET
9 – Au moins 23 000 immigrés clandestins ont perdu la vie depuis 2000 en tentant de gagner l'Europe, révèle une enquête publiée par Amnesty International et intitulée « Le coût humain de la forteresse Europe ».
17 – Un avion de la Malaysia Airlines est abattu dans la zone de combats dans l'est de l'Ukraine, avec 298 personnes à bord.

AOÛT
1er – Le président des États-Unis, Barack Obama, reconnaît que des Américains ont « torturé des gens » après les attentats du 11 septembre 2001.
24 – La province syrienne de Rakka passe sous la coupe de l'État islamique, qui s'empare de l'aéroport de Tabqa (nord-est du pays).

SEPTEMBRE
18 – Les Écossais votent « non » à 55,3 % lors du référendum sur l'indépendance du pays.

OCTOBRE
21 – L'ONU dénonce une « tentative de génocide » des yézidis en Irak par l'État islamique.

DÉCEMBRE
5 – Mort de l'ex-reine des Belges Fabiola, à 86 ans.

17 – Le président américain, Barack Obama, et son homologue cubain, Raul Castro, annoncent le rétablissement des relations diplomatiques après un demi-siècle d'arrêt.
26 – Lancement des travaux de construction du deuxième aéroport international de Pékin (72 millions de passagers et 620 000 vols par an).

2015

JANVIER
23 – Salman, 79 ans, succède à son demi-frère, Abdallah (1924-2015) sur le trône saoudien.

FÉVRIER
12 – Les quatre chefs d'État russe, ukrainien, allemand et français réunis à Minsk (Biélorussie) parviennent à un plan de paix sur l'Ukraine.

MARS
18 – Des assaillants attaquent le musée du Bardo à Tunis : 19 morts dont 17 touristes, 43 blessés.
26 – Après une offensive houthiste sur Aden, le président du Yémen, Hadi, fuit en Arabie saoudite. Une coalition arabe sous bannière saoudienne lance l'opération *Tempête décisive.*
27 – Le lanceur russe Soyouz met en orbite les satellites 7 et 8 de la constellation Galileo qui doit permettre à l'Union européenne de disposer de son propre système mondial de navigation par satellite, sous contrôle civil.

AVRIL
2 – Selon une équipe de scientifiques, Little Foot, australopithèque de 3,67 millions d'années, un fossile sud-africain découvert en 1995, est plus vieux de 500 000 années que la célèbre Lucy.
12 – Hillary Clinton annonce sa candidature à l'investiture démocrate pour la présidentielle de novembre 2016.
29 – Le quotidien bavarois *Süddeustsche Zeitung* révèle une affaire d'espionnage des services secrets allemands pour le compte de l'Agence nationale de la sécurité américaine (NSA), qui leur aurait demandé jusqu'en 2013 de surveiller 7,8 millions d'adresses Internet.

MAI

5 – Le sommet du Conseil de coopération du Golfe reçoit François Hollande, une première pour un chef d'État occidental.

7 – Victoire du Premier Ministre conservateur David Cameron aux élections générales britanniques qui assure à son parti une majorité absolue au Parlement.

27 – 795 millions de personnes souffrent de sous-alimentation dans le monde selon l'Organisation des Nations unies pour l'alimentation et l'agriculture, un chiffre qui a baissé de 167 millions depuis 2005 et de 216 millions depuis 1990-1992.

29 – Les États-Unis retirent Cuba de la liste noire des États soutenant le terrorisme, sur laquelle ce pays figurait depuis 1982.

JUIN

7 – La Cour suprême d'Arabie saoudite confirme la peine de dix ans de prison et de mille coups de fouet contre le blogueur saoudien Raef Badaoui pour « insulte à l'islam ».

18 – Le Français Lionel Zinsou, président du plus important fonds d'investissement européen, est nommé Premier ministre du Bénin.

24 – L'Élysée proteste auprès des États-Unis au sujet des interceptions téléphoniques ayant visé les présidents Jacques Chirac, Nicolas Sarkozy et François Hollande entre 2006 et 2012 selon des documents de l'agence américaine NSA révélés par WikiLeaks.

JUILLET

1er – Barack Obama annonce la reprise des relations diplomatiques entre les deux pays avec la réouverture des ambassades américaine à Cuba et cubaine aux États-Unis, officielle le 20.

1er – Selon WikiLeaks, la NSA a surveillé les communications de la chancelière Angela Merkel et de nombreux ministres de la République fédérale allemande.

14 – L'Iran et les Occidentaux parviennent à Vienne à un accord sur le nucléaire après la signature d'un accord-cadre le 2 avril à Lausanne, après douze ans de négociations. Entrée en vigueur officielle le 18 octobre.

23 – La NASA annonce la découverte d'une exoplanète Kepler-452b, détectée dans une « zone habitable » distante de 1 400 années-lumière et d'un diamètre 60 % plus grand que la Terre.

AOÛT

31 – La chancelière allemande Angela Merkel en appelle aux valeurs européennes afin d'inciter ses partenaires à faire preuve de solidarité face à l'afflux de réfugiés venus des pays en guerre ou en crise.

SEPTEMBRE

2 – Le corps d'Aylan Kurdi, Syrien d'origine kurde de 3 ans, est retrouvé mort sur une plage par la police turque, après le naufrage d'un bateau de réfugiés. La photo du corps échoué fait le tour du monde.

9 – Avec soixante-trois ans, sept mois et deux jours de règne, Elizabeth II, qui a accédé au trône le 6 février 1952, bat le record de longévité de la reine Victoria, 23 226 jours sur le trône entre 1837 et 1901.

20 – Poignée de mains entre Fidel Castro, 89 ans, et le pape François qui célèbre la messe à La Havane.

24 – Plus de 2 100 morts dans une bousculade durant le pèlerinage de La Mecque.

30 – L'aviation russe engage le feu en Syrie contre les opposants au régime de Bachar al-Assad.

OCTOBRE

3 – Un avion américain bombarde un hôpital de MSF à Kunduz en Afghanistan et tue 22 personnes. L'association considère cette frappe délibérée comme « un crime de guerre ».

4 – L'arc de triomphe de Palmyre est détruit par l'organisation EI.

9 – Le prix Nobel de la paix est attribué au Quartet de 2013, plateforme de dialogue issue de la société civile (syndicat UGTT, fédération patronale Utica, Ordre national des avocats et de la Ligue tunisienne des droits de l'homme).

12 – Le « prix de la Banque de Suède en sciences économiques en mémoire d'Alfred Nobel » est attribué à Angus Deaton, Américano-Britannique né en 1945, pour ses travaux sur la pauvreté et le bien-être.

NOVEMBRE

7 – Les présidents chinois et taïwanais se rencontrent à Singapour pour un sommet inédit.

13 – Cent trente personnes sont tuées et 350 autres blessées dans une série d'attaques – fusillades et attentats-suicides – à Paris, notamment à la salle de concert Le Bataclan, et à Saint-Denis. Cette série d'attaques coordonnées a été revendiquée par le mouvement djihadiste dit « État islamique ».
29 – Ouverture de la COP21, la Conférence des Nations unies sur les changements climatiques, à Paris et au Bourget (Seine-Saint-Denis).
29 – Accord pour tenter de résoudre la crise migratoire entre la Turquie et l'UE qui lui octroiera 3 milliards d'euros pour gérer les 2,2 millions de réfugiés syriens hébergés sur son sol.

DÉCEMBRE
12 – Après treize jours de négociations à la COP21 à Paris, les représentants de 195 pays adoptent un accord mondial sans précédent pour lutter contre le réchauffement de la planète.
12 – Pour la première fois, des Saoudiennes participent à des élections, un scrutin municipal où elles peuvent voter et se présenter.
19 – Le dernier décompte établi par l'Organisation internationale pour les migrants et le Haut-Commissariat de l'ONU pour les réfugiés (HCR) fait état de 10 055 entrées de migrants en Europe, majoritairement par voie maritime. Au moins 3 695 personnes ont trouvé la mort en tentant la traversée de la Méditerranée.
27 – La Chine met fin officiellement à la politique de l'enfant unique avec la promulgation de la loi autorisant tous les couples à avoir un deuxième enfant.
27 – *Le Réveil de la force*, septième volet de la saga *La Guerre des étoiles*, dépasse le milliard de dollars de recettes dans le monde en douze jours d'exploitation, un record dans l'histoire de l'industrie cinématographique.
30 – L'afflux record de réfugiés en Allemagne est « une chance », déclare Angela Merkel, dans son allocution du Nouvel An.

2016

JANVIER
6 – La Corée du Nord annonce le succès d'un essai de bombe à hydrogène miniaturisée. Un deuxième essai nucléaire a lieu le 9 septembre, le cinquième de son histoire.

8 – Réédition critique contestée du *Mein Kampf* d'Adolf Hitler en Allemagne.

10 – Mort du chanteur David Bowie, à 69 ans.

14 – Goldman Sachs parvient à un accord avec les régulateurs financiers américains dans le cadre des litiges liés à l'éclatement de la bulle des subprimes à l'origine de la dépression de 2008, et accepte de verser un total de plus de 5 milliards de dollars (4,6 milliards d'euros) pour stopper les poursuites dont elle faisait l'objet.

16 – Tsai Ing-wen est élue présidente de la République de Chine (Taïwan) et inflige une défaite au Kouomintang, favorable au rapprochement avec Pékin.

28 – Iran Air commande 118 Airbus pour un total de quelque 23 milliards d'euros au prix catalogue, puis le 1er février 20 ATR 72-600 et 20 options pour 1 milliard d'euros, une commande réduite ultérieurement.

FÉVRIER

12 – Rencontre du pape François et du patriarche de Moscou Kirill à Cuba près de mille ans après le Grand Schisme entre Rome et Constantinople. Ils signent une déclaration commune pour la défense des chrétiens d'Orient.

28 – Les Suisses rejettent à 59 % un texte présenté à l'initiative des populistes de l'UDC « pour le renvoi effectif des étrangers criminels ».

MARS

5 – Mort de l'Américain Ray Tomlinson, né le 23 avril 1941, inventeur de l'e-mail. Il mit au point en 1971 la première adresse électronique en utilisant le signe @.

18 – La Turquie conclut un accord avec l'UE en vue d'un échange de réfugiés transitant par la Grèce, selon lequel pour un Syrien renvoyé en Turquie, un autre Syrien sera accueilli en Europe.

20 – Barack Obama se rend à La Havane, première visite d'un président américain en exercice depuis 1928.

22 – Attaque à la bombe à Bruxelles, à l'aéroport de Zaventem et dans la station de métro de Maelbeek, qui se solde par 32 morts et 340 blessés.

AVRIL

21 – Mort à Paisley Park (Minnesota) du musicien américain Prince Rogers Nelson, dit Prince, né le 7 juin 1958 à Minneapolis (Minnesota).

26 – Le groupe français DCNS remporte un méga contrat estimé à 34 milliards d'euros pour la construction de la prochaine génération de sous-marins australiens, 12 sous-marins océaniques Shortfin : Barracuda Block A1. Le contrat est signé le 20 décembre.

MAI

6 – Sadiq Khan, élu à Londres, devient le premier maire musulman d'une capitale occidentale.

9 – La compagnie minière canadienne Lucara Diamond annonce la vente, pour un prix record de 63 millions de dollars (55 millions d'euros), d'un diamant de 813 carats, *La Constellation*, découvert au Botswana.

27 – Près de 700 réfugiés perdent la vie en Méditerranée en trois jours entre la Libye et les côtes italiennes à la suite de plusieurs naufrages.

27 – Barack Obama se rend à Hiroshima, devenant le premier président des États-Unis en exercice à visiter cette ville japonaise anéantie par une bombe atomique américaine en 1945.

30 – L'ancien président tchadien Hissène Habré, reconnu coupable de crimes contre l'humanité, de crimes de guerre, tortures et viols entre 1982 et 1990, est condamné à la prison à perpétuité par les Chambres extraordinaires africaines à Dakar.

JUIN

1er – Pour relier Zurich à Milan, 200 à 300 trains par jour peuvent désormais emprunter les 57 kilomètres du Saint-Gothard, tunnel ferroviaire le plus long du monde.

2 – Le Bundestag allemand adopte une résolution condamnant le génocide des Arméniens de 1915.

13 – Microsoft annonce le rachat de LinkedIn pour 23,2 milliards d'euros en cash.

14 – L'Iran annonce la signature d'un accord portant sur la vente d'avions Boeing à Iran Air. La commande s'élève finalement à

16 milliards d'euros environ, plus grosse transaction commerciale entre Washington et Téhéran depuis la révolution islamique de 1979.

16 – Disney inaugure à Shanghai son premier parc en Chine continentale, pour lequel 5,5 milliards de dollars (4,87 milliards d'euros) ont été investis.

16 – Assassinat au Royaume-Uni d'une députée travailliste pro-européenne, Jo Cox, 41 ans, à Birstall (West Yorkshire), par un sympathisant d'extrême droite.

23 – Les Britanniques votent pour le Brexit à 51,9 % : le Royaume-Uni quitte l'Europe. En Écosse, ils sont 62 % à avoir voté pour le « in », 55,8 % en Irlande du Nord ; pour le « out », ils sont 53,3 % en Angleterre et 52,5 % au Pays de Galles. Les 28 et 29, le Conseil européen demande aux Britanniques de déclencher la procédure de sortie de l'UE.

28 – Volkswagen signe un accord avec les autorités américaines et accepte de payer 13,3 milliards d'euros afin de dédommager ses clients aux États-Unis après la découverte, en septembre 2015, d'un logiciel manipulant les données des émissions polluantes de 475 000 véhicules diesel vendus entre 2008 et 2015.

29 – Quatre des cinq premières banques de la planète sont chinoises, selon le classement annuel du magazine *The Banker*. Industrial and Commercial Bank of China (ICBC), China Construction Bank (CCB), Bank of China (BOC) et Agricultural Bank of China (ABC) dominent leurs concurrentes américaines depuis la crise financière de 2008.

30 – Intronisation de Rodrigo Duterte, le « Trump philippin », élu président le 9 mai.

JUILLET

8 – La Corée du Sud et les États-Unis annoncent l'installation d'un système antimissile américain pour répondre à la menace nord-coréenne.

15 – Échec d'une tentative de coup d'État en Turquie. Des dizaines de morts, plus de 1 000 blessés. Arrestations et purge féroces s'ensuivent. Le 20, le président Erdogan impose l'état d'urgence pour trois mois.

19 – La Commission européenne inflige une amende record de 2,93 milliards d'euros à quatre fabricants européens – Volvo

Renault Trucks, DAF, Iveco et Daimler – accusés de s'être entendus pendant quatorze ans sur les prix de vente de leurs poids lourds.

21 – Donald Trump reçoit l'investiture du Parti républicain pour l'élection présidentielle du 8 novembre. Le 26, c'est au tour d'Hillary Clinton d'être désignée comme la candidate démocrate.

AOÛT

5 – Cérémonie d'ouverture des JO de Rio de Janeiro qui se dérouleront au Brésil jusqu'au 21 août.

9 – Manchester United officialise l'arrivée du Français Paul Pogba, 23 ans, en provenance de la Juventus de Turin pour 110 millions d'euros, transfert le plus cher de l'histoire.

30 – La Commission européenne se prononce contre les « avantages fiscaux » accordés par l'Irlande à Apple, en ordonnant au géant américain de rembourser à Dublin un montant record de plus de 13 milliards d'euros.

SEPTEMBRE

4 – Le pape François canonise Mère Teresa (1910-1997).

14 – Au cours de la décennie 2019-2028, les États-Unis s'engagent à fournir à Israël une aide militaire de 38 milliards de dollars (près de 34 milliards d'euros).

15 – Le gouvernement britannique autorise la construction de deux réacteurs nucléaires EPR par EDF à Hinkley Point, dans le sud-ouest de l'Angleterre. La centrale doit être mise en service en 2025.

OCTOBRE

1er – Le yuan fait son entrée officielle dans le panier de devises du FMI servant à fixer la valeur des droits de tirages spéciaux (DTS).

13 – Bob Dylan, 75 ans, reçoit le prix Nobel de littérature.

22 – AT&T et Time Warner annoncent leur fusion. L'opérateur de télécoms rachète le propriétaire des chaînes de télévision HBO et CNN pour 85,4 milliards de dollars (78,5 milliards d'euros).

30 – Signature du Comprehensive Economic and Trade Agreement (CETA) à Bruxelles entre l'Union européenne et le Canada. L'accord de libre-échange supprimera 99 % des droits de douane entre les deux zones. Il est appliqué provisoirement en attendant sa ratification.

NOVEMBRE

2 – La Russie ferme le bureau d'Amnesty International à Moscou.

8 – Donald Trump est élu président des États-Unis en battant Hillary Clinton.

25 – Mort de Fidel Castro, né en 1926, à Cuba. Il avait dirigé le pays de 1959 à 2006.

25 – Le président turc, Recep Tayyip Erdogan, menace d'ouvrir les frontières pour laisser passer les migrants voulant se rendre en Europe, au lendemain d'un vote du Parlement européen demandant le gel des négociations d'adhésion de la Turquie à l'UE.

DÉCEMBRE

8 – McDonald's quitte le Luxembourg pour installer sa base fiscale internationale au Royaume-Uni.

14 – Yahoo ! indique qu'une cyberattaque, détectée récemment, a frappé en août 2013 plus de 1 milliard de comptes utilisateurs, venant s'ajouter à un précédent piratage de 500 millions de ses comptes annoncé en septembre.

27 – Le Premier ministre japonais, Shinzo Abe, se rend à Pearl Harbor (Hawaï), premier chef de gouvernement japonais à se rendre sur les lieux où le Japon a attaqué par surprise les États-Unis le 7 décembre 1941, précipitant l'entrée des Américains dans la Seconde Guerre mondiale.

2017

JANVIER

17 – Au forum de Davos, le président chinois, Xi Jinping, plaide en faveur du libre-échange.

20 – Investiture du 45e président des États-Unis, Donald Trump.

FÉVRIER

3 – Sommet des 28 États membres de l'Union à Malte : l'Europe fait le choix de se fermer un peu plus aux migrants.

12 – La Corée du Nord procède avec succès au test d'un missile balistique de longue portée.

MARS

2 – La Cour de cassation acquitte l'ex-président égyptien Hosni Moubarak de toute implication dans la mort de 239 manifestants. Le 24 mars, l'ancien raïs de 88 ans recouvre la liberté.

2 – Rétablissement en Suède du service militaire, aboli en 2010, à compter du 1er janvier 2018.

14 – Une entreprise peut interdire le voile à ses salariées : la Cour de justice européenne précise qu'un règlement intérieur pourra proscrire les signes religieux.

18 – Mort du rockeur Chuck Berry à l'âge de 90 ans.

AVRIL

13 – Les États-Unis annoncent avoir largué la plus puissante bombe non nucléaire jamais utilisée dans des combats, contre un groupe d'insurgés ayant fait allégeance à l'EI. L'engin de 9 tonnes – la GBU43/B, surnommée « mère de toutes les bombes » – était destiné à détruire des souterrains utilisés par les djihadistes dans la province de Nangarhar, dans l'est de l'Afghanistan, et a tué 36 combattants de l'EI.

16 – Référendum turc sur une réforme constitutionnelle : la victoire de Recep Tayyip Erdogan renforce ses pouvoirs.

MAI

7 – Le géant russe Gazprom annonce le début des travaux de construction du gazoduc TurkStream entre la Russie et la Turquie, devant approvisionner à terme l'UE.

JUIN

21 – L'ONU prévoit que nous serons 9,77 milliards en 2050 (7,55 milliards actuellement).

27 – La guérilla des FARC en Colombie dépose officiellement ses dernières armes, sept mois après avoir signé un accord de paix.

30 – Le Bundestag approuve la proposition de loi, entrée en vigueur le 1er octobre, permettant le mariage entre personnes de même sexe et donnant à ces couples le droit d'adoption. Angela Merkel a voté contre.

JUILLET

2 – À Bamako (Mali), les chefs d'État de la Mauritanie, du Niger, du Mali, du Burkina Faso et du Tchad lancent la Force conjointe-G5

Sahel (FC-G5S), de lutte contre les groupes terroristes du nord de l'Afrique.
4 – Première visite d'un chef de gouvernement indien, Narendra Modi, en Israël.
4 – La Corée du Nord annonce le succès de son premier tir de missile balistique intercontinental. Tokyo proteste, le vecteur étant parvenu dans sa zone économique exclusive. Le 28, la Corée du Nord procède à un nouveau tir. Le 29 août, Pyongyang tire un missile au-dessus du Japon.
9 – Reprise de Mossoul à l'EI par l'armée iranienne.

AOÛT
9 – Découverte d'un singe de 13 millions d'années au Kenya, effectuée en 2014 mais annoncée le 9 août par la revue scientifique britannique *Nature*.
25 – Une offensive de la guérilla des Rohingya contre les forces de sécurité déclenche une opération militaire contre la minorité musulmane de Birmanie. Des centaines de milliers de Rohingya fuient au Bangladesh.
27 – Des inondations historiques noient la ville de Houston (Texas) deux jours après le passage de l'ouragan *Harvey*.
28 – La Chine approuve la création d'un géant de l'énergie qui deviendra le numéro un mondial. Le premier producteur de charbon du pays, Shenhua, et la compagnie d'électricité Guodian vont joindre leurs forces pour devenir le National Energy Investment Group.

SEPTEMBRE
3 – Nouvel essai nucléaire de la Corée du Nord.
11 – Sanctions contre la Corée du Nord : pour la première fois, la Chine accepte un embargo.
13 – Paris organisera les Jeux olympiques en 2024, Los Angeles en 2028.
14 – Les Tunisiennes pourront épouser des non-musulmans.
15 – Dix-neuvième tir de missile nord-coréen depuis le début de l'année, qui survole l'archipel nippon.
26 – Les Saoudiennes obtiennent le droit de conduire.

OCTOBRE

1er – Référendum sur l'indépendance de la Catalogne. Le « oui » à l'indépendance l'emporte à 90 % mais avec un taux d'abstention de 57,7 %.

1er – En tuant 58 personnes et en faisant près de 500 blessés, Stephen Paddock commet depuis sa chambre d'hôtel à Las Vegas la pire tuerie de l'histoire moderne des États-Unis.

8 – Le fondateur de la maison de production de cinéma Harvey Weinstein est limogé à la suite d'accusations de harcèlement sexuel portées par le *New York Times* du 5 octobre.

13 – Le tube *Despacito*, de Luis Fonsi, dépasse les 4 milliards de vues sur YouTube.

17 – Les Forces démocratiques syriennes – essentiellement kurdes – déclarent la libération de Rakka, la capitale autoproclamée de l'EI en Syrie.

25 – Sophia, créé à Hong Kong par la société Hanson Robotics, devient le premier robot humanoïde à obtenir une nationalité, en l'occurrence la nationalité saoudienne.

NOVEMBRE

4 – Le prince héritier saoudien Mohammed ben Salman procède à une purge dans les cercles dirigeants et hausse le ton face à l'Iran : une cinquantaine de princes royaux, d'anciens ministres et d'hommes d'affaires sont appréhendés, dont le célèbre milliardaire Al-Walid ben Talal.

8 – Inauguration du Louvre Abou Dabi, aux Émirats arabes unis.

15 – Au Salon de Dubaï, Airbus annonce un contrat avec le loueur américain Indigo de 430 moyen-courriers A320neo, pour 42 milliards d'euros. Par le nombre d'avions vendus, il s'agit de la plus importante commande de l'histoire de l'aéronautique.

15 – L'œuvre la plus chère du monde, le *Salvator Mundi* de Léonard de Vinci, est adjugée pour 450,3 millions de dollars (382 millions d'euros) chez Christie's, à New York.

20 – Paris est choisi par les ministres des Affaires de l'Union pour accueillir l'Autorité bancaire européenne (ABE), qui doit avoir quitté Londres, au moment du Brexit. La candidature de Lille a en revanche été retoquée pour l'attribution de l'Agence européenne du médicament (AEM). Amsterdam l'emporte devant Milan.

29 – La Corée du Nord lance un nouveau missile intercontinental qui met « la totalité du continent américain » à sa portée.

DÉCEMBRE

5 – L'UE publie la liste des paradis fiscaux : Bahreïn, l'île de Guam, Grenade, Corée du Sud, Macau, îles Marshall, Mongolie, Namibie, Palaos, Sainte-Lucie, Trinité-et-Tobago, Tunisie, Émirats arabes unis, le Panama, la Barbade et les îles Samoa, ces dernières comptant pour deux (la partie indépendante et les Samoa américaines).

5 – La Russie est exclue des JO d'hiver en Corée du Sud du 9 au 25 février 2018 pour dopage organisé.

6 – Donald Trump reconnaît unilatéralement Jérusalem comme capitale d'Israël.

8 – Bruxelles et Londres trouvent un accord sur la séparation entre le Royaume-Uni (RU) et l'Europe qui garantit les droits des ressortissants britanniques dans l'UE et européens au RU. Celui-ci s'engage à ne pas rétablir de frontière entre la République d'Irlande et l'Irlande du Nord. Et il fixe les modalités de calcul de la facture du divorce pour Londres : 50 milliards d'euros.

14 – Disney annonce le rachat d'une grande partie des actifs de la 21st Century Fox pour 56 milliards d'euros.

20 – La Commission demande au Conseil européen d'activer contre la Pologne, accusée de bafouer l'indépendance de son pouvoir judiciaire, l'article 7 du traité de l'Union européenne. Bruxelles sait que sa démarche, qui pourrait en théorie priver la Pologne de ses droits, n'aboutira pas : la Hongrie de Viktor Orban y mettra son veto.

2018

JANVIER

12 – Des femmes saoudiennes assistent pour la première fois à un match de football.

15 – La banque centrale allemande, la Bundesbank, annonce qu'elle s'apprête à placer une partie de ses réserves de change en yuans.

29 – Une jeune femme est arrêtée à Téhéran pour avoir ôté son voile en public, début d'un mouvement plus général de protestation en Iran.

FÉVRIER

19 – Israël signe un contrat gazier historique avec l'Égypte et prévoit de fournir 64 milliards de mètres cubes de gaz sur dix ans dès 2019. Le montant total de cet accord signé avec le groupe égyptien Dolphinus Holdings s'élève à 15 milliards de dollars (12 milliards d'euros).

19 – Rapt de 111 écolières nigérianes par Boko Haram à Dapchi (État de Yobe).

MARS

11 – Le Parlement chinois lève la limitation à deux mandats présidentiels en vigueur depuis la fin de l'ère Mao, permettant à Xi Jinping de rester en poste après 2023.

14 – Expulsion de diplomates russes, retrait de l'invitation adressée au chef de la diplomatie, Sergueï Lavrov, nouvelle législation contre les « activités d'État hostiles », Coupe du monde de football privée de la présence de la famille royale britannique sont les mesures annoncées par Theresa May après l'empoisonnement, le 4 mars, d'un ancien espion russe Sergueï Skripal et de sa fille réfugiés au Royaume-Uni et sauvés de justesse.

18 – Réélection de Vladimir Poutine avec 76,6 % des voix pour un quatrième mandat présidentiel.

AVRIL

2 – Pékin relève les taxes sur 128 produits américains représentant un volume d'importations de 3 milliards de dollars. Le lendemain, Washington publie une liste provisoire de 1 300 produits chinois qui seront taxés à 25 % (50 milliards de dollars d'importations). Le 4, la Chine relève les droits de douane pour un montant global équivalent sur de nombreux produits américains.

27 – Kim Jong-un rencontre le président de la Corée du Sud, Moon Jae-in. Premier sommet intercoréen depuis 2007.

MAI

8 – Trump annonce le retrait des États-Unis de l'accord sur le nucléaire iranien signé en 2015 par Obama.

14 – Les États-Unis installent leur ambassade à Jérusalem, comme promis par Donald Trump. Dans le même temps, les tirs de l'ar-

mée israélienne contre des milliers de manifestants rassemblés à Gaza font des dizaines de morts et des centaines de blessés.

19 – Mariage du prince Harry, duc de Sussex et de Meghan Markle. La cérémonie, retransmise dans le monde, a été regardée par près de 2 milliards de téléspectateurs.

JUIN

12 – Sommet historique entre Donald Trump et Kim Jong-un, première rencontre entre un président américain et un dirigeant nord-coréen, sur l'île de Sentosa, à Singapour.

19 – Le Sénat canadien approuve la légalisation du cannabis, ouvrant la voie à la libre consommation et production de cette drogue douce.

JUILLET

18 – L'UE inflige à Google une amende record de 4,34 milliards d'euros pour infraction aux règles antitrust au sujet du système d'exploitation Android.

AOÛT

2 – Apple devient la première entreprise cotée américaine à dépasser la barre symbolique des 1 000 milliards de dollars (soit 863 milliards d'euros) de capitalisation boursière à Wall Street.

3 – Pékin affirme avoir testé un missile qui vole à plus de cinq fois la vitesse du son, et que les États-Unis sont incapables d'intercepter.

SEPTEMBRE

3 – Le président Xi Jinping reçoit en grand apparat, à Pékin, les cinquante-trois chefs d'État et de gouvernement africains. Il annonce 60 milliards de dollars d'aides, d'annulations de dettes ou de financements.

6 – La Cour suprême de l'Inde dépénalise l'homosexualité, puis l'adultère le 27.

30 – Les États-Unis, le Canada et le Mexique parviennent à un accord de libre-échange pour l'Amérique du Nord, l'Accord États-Unis/Mexique/Canada (AEUMC, USMCA en anglais) en remplacement de l'Accord de libre-échange nord-américain (Alena) datant de 1994, accord signé le 30 novembre.

OCTOBRE

2 – Le journaliste saoudien Jamal Khashoggi, qui vit en exil aux États-Unis depuis un an, pénètre en fin de matinée dans le consulat du royaume, à Istanbul. On ne le reverra pas vivant. Le 20, l'Arabie saoudite admet que le journaliste a été tué dans le consulat.

11 – La Banque mondiale publie un nouvel indice du capital humain qui couvre 157 pays, Singapour arrive en tête et précède la Corée du Sud et le Japon, la France occupant la 22e place, deux rangs devant les États-Unis.

15 – À l'issue d'un synode organisé à Minsk, en Biélorussie, l'Église russe orthodoxe annonce la rupture de ses relations avec le patriarcat de Constantinople qui, le 11 octobre, avait reconnu l'indépendance de l'Église ukrainienne placée depuis trois cent trente-deux ans sous la tutelle russe. L'Ukraine se dote d'une Église orthodoxe indépendante de Moscou, le 15 décembre.

20 – Les États-Unis annoncent leur retrait du traité sur les forces nucléaires intermédiaires signé avec la Russie en 1987.

27 – Onze personnes tuées après une fusillade à Pittsburgh, aux États-Unis, dans une synagogue par un suprémaciste blanc, Robert Bowers, âgé de 46 ans.

28 – Avec plus de 55 % des voix, le candidat d'extrême droite Jair Bolsonaro remporte le second tour de l'élection présidentielle brésilienne face à Fernando Haddad, du Parti des travailleurs (PT, gauche).

NOVEMBRE

15 – Le roi Mohammed VI inaugure la première liaison ferroviaire à grande vitesse africaine, entre Tanger et Casablanca.

19 – Le parquet de Tokyo arrête Carlos Ghosn, patron de Renault-Nissan, soupçonné de fraude fiscale, placé en garde à vue.

22 – Les administrateurs de Nissan démettent Carlos Ghosn de sa fonction de président non exécutif. Le 26, il est démis de ses fonctions de président non exécutif de Mitsubishi.

26 – À Pasadena (Californie), les ingénieurs de la NASA annonçant l'arrivée de la sonde *InSight* sur le sol de Mars.

30 – Theresa May annonce le retrait du Royaume-Uni de Galileo, le système européen de navigation par satellite en matière de défense et de « projets sensibles ».

DÉCEMBRE

8 – Béatification en Algérie des moines de Tibéhirine, assassinés lors du printemps 1996 durant la guerre civile.

13 – Le Bundestag adopte un projet de loi reconnaissant l'existence d'un « troisième sexe » sur les certificats de naissance allemands.

2019

JANVIER

1er – La sonde *New Horizons* de la NASA survole l'objet céleste le plus éloigné et peut-être le plus ancien jamais observé de près, Ultima Thule, situé à quelque 6,4 milliards de kilomètres de la Terre.

FÉVRIER

3-5 – Le pape François, en visite aux Émirats arabes unis, rencontre le grand imam Ahmed al-Tayeb. C'est la première fois qu'un chef de l'Église catholique foule le sol de la péninsule Arabique.

19 – Mort de Karl Lagerfeld, né en 1933 ou 1935.

MARS

12 – Les 28 ministres des finances de l'UE adoptent une nouvelle liste noire des paradis fiscaux. Outre les 5 déjà présents – Samoa américaines, Samoa, Guam, Trinité-et-Tobago et îles Vierges américaines –, 10 sont ajoutés : Aruba, Belize, Bermudes, Fidji, Oman, Vanuatu, Dominique, Barbade, Émirats arabes unis et îles Marshall.

15 – Une attaque perpétrée par le terroriste australien d'extrême droite Brenton Tarrant contre deux mosquées de Christchurch, en Nouvelle-Zélande, fait 51 morts.

20 – La Commission européenne sanctionne Google d'une nouvelle amende pour abus de position dominante : 1,49 milliard d'euros.

AVRIL

21 – L'humoriste et producteur de télévision Volodymyr Zelensky remporte la présidentielle ukrainienne face à Petro Porochenko avec 73 % des suffrages.

MAI

1er – Naruhito monte sur le trône du Japon après l'abdication d'Akihito. Le pays entre dans une nouvelle ère impériale, Reiwa.

16 – Mort de Ieoh Ming Pei, architecte sino-américain, créateur de la Pyramide du Louvre, à 102 ans.

17 – Taïwan devient le premier pays d'Asie à légaliser l'union des personnes de même sexe.

26 – Élections européennes : percée confirmée des partis populistes partout dans l'UE.

JUIN

2 – En voyage en Roumanie, le pape demande pardon aux Roms au nom de l'Église catholique « pour les fois où, au cours de l'histoire, nous vous avons discriminés, maltraités [...], où nous n'avons pas été capables de vous [...] défendre dans votre singularité ».

9 – Plus de 1 million de personnes défilent à Hong Kong pour dénoncer un projet de loi d'extradition de suspects en Chine afin qu'ils y soient jugés. Près de 2 millions de personnes défilent à nouveau le 16.

17 – L'ancien président égyptien Mohamed Morsi meurt d'une crise cardiaque pendant son procès, en plein tribunal, à 67 ans.

30 – Donald Trump devient le premier président américain en exercice à fouler le sol nord-coréen.

JUILLET

2 – Les dirigeants européens s'entendent pour la direction de l'UE, qui verra deux femmes aux postes clés : l'Allemande Ursula von der Leyen, à la Commission, confirmée à ce poste au Parlement européen le 16 juillet, et la Française Christine Lagarde à la BCE, succédant à l'Italien Mario Draghi le 1er novembre.

5 – Des centaines de milliers de personnes manifestent pour demander le départ du nouvel homme fort de l'Algérie, le général Ahmed Gaïd Salah.

12 – Facebook est condamné par la Federal Trade Commission, l'autorité de concurrence américaine, à verser 5 milliards de dollars (4,5 milliards d'euros) pour une fuite de données.

22 – Mort de Li Peng, ancien Premier ministre chinois, surnommé le « boucher de Tiananmen », à 90 ans.

24 – L'ancien maire de Londres Boris Johnson est nommé Premier Ministre après avoir été désigné la veille chef du Parti conservateur.

AOÛT

5 – New Delhi supprime le statut d'autonomie du Cachemire indien (État du Jammu-et-Cachemire).

10 – Suicide en prison à Manhattan du milliardaire américain Jeffrey Epstein, 66 ans, accusé de pédocriminalité.

SEPTEMBRE

1er – Les États-Unis et la Chine commencent à prélever des droits de douane majorés sur leurs importations mutuelles, marquant une nouvelle escalade dans le conflit commercial qui les oppose. Le 2, la Chine dépose une plainte à l'OMC.

6 – Mort de l'ancien président du Zimbabwe Robert Mugabe, à 95 ans.

OCTOBRE

1er – Début de grandes manifestations en Irak, qui font des centaines de victimes dans les semaines qui suivent à Bagdad, à Kerbala, etc.

10 – La Polonaise Olga Tokarczuk et l'Autrichien Peter Handke prix Nobel de littérature au titre de l'année 2018 et pour 2019.

23 – Google réussit à l'aide d'un ordinateur quantique de sa conception, pour la première fois, à effectuer un calcul plus rapidement que les meilleurs supercalculateurs classiques.

29 – La Chambre des représentants américaine vote la reconnaissance du génocide des Arméniens.

NOVEMBRE

7 – Emmanuel Macron déclare à l'hebdomadaire *The Economist* que l'OTAN est en état de « mort cérébrale ».

18 – Pour les États-Unis, les colonies israéliennes en Cisjordanie sont légales.

25 – Un consortium de 17 médias, dont *Le Monde*, révèle des directives secrètes pour placer la minorité musulmane ouïgoure dans des camps de rééducation idéologique au Xinjiang.

DÉCEMBRE

2 – Dès le début décembre, quelques informations filtrent sur l'apparition de « grippes » inconnues dans le centre de la Chine, dans la province du Hubei dont la ville de Wuhan est la capitale.

12 – Victoire historique pour les conservateurs de Boris Johnson aux législatives.

12 – Abdelmadjid Tebboune, 74 ans, est élu à la présidence de l'Algérie au premier tour avec 58,13 % des voix et une participation de 39,88 %.

21 – Le président français Emmanuel Macron déclare que le colonialisme a été une « une erreur profonde, une faute de la République » à Abidjan, en compagnie du président ivoirien Alassane Ouattara. Ces derniers annoncent l'abandon du franc CFA par les huit pays de l'Union économique et monétaire d'Afrique de l'Ouest (UEMOA), qui deviendra l'eco en 2020 en restant arrimé à l'euro.

23 – Si cinq Saoudiens sont condamnés à mort pour l'assassinat du journaliste Jamal Khashoggi en 2018 dans l'enceinte du consulat du pays à Istanbul, deux membres de son entourage suspectés d'avoir supervisé l'opération sont blanchis par la justice du royaume.

27 – La Russie met en service ses premiers missiles hypersoniques Avangard, l'une des nouvelles armes développées par Moscou et vantées par le président Vladimir Poutine comme « pratiquement invincibles ».

30 – L'ancien dirigeant de l'alliance Renault-Nissan fuit le Japon où il était assigné à résidence et atterrit à Beyrouth à bord d'un avion privé en provenance de Turquie.

2020

JANVIER

22 – Emmanuel Macron affirme, à l'occasion de sa visite à Jérusalem, que « l'antisionisme, lorsqu'il est la négation de l'existence d'Israël comme État, est un antisémitisme ».

23 – Le Danemark arrive en tête devant la Nouvelle-Zélande dans le classement de l'ONG Transparency International des pays les moins corrompus. En queue, la Somalie est derrière le Yémen, la Syrie et le Sud-Soudan. La France est 23e (sur 180).

31 – Le Brexit intervient à minuit (heure de Paris, 23 heures à Londres), soit 1 317 jours après la décision des Britanniques de quitter l'UE.

FÉVRIER

21 – Le roi Salman d'Arabie saoudite reçoit dans son palais un rabbin basé à Jérusalem, David Rosen, une première dans l'histoire moderne du royaume.

25 – Mort de l'ancien président (1981-2011) égyptien Hosni Moubarak, à 91 ans.

MARS

9 – Premier défaut de paiement dans l'histoire du Liban.

11 – Le sulfureux producteur de cinéma Harvey Weinstein est condamné à vingt-trois ans de prison pour viol et agression sexuelle.

MAI

25 – George Floyd, un Afro-Américain de 46 ans, meurt lors de son interpellation par la police, déclenchant, dans le monde entier, des manifestations.

30 – Les Américains Bob Behnken et Doug Hurley s'envolent du centre spatial Kennedy en Floride à bord du *Crew Dragon* de SpaceX, lancé par une fusée *Falcon 9*, première société privée à se voir confier par la NASA la responsabilité d'acheminer des astronautes. Retour sains et saufs sur Terre le 2 août.

JUIN

15 – Vingt soldats indiens tués, selon New Delhi, dans un accrochage entre la Chine et l'Inde au Ladakh, une région de l'Himalaya contestée.

30 – Les députés chinois adoptent à l'unanimité une loi « sur la sécurité nationale » qui impose à Hong Kong des restrictions drastiques de libertés.

JUILLET

1er – Entrée en vigueur du marché commun nord-américain Canada/États-Unis/Mexique, successeur de l'Alena, devenu AEUMC.

2 – Vladimir Poutine remercie les Russes de leur « soutien et de leur confiance », au lendemain du référendum ayant validé la révision

de la Constitution l'autorisant notamment à se maintenir au pouvoir jusqu'en 2036.

6 – Mort du compositeur italien Ennio Morricone, à l'âge de 91 ans.

10 – Le président Recep Tayyip Erdogan annonce que la basilique Sainte-Sophie redevient une mosquée.

20 – Les Émirats arabes unis envoient une sonde vers Mars. Le 23, c'est au tour des Chinois, puis, le 30, celui des Américains d'envoyer des missions vers la Planète rouge.

21 – Les chefs d'État et de gouvernement européens se mettent d'accord sur un plan de relance de 750 milliards d'euros qui doit les aider à affronter les conséquences ravageuses de la pandémie de Covid-19.

AOÛT

3 – Poursuivi par les affaires, l'ancien roi Juan Carlos, 82 ans, choisit l'exil aux Émirats arabes unis.

4 – Beyrouth est dévasté par une explosion provoquée par un stock de nitrate d'ammonium de près de 3 000 tonnes, qui aurait fait au moins 190 morts et plus de 6 500 blessés.

11 – Le candidat démocrate à la présidentielle Joe Biden choisit Kamala Harris, 55 ans, sénatrice de Californie, comme colistière.

13 – Émirats arabes unis et Israël scellent un accord de paix.

20 – L'opposant russe Alexeï Navalny est hospitalisé en urgence après avoir été empoisonné. Le 22, il est transféré dans le coma en Allemagne. Sortie du coma le 7 septembre.

27 – En Nouvelle-Zélande, perpétuité pour le tueur de Christchurch, le suprémaciste blanc Trenton Tarrant, qui avait tué 51 musulmans en 2019.

SEPTEMBRE

1er – Mort de Kaing Guek Eav, dit « Douch », ancien tortionnaire khmer rouge, jugé responsable de la mort de milliers de Cambodgiens.

11 – Bahreïn et Israël concluent un accord de normalisation de leurs relations signé le 15. Les Émirats arabes unis font de même.

27 – Des combats éclatent entre forces arméniennes et azéries dans le Haut-Karabakh.

OCTOBRE
7 – La Française Emmanuelle Charpentier et l'Américaine Jennifer Doudna prix Nobel de chimie pour leur travail sur le génome.
9 – Le prix Nobel de la paix est décerné au Programme alimentaire mondial, institution onusienne basée à Rome.
21 – Le pape défend l'union civile des homosexuels dans un documentaire, une première.
31 – Mort de l'acteur écossais Sean Connery, à 90 ans.

NOVEMBRE
3 – Élection à suspense de Joe Biden – déclaré vainqueur le 7 –, contestée par Donald Trump qui se déclare vainqueur avant la fin du dépouillement, accusant le camp démocrate de fraude.
4 – Le Premier ministre éthiopien Abiy Ahmed lance une opération militaire contre les forces tigréennes contrôlées par le Front populaire de libération du Tigré (TPLF) entré en dissidence contre le gouvernement fédéral.
9 – Au Haut-Karabakh, le cessez-le-feu entre l'Arménie et l'Azerbaïdjan sous l'égide de la Russie consacre la victoire de l'Azerbaïdjan et lui accorde d'importants gains territoriaux : les districts d'Aghdam, rendu le 20 novembre, de Kalbajar, le 25 novembre, et de Latchin, le 1er décembre.
25 Mort de l'ancienne star du football, Diego Maradona.

DÉCEMBRE
8 – Margaret Keenan, une Britannique de 90 ans, devient la première Occidentale à recevoir un vaccin contre le coronavirus (Pfizer/BioNTech).
9 – La guerre en Syrie a fait 387 000 morts, selon un bilan communiqué par l'Observatoire syrien des droits de l'homme (OSDH), depuis le début du conflit en 2011, bilan qui n'inclut pas les 88 000 personnes décédées sous la torture dans les prisons du régime, selon l'OSDH, ni des milliers de personnes disparues au cours du conflit.
12 – Mort de l'écrivain britannique John le Carré à 89 ans.
14 – Les grands électeurs, par 306 voix, contre 232 pour Donald Trump, confirment la victoire de Joe Biden, qui devient officiellement le 46e président des États-Unis. Le démocrate a remporté le

nombre record de 81,28 millions de voix, soit 51,3 % des suffrages, contre 74,22 millions (46,8 %) au républicain.

16 – Le bitcoin dépasse les 20 000 dollars pour la première fois de son histoire pour atteindre 28 285 dollars en fin d'année.

22 – Arrivée à Rabat du premier vol commercial direct entre Israël et le Maroc, quatrième pays arabe à annoncer en 2020 une normalisation de ses relations avec l'État hébreu, après les Émirats arabes unis, Bahreïn et le Soudan.

2021

JANVIER

6 – À Washington, en fin de soirée, le Congrès certifie la victoire de Joe Biden à l'élection présidentielle après plusieurs heures d'interruption dues à des émeutiers partisans de Donald Trump qui ont envahi le Capitole.

17 – En Russie, l'opposant Alexeï Navalny est arrêté à sa descente d'avion en provenance d'Allemagne, où il se soignait après l'empoisonnement qui a failli lui coûter la vie. Le 2 février, il est condamné à trois ans et demi d'emprisonnement.

20 – Joe Biden est investi 46e président à Washington.

FÉVRIER

1er – En Birmanie, coup d'État mené par le général Min Aung Hlaing et arrestation d'Aung San Suu Kyi.

11 – Effet du Brexit, Amsterdam a ravi à Londres le titre de première place boursière d'Europe pour les actions, selon des données publiées par CBOE Europe.

13 – L'ex-président Donald Trump, accusé d'« incitation à l'insurrection » après l'assaut sur le Capitole, est acquitté lors d'un vote au Sénat au terme du procès en destitution.

18 – Le robot mobile de la NASA Perseverance se pose sur Mars et envoie ses premières photos.

MARS

7 – Les Suisses se prononcent pour interdire le port du voile intégral.

12 – Joe Biden signe son plan de relance de 1 900 milliards de dollars (1 593 milliards d'euros).

19 – Le président Erdogan retire la Turquie de la convention d'Istanbul, un traité européen protégeant les femmes contre les violences.

AVRIL

9 – Mort de Philip Mountbatten, époux de la reine Elizabeth II et duc d'Édimbourg, à 99 ans.

14 – Mort de Bernard Madoff, à 82 ans, condamné pour escroquerie, au pénitencier fédéral de Butner (Caroline du Nord), où il purgeait une peine de cent cinquante ans de prison.

22 – La Chambre des communes adopte à l'unanimité une motion qualifiant de « génocide » la répression chinoise contre les Ouïgours.

24 – Joe Biden reconnaît officiellement le génocide des Arméniens.

MAI

18 – Mort du leader du groupe djihadiste Boko Haram Abubakar Shekau dans un accrochage avec un groupe rival.

28 – Au Mali, le colonel Assimi Goïta est déclaré chef de l'État par la Cour constitutionnelle après avoir démis de leurs fonctions, le 25, le président Bah N'Daw et le Premier ministre Moctar Ouane, arrêtés le 24.

JUIN

5 – Les ministres des Finances de sept des principales puissances économiques s'entendent sur une taxe d'« au moins » 15 % sur les multinationales. Un engagement « sans précédent », fait valoir la secrétaire américaine au Trésor, Janet Yellen.

10 – Huit ans après l'arrivée de l'armée française au Mali, Emmanuel Macron annonce la fin de l'opération *Barkhane*.

18 – Iran. Élection d'Ebrahim Raïssi, candidat ultraconservateur, à la présidentielle iranienne, sans opposition, avec 62 % des voix dès le premier tour.

29 – Moyen-Orient. Première visite israélienne officielle aux Émirats arabes unis, le ministre des Affaires étrangères Yaïr Lapid inaugurant l'ambassade à Abou Dabi.

JUILLET

11 – Le milliardaire Richard Branson réussit son premier vol dans l'espace à bord de son avion-fusée *Virgin Galactic*. Le 20 juillet,

c'est au tour de l'homme le plus riche de la planète, l'Américain Jeff Bezos, de voler dans l'espace à bord de sa fusée *Blue Origin*.

18 – Révélations sur un système mondial d'espionnage de téléphones de politiques, d'avocats, de militants, de journalistes à la suite d'une enquête internationale réunissant dix-sept médias, dont *Le Monde* : depuis 2016, des dizaines de milliers de téléphones ont été sélectionnés comme cibles d'un logiciel d'espionnage baptisé « Pegasus », commercialisé par la société israélienne NSO.

30 – Amazon se voit infliger une amende de 746 millions d'euros au Luxembourg, pour non-respect du règlement général sur la protection des données.

AOÛT

10 – Joe Biden fait voter son plan d'infrastructures de 1 000 milliards de dollars (environ 853 milliards d'euros).

11 – Le ministre des Affaires étrangères israélien, Yaïr Lapid, se rend au Maroc – une première depuis 2003 – et inaugure, le 12, un bureau de représentation diplomatique à Rabat.

15 – Les talibans reprennent Kaboul.

24 – Mort du batteur anglais des Rolling Stones, Charlie Watts, à l'âge de 80 ans.

24 – L'Algérie rompt ses relations diplomatiques avec le Maroc.

30 – Le dernier soldat américain quitte l'aéroport de Kaboul.

SEPTEMBRE

15 – Les États-Unis, l'Australie et le Royaume-Uni annoncent un partenariat stratégique (Aukus) et nucléaire inédit dans la zone Indo-Pacifique. Canberra renonce à l'acquisition de 12 sous-marins fabriqués par la France, un « contrat du siècle » conclu en 2016 pour cinquante ans. Le 17, la France rappelle ses ambassadeurs aux États-Unis et en Australie « pour consultations ».

19 – Les quatre premiers touristes spatiaux de SpaceX, la société d'Elon Musk, regagnent la Terre après trois jours dans l'espace.

25 – L'Islande bat le record d'Europe de femmes élues au Parlement avec 47,6 % des sièges obtenus aux législatives.

OCTOBRE

7 – Le Tribunal constitutionnel polonais rend un arrêt remettant en cause la primauté du droit européen sur les traités nationaux. Le 22 décembre, l'UE lance une procédure contre la Pologne.

8 – Le jury suédois décerne le prix Nobel de la paix à deux journalistes : la Philippino-Américaine Maria Ressa et le Russe Dmitri Mouratov.

9 – Dans un discours à l'occasion des cent dix ans de la révolution, Xi Jinping annonce que la « réunification [avec Taïwan] devra être réalisée et le sera ».

28 – Le groupe Facebook change de nom pour devenir Meta.

30 – Les dirigeants des vingt pays les plus riches de la planète entérinent l'accord sur le climat et l'imposition à hauteur de 15 % des multinationales, conclu début octobre sous l'égide de l'OCDE par 136 pays.

NOVEMBRE

9 – Le bitcoin bat un nouveau record, à 68 950 dollars (environ 59 600 euros).

11 – Une résolution du plénum du Parti communiste chinois permet à Xi Jinping de rester au pouvoir en 2022.

DÉCEMBRE

2 – Cérémonie d'adieu à Berlin en l'honneur d'Angela Merkel après seize ans au pouvoir. Le 8, le social-démocrate Olaf Scholz lui succède.

6 – Aung San Suu Kyi, renversée par une junte militaire et arrêtée le 1er février, est condamnée à quatre ans de prison, peine aussitôt réduite à deux ans.

6 – Les États-Unis annoncent un boycott des JO d'hiver de Pékin de 2022, rejoints le 8 par l'Australie, le Canada et le Royaume-Uni.

25 – Lancement du plus puissant télescope spatial James Webb, à bord de la fusée *Ariane* 5, depuis le Centre spatial de Kourou en Guyane.

26 – Décès de l'archevêque anglican Desmond Tutu, icône de la lutte contre l'apartheid et prix Nobel de la paix (1984), à l'âge de 90 ans.

2022

FÉVRIER

24 – À l'aube, la Russie envahit l'Ukraine, son voisin du Sud. La guerre commence avec une série de bombardements sur les villes ukrainiennes pendant que des centaines de blindés russes prennent

la route. Le Kremlin comptait sur une campagne rapide – deux jours – avant d'obtenir la reddition des autorités ukrainiennes. Ce ne sera pas le cas.

28 – Après les États-Unis, l'Union européenne (et la Suisse et le Royaume-Uni) prennent des sanctions économiques et financières sans précédent contre la Russie.

INDEX

TABLE

CHRONIQUES

2014

2015

2019

2020

2021

2022

Achevé d'imprimer en mai 2022
dans les ateliers de Normandie Roto Impression s.a.s.
61250 Lonrai
N° d'impression : 2202061

Imprimé en France